KB239441

# 작은 가게 위기탈출

이요섭 지음(경영컨설턴트)

이비락 樂

**초판 1쇄 발행** 2013년 08월 13일

**지은이** 이요섭

**펴낸곳** 도서출판 이비컴
**펴낸이** 강기원

**표  지** 전다미
**편  집** 전다미
**마케팅** 김동중, 이은미

**주     소** (130–811) 서울 동대문구 신설동 96–24 세원빌딩 402호
**대표전화** (02)2254–0658 팩스 (02)2254–0634
**전자우편** bookbee@naver.com

**등록번호** 제6–0596호(2002.4.9)
ISBN 978–89–6245–093–4





이 도서의 국립중앙도서관 출판시도서목록(CIP)은 서지정보유통지원시스템 홈페이지
(http://seoji.nl.go.kr)와 국가자료공동목록시스템(http://www.nl.go.kr/kolisnet)
에서 이용하실 수 있습니다.(CIP제어번호: CIP2013013338)

처절한 실패를 경험한 자만이
반성할 기회를 얻는다.

책을 만든다는 것은 무척 조심스러운 일이다. 글을 쓰고 사람들 앞에서 강연을 하고 라디오 프로그램을 진행하는 것과는 분명 다른 일이다. 책을 만들기 위해서는 엄청난 숫자의 나무가 베어져야 한다. 과연 내 글이 저 많은 나무들을 베어내면서까지 책으로 만들어질 가치가 있는가? 나는 오래도록 그 답을 찾지 못했다. 그래서 그 동안 네 권 분량의 책을 집필했지만 감히 책으로는 만들지 못했다. 그러나 이제는 생각이 바뀌었다.

얼마 전 나의 친구가 운명을 달리했다. 사업을 하다가 부도를 맞아 그만 삶의 질긴 끈을 놓아버리고 만 것이다. 그는 죽기 보름 전에 내게 전화를 했었다. 하루 일과를 끝낸 내가 막 잠자리에 들려는 찰나, 그에게서 전화가 온 것이다. 평소에 그리 친하지도 않았기에 나는 그의 전화가 썩 달갑지만은 않았다. 보름 뒤 그가 자살했다는 소식을 들었다. 나는 적잖은 충격에 빠졌다. 그때 내가 좀 더 살갑게 대했더라면, 아니 한 번만이라도 그에게 용기를 주었더라면…….

인생은 마치 사막을 건너는 것과 같다. 살다보면 쉽고 즐거운 일 보다는 힘들고 괴로운 일들이 훨씬 많다. 그러나 우리는 그 사막을 건너야만 한다. 싫든 좋든 누구도 피해갈 수 없는 운명이기 때문이다. 다행히 하나님은 우리가 그 사막을 무사히 건널 수 있게 오아시스를 선물해 주셨다. 가족이라는 오아시스, 친구라는 오아시스, 동료·동역자라는 오아시스 말이다. 그 친구를 그렇게 보내고 나는 책을 출판하기로 결심했다. 컨설턴트라는 직업 탓에 나는 지금껏 많은 부자들이 탄생하는 것을 지켜봤다. 그들이 부자가 되는데 일정부분 일조를 하기도 했다. 이미 부자인 사람은 더 부자가 되도록 도왔고 실패한 사업가는 다시 번듯하게 일어서는데 도움을 드렸다. 나 자신이 직접 사업에 뛰어들어서 다양한 분야에서 경험을 쌓기도 했다.

물론 전부 성공을 거두기만 한 것은 아니다. 처절한 실패를 경험한 적도 많다. 실패를 통해서 스스로의 부족함을 깨닫고 반성할 기회를 얻은 것은 그나마 다행이었다. 나는 본시 사람들에게 좋은 영향을 줄 만큼 똑똑한 사람이 아니다. 그래서 나는 끊임없이 노력하고 있다. 아마도 나는 죽는 날까지 공부하는 것을 멈추지 않을 것이다.

이 책이 나오기까지 그동안 내게 영감과 지혜를 주신 하나님께 감사드린다. 나의 영원한 멘토이신 서대전제일감리교회 박희철 담임목사님과 사카키요시오榊芳生 前일본 OGM 컨설팅 회장, 아라이미찌나리新井道成 선배께도 감사드린다. 강퍅하고 부족한 나를 언제나 감싸고 이해해준 사랑하는 아내 박희자와 모든 것을 헌신하고 늘 기도로 후원해주신 내 어머니 박순열 여사, 사랑하는 두 딸 교빈&수빈, 영원한 동역자 팬도로시 장인수 대표와 임은빈 이사, 허브아트플래닝의 배재찬 대표, 그밖의 수많은 동료·동역자·친구들에게도 깊이 머리 숙여 감사의 예를 올린다. 이 책이 나오기까지 여러모로 애써주신 도서출판 이비락의 강기원 대표와 편집자 여러분께 심심한 감사의 말씀을 전하고 싶다.

# | 차례 |

# 부록 불황 속에서 승승장구하는 업체

내 친구 S군의 아버지는 매우 독특한 자녀 교육 방침을 가지고 있는 분이셨다. S군은 초등학교에 들어가기 전부터 심부름을 해야만 용돈을 받을 수 있었다. 아버지는 심부름의 종류에 따라 일일이 값을 매기고 S군이 수고를 해야만 그에 준하는 용돈을 줬다. S군이 초등학교 3학년이 되자 아버지는 S군에게 용돈 계획표를 짜게 해서 수입과 지출을 일일이 적어 넣게 했다.

물론 지시한 바를 따르지 않으면 그달의 용돈은 한 푼도 주지 않았다. 중학생이 된 S군은 아버지가 경영하는 가게에서 고된 아르바이트를 해서 돈을 벌어야만 했다. S군이 고등학생이 되자 아버지는 아예 S군의 학교 근처에 하숙집을 얻어주고 1년 치 학자금과 하숙비를 한꺼번에 줬다. 그리고는 일체 간섭을 하지 않았다. 큰돈을 손에 쥔 S군은 평소 자기가 갖고 싶었던 소형 오디오를 장만하는 등 대담하게 돈을 썼다. 나는 그런 S군이 걱정스러웠다.

'저러다가 돈이 다 떨어지면 어쩌려고 하지?'

나의 염려에는 아랑곳 않던 S군은 따뜻한 봄날이 되자 커다란 들통을 들고 우이동 교외로 나가 올챙이를 잡아왔다. 그는 예쁜 오리모양 어항을 사서 올챙이 두 마리씩을 넣은 다음 초등학교 정문으로 가져갔다.

"얘들아! 이거 좀 있으면 뒷다리가 나오고 앞다리도 나온단다. 곧 개구리가 되는 거야!"

하나에 오백 원씩, 호기심 많은 아이들은 너도 나도 올챙이 어항을 사갔다. 어항은 불티나게 팔렸다. 당시 어항은 한 개에 칠십 원씩이었다. 우이동까지 왕복 버스비를 제하고도 몇 배의 이익을 남길 수 있었던 것이다. S군은 그런 식으로 아버님이 주신 종자돈을 활용해서 대학 졸업 때까지의 학자금과 생활비를 자신의 힘으로 충당했다.

공부에는 도통 관심이 없던 S군은 지방 삼류대학에 겨우 입학했다. 그는 대학에서도 공부는 안 하고 주식과 부동산에 대해서만 열심히 공부를 했다. 졸업 무렵이 되자 그는 이미 상당한 수준에 이르렀다. S군은 야외용 오락기계 장사도 했다. 나는 그의 부탁으로 여러 번 바람잡이 노릇을 해주기도 했다. 아무런 관심을 보이지 않은 채 그냥 스쳐 지나가던 사람들도 오락기계 앞에 우리들이 서너 명 줄을 서서 오락기계를 만지고 있으면 금방 모여들곤 했다. S군은 장사가 잘되는 날에는 친구들에게 푸짐한 중화요리를 대접하기도 하고 무도장에 데려가서 기분을 풀어주기도 했다.

그는 현재 코스닥에 상장된 T.S기업의 대주주이자 투자가로서 왕성한 활동을 하고 있다. 그는 어릴 적부터 부자가 되는 꿈을 키워왔다.

그는 자신이 한 번도 부자가 되지 않을 거라는 생각을 해본 적이 없다고 했다. 오십대 초반의 나이에 이미 수백억 원의 부를 축적한 그는 설령 지금 당장 무일푼이 된다고 해도 다시 일어설 자신이 있다고 한다.

큰 부자는 하늘이 내려준다는 말이 있다. 그 말이 맞을는지 모르겠지만 끊임없이 노력하는 사람은 언젠가 주변을 빛낼 부요한 삶을 살 수 있을 거라는 확신은 가지고 있다. **사업에 투자를 할 때는 다음과 같은 투자의 원칙을 지키는 것이 좋다. 100-X=Y, 100은 내가 가진 총 자산을 뜻한다. X는 내 나이이다. 즉, 내가 가지고 있는 자산에서 Y%를 넘어서지 않는 범위 내로 투자하는 것이 안전하다는 뜻이다.**

이 책에는 그동안 내가 사업가로써 컨설턴트로써 얻은 노하우가 스토리텔링 형식으로 담겨있다. 자칫 딱딱해지기 쉬운 경영을 소설 형식으로 쓴 것이다. 아무리 유익한 내용의 책이라 해도 재미가 없으면 읽기가 어렵다. 또한 지나치게 재미 위주로만 쓴 책은 건질 것이 없다. 나는 이 책이 재미도 있고 건질 것도 있는 그런 책이기를 바라는 마음이다. 책 내용의 80%는 실제 있었던 일이다. 나머지 20%는 재미를 위해 약간의 가공을 한 것이다. 특히 컨설팅 과정은 모두 사실이다.

주인공 준서는 유능한 기업 경영컨설턴트로서 우리시대의 대표적인 일중독자이다. 자신은 일만 열심히 하면 가족들이 모든 것을 이해해 줄 것이라고 착각하며 살아왔다. 그러다가 뜻밖의 사고를 통해서 모든 것을 버리고 가족과 함께 지방의 작은 도시로 이사를 한다. 그곳에서 만난 이웃 소상공인들의 고충을 차마 외면할 수가 없어서 작은 가게들을 하나 둘 도와주게 된다. 그런데 그는 그동안 큰 기업 컨설팅을 하면서는 느끼지 못했던 보람을 느끼게 된다. 어쩌면 성공과 실패란 것이 결국 책 한권 분량의 노하우에 불과한 것인지도 모른다. 다만 그 노하우를 알고 실행을 하는가? 그렇지 못한가의 차이는 분명하게 갈릴 것이다. 나는 누구든 이 책에 담겨진 노하우를 자기 것으로 만들고 실행하기만 한다면 성공의 키를 손에 쥘 수 있을 거라고 감히 말하고 싶다.

이 책의 2부에는 외식업을 창업하거나 경영에 어려움을 겪고 있는 분들을 위한 다양한 자료가 수록돼 있다. 모두가 나의 노하우와 내가 몸담았던 회사의 금쪽같은 자료들이다. 그러나 모든 일에는 순서라는 것이 존재한다. 먼저 1부의 스토리텔링을 충실하게 읽고 나서 마지막으로 자료를 공부하길 바란다. **구멍가게 하나를 경영하는 사람일지라도 창업 정신이 있어야 성공할 수 있다.** 경영의 스킬만이 능사가 아니다. 비즈니스 스킬은 창업정신을 올바로 세운 다음에 갖춰도 늦지 않다. 아니, 오히려 더 견고한 성공의 코드를 내 것으로 삼을 수 있게 된다. 인간은 누구나 사명 을 가지고 이 땅에 태어난다. 먼저 나의 사명은 무엇인가를 알아내야 한다. 그 사명을 모토로 창업정신을 수립한 다음에 창업을 하라. 자신의 사명과 창업정신을 가볍게 여기는 사람은 결코 성공할 수 없다. 설령 운 좋게 성공의 반열에 이름을 올렸다 해도 오래 가지 못한다. 이것은 나의 오랜 경험을 통해서 자신 있게 증명할 수 있는 얘기이다. 부디 이 땅의 소상공인들과 새롭게 창업을 꿈꾸는 모든 이들의 건승을 기원한다.

# 사막을 건너는 힘

## – 위기탈출을 위한 창업&경영 스토리텔링

인생에 정답은 없다. 다만 모범답안이 있을 뿐이다.

마르크스 아우렐리우스는 "인간은 무엇을 사랑하는가에 따라서 그의 운명이 결정된다"고 말했다. 나는 무엇을 사랑하고 있는가? 어떤 것에 관심을 가지고 있는가?

5년 뒤, 10년 뒤의 내 모습은 지금 내가 어떤 책을 읽고 있고 누구를 만나고 있는가에 의해서 결정되는 것이다.

# 배를 가를 각오로 시작하라

강당에는 대략 100명 정도의 사람들이 기다리고 있었다. 참석자 대부분이 영세 자영업자이거나 명예퇴직 후 창업을 준비하는 사람들이었다. 소상공인진흥원의 담당자가 준서를 소개하자 장내는 커다란 박수 소리로 가득 찼다.

"여러분 반갑습니다. 방금 사회자로부터 거창하게 소개를 받은 마이더스 손, 손준서입니다. 마이너스가 아닙니다."

객석 여기저기서 잔잔한 웃음꽃이 피어났다.

"마이더스의 손이라는 것은 순전히 농담이고요. 사회자께서 저를 마치 대단한 사람인양 소개시켜주셨는데요. 사실 저는 그렇게 대단한 사람이 못됩니다. 더구나 남을 가르치거나 지도할 능력은 더더욱 부족합니다. 그래서 늘 공부하려고 애를 쓴답니다. 저는 오늘 특강을 제의받고 많은 고민을 했습니다. 무슨 얘기를 해야 여러분들께 도움을 드릴 수 있을까? 여러분 모두 사업에서 성공하고 싶으시죠? 혹시라도 이 중에서 나는 사업에 성공하고 싶지 않다 하시는 분은 빨리 일어나서 나가주시기 바랍니다.”

준서가 그렇게 말하자 사람들은 서로를 쳐다보며 웃었다.

“저는 직업상 지금까지 일본과 한국에서 많은 사람들을 부자가 되게 했습니다. 이미 부자였던 사람은 더 큰 부자가 되게 했고 망했던 사람들은 다시 일어서게 해드렸습니다. 사실 저는 공부를 썩 잘하지는 못했습니다. 공부와는 다른 꿈을 꾸고 있었기 때문입니다. 저는 어려서부터 작가가 되는 것이 꿈이었습니다. 그러다보니 공부는 늘 뒷전이었고 소설을 쓴답시고 여행을 다니거나 책 읽기에 몰두하곤 했습니다. 그러다가 결국 원하는 대학 시험에서 보기 좋게 떨어지고 말았어요. 그쯤 되면 정신이 번쩍 들었어야 했는데요. 저는 오히려 잘 됐다고 생각하고 전국을 떠돌면서 무전여행을 다녔습니다. 군 출신이었던 아버지께서는 그런 저의 의견을 존중해 주셔서 어머니 몰래 여비를 마련해주시기도 했어요. 아버지는 어려서부터 늘 제 편이었거든요. 그러다가 군대에 다녀왔는데 아버지께서 그만 돌아가시고 말았습니다.

저의 아버지께서는 전쟁영웅이셨습니다. 맥아더 사령부와 함께 인천 상륙작전을 시도했고 서울 수복과 평양 탈환에 이어 압록강까지 진격했던 부대의 분대장으로 맹활약하셔서 화랑무공훈장을 받으셨습니다.

아버지는 국가의 영웅이자 또한 저의 영원한 영웅이시기도 했습니다. 그런 아버지께서 뇌경색으로 쓰러지셨고 단 사흘 만에 저 세상 사람이 되셨습니다. 저는 중환자실에서 아버지와 단 둘이 남았을 때 아버지의 손을 꼭 잡고 ‘아버지, 아버지는 강한 분이잖아요 이까짓 병 때문에 누워 계시면 어떡해요. 제발 그만 일어나세요.' 라고 울먹였습니다. 그러자 의식 불명이셨던 아버지께서는 내 손을 꽉 잡으셨습니다. 마치 당신에게 남아있던 모든 기를 모아서 제게 주시기라도 하려는 듯이요. 그리고는 숨을 거뒀습니다. 저는 그것이 아버지께서 제게 주신 유언이었다는 것을 알 수 있었습니다. 홀로 남겨진 어머니를 부탁한다는 뜻이었겠지요. 그 뒤로 저의 인생은 180도 달라졌습니다. 문학은 제게 사치였습니다.

저는 곧 일본으로 유학을 떠날 결심을 했습니다. 돈이 많아서 그랬냐고요? 아닙니다. 돈이 없어서 유학을 간 것입니다. 일본으로 떠날 때 제 손에는 첫 달 생활비와 한 학기 등록금만 있었습니다. 이걸로 어떻게 공부를 하느냐고 극구 말리시던 어머니를 안심시키고 눈물을 삼키면서 일본으로 떠났습니다. 저는 두 개의 대학을 다니며 마케팅과 경영학을 공부했습니다. 남는 시간은 무조건 아르바이트를 했습니다. 그렇게 악착같이 모은 돈은 학비와 약간의 생활비를 제외하고는 무조건 한국에 계신 어머니께 보냈습니다. 방학 때는 3개 이상의 아르바이트를 했어요. 식당 설거지, 호텔 청소, 카페 서빙에 이르기까지 닥치는 대로 일을 했습니다. 아르바이트를 하느라 막차를 놓쳐서 전철역에서 노숙을 한 적도 많이 있었어요. 여러분 중에 노숙을 해보신 적 있으신 분이 계신가요? 저도 노숙자 출신입니다만……."

준서가 손을 번쩍 들고 방청객을 쳐다보자 열다섯 명 정도가 손을 살짝 들었다.

"네, 감사합니다. 지금 손을 드신 분들은 이담에 크게 성공하실 분들입니다. 박수 한 번 쳐주세요."

강연장에는 따뜻한 박수소리가 쏟아졌다.

"여러분 바라봄의 법칙이라는 말을 들어보셨나요? '인간은 영적 동물이기 때문에 간절히 바라보고 원하는 것은 반드시 이루게 된다는 원칙'입니다. 바로 제가 그것을 실제로 체험했던 사람입니다. 일본에 도착한 첫날, 저는 고향 선배와 함께 랭귀지 스쿨 근처에 있던 레스토랑에 갔습니다. 약 70평쯤 됐는데요. 붉은 고벽돌이 조화를 이루는 고풍스러운 디자인이 무척 마음에 드는 레스토랑이었습니다.

저는 무심코 선배에게 도쿄에서 이런 정도의 레스토랑을 차리려면 얼마나 드는지를 물었습니다. 그냥 궁금해서 물어본 건데 그 분은 저를 무시하는 말투로 '꿈도 꾸지 말라'고 했습니다. 도쿄에서 70평 정도의 레스토랑을 운영하는 것이 사실 보통의 자본 가지고는 어렵다는 뜻이었겠지만 저는 몹시 기분이 나빴습니다. 왜 가난한 유학생은 꿈조차 꾸지 말아야 하는 걸까요? 가진 것은 오기밖에 없던 저는 다음 날 아침 학교에 가는 길에 일회용 카메라를 구입해서 그 레스토랑의 사진을 찍은 다음 제 책상에 붙여두었습니다. 사진 밑에 '이거 내꺼'이렇게 써놓고요. 그런데 정확히 3년 뒤에 저는 그 레스토랑의 주인이 될 수 있었습니다. 어떻게 그런 일이 생겼을까요? 여러분 그것이 바로 바라봄의 법칙입니다. 무엇이든 간절한 마음으로 바라보고 그것을 입으로 시인하다보면 그 꿈은 반드시 이룰 수 있는 것입니다. 이것은 성경에도 기록돼있습니다. '너희 말이 내 귀에 들린 대로 내가 너희에게 행하리니(민수기 14장28절)'…"

방청객들은 믿을 수 없다는 표정으로 준서를 바라봤다.

"물론 쉽게 믿어지지는 않을 것입니다. 그런데 이 모든 것이 사실입니다. 저는 돈 한 푼 없이 땅값 비싸기로 소문난 도쿄에서 70평이나 되는 레스토랑의 주인이 될 수 있었습니다. 그리고 그 레스토랑을 통해서 많은 돈을 벌어들일 수 있었습니다. 어떻게 그런 일이 가능했을까요? 궁금하신가요? 우선 물 한 잔 마시고요."

준서는 단상 위에 있는 물을 한 모금 마셨다. 방청객들은 눈을 반짝이며 준서의 일거수일투족을 바라봤다.

"제가 일본에서 생활한지 3년 째 되던 어느 날 저는 그 레스토랑의 셔터가 내려져있는 것을 발견했습니다. 다음날도 그 다음날도 레스토랑의 셔터는 도무지 올라갈 생각을 하지 않았습니다. 지상 7층짜리 비즈니스호텔의 1층에 있는 레스토랑은 가장 번화가인 중앙로에서 한 블록 오른 쪽에 있었지만 유동인구도 많고 오히려 중앙로보다 시끄럽지 않아서 레스토랑으로는 최적의 입지였습니다.

5개월 전에 호텔을 인수한 사람은 그 지역을 다스리는 야쿠자 오야붕이었던 사토씨였습니다. 사토씨는 호텔을 인수하자마자 매제였던 다카하시에게 레스토랑 운영을 맡겼습니다. 그런데 다카하시는 레스토랑을 인수한지 두 달도 못 돼서 레스토랑 운영비를 가지고 내연녀와 함께 도망을 치고 말았습니다. 질투에 눈이 먼 다카하시의 부인은 술에 취해서 날이면 날마다 레스토랑 집기를 부쉈습니다. 당연히 레스토랑은 엉망이 됐고 고객들은 발길을 끊어버렸습니다. 화가 난 사토씨는 영업을 중단해버렸습니다.

저는 지금이 레스토랑을 인수할 적기라고 판단했습니다. 가진 것은 쥐뿔도 없었지만 웬일인지 자신감은 충만했습니다. 그 날부터 저는 아르바이트를 정리하고 시간을 만들어서 레스토랑 주변 상권을 면밀히 조사했습니다. 유동인구를 연령별, 성별로 조사하고 차량의 통행량도 분석했습니다. 레스토랑에서 멀지 않은 곳에 꽤 많은 사무실이 밀집되어 있어서 20~30대 젊은 회사원들의 통행이 만만치 않았습니다. 그 중 55%가 여성이었습니다. 또 한국 클럽 다섯 개가 성업하고 있는 곳에서도 멀지 않았기 때문에 저녁 늦은 시간이 되면 유흥업소에서 일하는 한국 여성들이 상당수 지나다녔습니다. 한국 클럽에서 일하는 여성들은 대체로 씀씀이가 헤픈 편입니다.

저는 주 고객Main target을 점심과 저녁시간으로 각각 나누어서 두 부류로 설정했습니다. 우선 점심시간에는 20~30대 일본인 회사원들에게 맞춰서 양식 세트메뉴로 런치 서비스를 하는 것을 생각했습니다. 레스토랑의 황금시간대인 저녁과 심야시간에는 한국 클럽에서 일하는 여성들을 주 고객으로 삼아 한국적인 메뉴로 어필할 것을 염두에 뒀습니다. 레스토랑의 생명은 뭐니 뭐니 해도 커피 맛에 달려있다고 해도 과언이 아닙니다. 저는 수소문을 한 끝에 전철로 네 정거장 떨어진 곳에 솜씨 좋은 바리스타가 있다는 사실을 알아냈습니다. 그곳에서 저희 레스토랑에서 쓸 생두를 브랜딩하고 로스팅해서 공급받을 수 있겠다는 판단이 섰습니다.

낮 시간에는 젊은 회사원들이 즐겨먹는 새우튀김세트, 돈까스세트, 햄버그스테이크세트, 스파게티정식과 같은 세트메뉴를 저렴하게 제공해서 그 손님들이 저녁시간까지 이어질 수 있도록 하는 것이 좋을 것 같았습니다. 문제는 저녁 시간에 한국인 여성들을 겨냥한 메뉴가 마땅치 않다는 거였습니다. 씀씀이가 헤픈 한국 여성들에게 어필할 만한 메뉴는 없을까? 생각에 생각을 거듭했습니다.

고민 끝에 얻은 결론은 전기구이 통닭과 설렁탕을 하는 것이 좋겠다는 생각이 들었습니다. 요즘이야 설렁탕집도 깔끔한 인테리어를 지향하지만 당시엔 레스토랑에서 설렁탕을 취급한다는 것이 쉬운 결정은 아니었습니다. 저는 과감하게 고정관념을 깨고 싶었습니다. 전기구이 통닭 기계는 한국에서 수입해서 레스토랑 입구에 설치하면 좋을 것 같았습니다. 그 무렵 일본에는 설렁탕이라는 것이 거의 없던 시절이었습니다. 또한 일본 사람들은 사골을 먹지 않았습니다. 덕분에 한국에서는 비싸게 구입해야 하는 사골을 운반비와 기사의 용돈 정도만 지불하면 거저 얻다시피 했어요. 원래 사업이라는 것이 재료비가 들지 않는 사업은 메리트가 있는 것 아닙니까? 설렁탕 끓이는 기술은 제가 틈틈이 일본어를 가르쳐드린 적이 있는 할머니로부터 배울 수가 있었습니다. 사업 콘셉트는 그렇게 확정할 수 있었습니다.

문제는 레스토랑을 인수할 자금이었습니다. 저는 일단 사업계획서를 정성스럽게 만들어서 호텔 주인인 사토씨를 찾아갔습니다. 사토씨는 그 지역을 다스리는 야쿠자 보스였기 때문에 솔직히 겁이 났지만 용기를 내서 찾아갔습니다. 그런데 사토씨는 저의 사업계획서는 쳐다볼 생각도 않고 시간이 없으니 돌아가라고 문전박대를 했습니다. 매제와 동생 때문에 가뜩이나 속이 부글부글 끓어오르던 차에 외국인 유학생 따위에게 시간을 내줄 마음이 아니었겠지요. 그 정도의 반응은 이미 예상했던 터였기 때문에 저는 끈질기게 사토씨를 설득했습니다. 사토의 부하들이 금방이라도 달려들어 저를 뭉개놓을 것 같았지만 진심어린 목소리로 사토씨께 간청했습니다.

'사장님, 제가 반드시 가게를 살려놓겠습니다. 정말 자신 있습니다. 저를 믿고 한 번 맡겨 주십시오.'

쉽게 물러갈 줄 알았던 제가 집요하게 설득을 하자 그는 제가 드린 사업계획서를 읽어보기 시작했습니다.

'좋아 사업계획서는 마음에 들었네. 그런데 말이야, 네 계획대로 성공을 할 수도 있겠지만 만약 실패를 할 경우엔 어떻게 책임을 질 것인가?'

'이 사업은 반드시 성공합니다. 성공할 수밖에 없는 아이템이기도 하거니와 제 몸이 부서지도록 열심히 일을 할 것이기 때문입니다. 그렇지만 혹시라도 실패한다면 사장님이 시키시는 일은 무엇이든 하겠습니다.'

'그래? 정말 내가 시키는 것은 무엇이든 할 수 있겠나?'

‘네 그렇게 하겠습니다.’

‘그럼 자네가 실패를 했을 때 내가 그 책임을 물어서 이 칼로 배를 가르라고 하면 그럴 수 있겠나?’

사토씨는 책상 서랍에서 40cm쯤 되는 예리한 칼을 꺼내서 제 앞에 툭 던졌습니다. 저는 심장이 오그라드는 것 같아서 아무런 대답도 못했습니다. 그도 그럴 것이 아니, 무슨 사업에 실패했다고 해서 배를 가를 것까진 없잖아요?”

준서가 마치 코미디언 배영만씨처럼 눈을 동그랗게 뜨고 하소연하자 주변에서는 폭소가 터져 나왔다.

“솔직히 제가 실패를 했다고 해도 사또씨가 진짜로 뭐, 제가 죽기를 바라기야 했겠습니까? 사또씨는 다만 저의 각오와 배짱을 테스트하고 싶었던 것이었겠죠. 암튼 제가 우물쭈물 대답을 못하자 사또씨는 ‘뭐야! 이 자식! 그런 각오도 없이 감히 무슨 배짱으로 나를 찾아왔나? 그 따위 정신으로 무슨 사업을 하겠다는 거야? 썩 꺼지지 못해!’ 라며 호통을 쳤습니다. 저는 어금니를 꾹 깨물고 사또씨를 똑바로 쳐다보며 대답했습니다.

‘네! 그렇게 하겠습니다. 만일 사업에 실패하면 사장님 앞에서 제 배를 가르겠습니다.’

‘그래? 좋아 어디 한 번 믿어보지.’

사또씨는 제게서 각서를 받고 2년간의 레스토랑 운영권을 넘겨주었습니다. 사무실을 나서는 순간 다리가 후들거려서 도저히 걸을 수가 없었습니다.

'어쩌자고 그런 약속을 한 거지?'

이제는 후회를 한다 해도 소용이 없는 일이었습니다. 그저 죽기 살기로 무조건 성공을 하는 수밖에 없었습니다. 식은땀이 등줄기를 타고 줄줄 흘러내리는 것을 느낄 수가 있었습니다. 이런 우여곡절 끝에 비록 레스토랑 운영권은 따냈지만 당장 운영을 하려면 집기 구입비를 비롯한 운전자금이 필요했습니다. 최악의 경우 6개월간은 손님이 없더라도 버틸 만한 자금이 있어야 했기 때문이었습니다.

제게는 그간 저축해둔 돈이 약간 있었지만 그것만으로는 턱없이 부족했습니다. 저는 돈을 빌려줄 만한 사람들의 리스트를 만들었습니다. 총 다섯 사람의 리스트가 만들어지더군요. 첫 번째 대상은 제가 일본에 와서 처음 아르바이트를 했던 한국식 불고기집, 일본어로는 야끼니꾸燒肉라고 하지요. 그곳의 주인인 토미무라富村씨였습니다. 저는 그곳에서 약 1년간 일을 하며 학비를 번 것은 물론 다양한 음식 기술을 배울 수가 있었습니다. 토미무라씨는 교포 3세로서 저에게 적잖은 호의를 갖고 있었지만 소문난 구두쇠였습니다. 저는 사장님께 사업계획을 설명하며 자금을 빌려줄 것을 간청했습니다. 토미무라씨는 예상했던 대로 사업계획서만 만지작거리며 가부간의 말씀을 못하셨습니다. 저는 제게 돈을 빌려줄 다섯 명의 리스트를 보여주며 말했습니다.

'사장님 여기 보이는 네 분께서는 저를 믿고 이미 돈을 빌려주셨습니다. 이제 사장님만 빌려주시면 됩니다.'

그러자 계속 망설이기만 하던 사장님은 자금을 빌려주셨습니다. 아울러 '손군! 자네라면 잘 할 수 있을 거야. 꼭 성공해서 꿈을 이루게'라며 덕담도 보태주셨습니다. 저는 그런 식으로 나머지 네 사람 모두에게서도 운전자금을 융통받을 수 있었습니다. 여러분, 결과가 어땠을까요? 물론 성공했겠지요? 그렇지 않았으면 제가 여러분 앞에 서 있을 수 있었겠습니까?"

방청객들은 큰 소리로 웃으며 고개를 끄덕였다.

"레스토랑은 날로 번성해서 6개월 만에 다섯 분으로부터 빌린 돈과 적당한 이자를 돌려드릴 수 있었습니다. 그리고 1년 만에 사토씨께 보증금과 그간의 월세를 소급해서 지급해드렸습니다. 그뿐이 아닙니다. 저는 그 레스토랑을 인수해서 경영하는 것을 계기로 일본 굴지의 컨설팅사 회장님의 눈에 들어서 외국인으로서는 최초로 그 회사의 본사에 취업하는 행운도 얻었습니다.

그런데 여러분, 저는 수 년 뒤 한국으로 돌아와서 사촌동생의 작은 음식점 경영을 도왔다가 실패를 한 적이 있습니다. 가난한 유학생 시절 그 열악한 환경에서, 돈 한 푼 없이도 성공을 거뒀던 제가 한국에서는 실패를 한 것입니다. 게다가 저는 컨설팅회사에서 많은 경험을 쌓았습니다. 그럼에도 불구하고 한국에서는 실패를 하고 만 것입니다. 왜 그랬을까요?"

준서는 잠시 말을 멈추고 방청객들을 바라봤다. 다들 의아한 표정으로 준서를 쳐다봤다.

"그것은 바로 배를 가를 각오로 창업하지 않았기 때문입니다. 자본금도 넉넉하고 지식과 경험이 풍부했던 저는 자만심에 빠져서 실패하고 만 것입니다. 진정한 프로는 변명을 하지 않는 법입니다. 이유 여하를 막론하고 저는 실패에 대한 뼈저린 반성을 해야 했습니다. 저는 그 사건을 통해서 많은 것을 깨달을 수 있었습니다. 목숨을 걸고 열심히 일을 하면 안 되는 일이 없다는 것을요.

불광불급不狂不及이라는 말이 있습니다. 미치면 미칠 수 있고 미치지 못하면 미칠 수 없다는 말입니다. 미친 듯이 일에 몰두하면 원하는 목적에 다다를 수가 있고 어설프게 하면 그 목적에 도달할 수가 없다는 뜻입니다. 물은 100℃가 돼야 비로소 끓기 시작합니다. 마지막 순간까지 최선을 다하고 철저하게 준비해야 비로소 성공이라는 놈을 내 손으로 움켜쥘 수가 있습니다. 오늘 이 자리에는 현재 조그만 회사를 경영하시는 분도 계시고 새롭게 창업을 하시려는 분도 계신 것으로 알고 있습니다. 여러분에게 공통점이 있다면 경영에 성공하고 싶은 마음일 것입니다. 그럼 어떻게 해야 경영에 성공할 수 있을까요?

경영에 성공하기 위해서는 수많은 요소가 필요합니다. 자본도 있어야 하고 시장을 읽는 눈도 필요하고 좋은 인재도 있어야 합니다. 탁월한 아이템도 필요하겠지요? 어떤 분은 운이 좋아야 사업에 성공한다고 하시는 분도 있습니다. 저는 운이 좋은 사람이 따로 있다고는 생각하지 않습니다. 운이란 철저하게 준비하고 끈기 있게 기다려서 기회가 왔을 때 과감하게 자신을 던지는 사람에게 찾아오는 것입니다.

여러분, 저는 오늘 여러분께 성공 경영요소 중 가장 중요하게 생각하는 것을 말씀드리고자 합니다. 전 세계에서 창업 200년이 넘은 성공하는 기업은 모두 5,586개에 달합니다. 애석하게도 우리나라에는 아직 창업 200년을 넘긴 회사가 하나도 없습니다. 100년을 넘긴 회사가 겨우 2개 있을 뿐이죠? 성공 장수기업의 오너에게는 공통점이 있었습니다. 제가 일본과 한국에서 많은 분들을 부자가 되게 했다고 했지요? 그 사람들에게도 공통점이 있었습니다. 그게 무엇인지 아십니까? 바로 '사명감'이었습니다.

그 사람들은 자신의 사명이 무엇인지를 분명하게 알고 그 사명을 기업정신으로 승화시켜 직원들하고 공유할 줄 알았습니다. 또한 그 사명을 바탕으로 멋진 비전을 세운 다음 그것을 철저하게 준비하고 실행했습니다. 제가 **'성공 경영에 가장 중요한 요소는 사명감이다'**라고 말씀드리니까 어떤 분은 '에이 그게 뭐가 그렇게 중요한 것이냐? 별 것도 아니네!'라고 말씀하시는 분들도 있을 것입니다. 그러나 그렇지 않습니다. 지극히 평범한 요소처럼 보이지만 결코 실행하기가 쉽지 않은 요소입니다. **사명감이 있는 사람은 쉽게 지치지 않습니다. 쉽게 짜증이 나지도 않습니다. 쉽게 포기하지도 않습니다. 모든 일을 즐겁게 할 수 있는 마음의 준비가 된 사람들입니다. 준비된 자에게 찬스는 반드시 다가옵니다.**

여러분, 지금 하시는 일이 마음에 들지 않으십니까? 경영이 잘되지 않습니까? 이제 새로 창업을 해야 하는데 자신이 없습니까? 불안하십니까? 스스로를 작은 존재로 여기고 가당치 않는 일이라고 자신의 꿈을 미리 축소 재단하지 마십시오. **여러분의 꿈은 무엇입니까? 여러분의 사명은 무엇입니까? 먼저 그 사명을 바라보십시오. 그리고 꿈꾸십시오. 꿈꾸는 것은 우리 인간의 특권입니다.**

꿈꾸고 소망하는 것이 있으면 반드시 그것을 글로 쓰거나 그려놓으십시오. 그리고 철저하게 준비하십시오. 찬스는 반드시 찾아올 것입니다. 찬스가 왔다 싶으면 물불을 가리지 말고 뛰어드십시오. 거기서 주저하고 머뭇거리면 다시는 기회가 찾아오지 않을 수도 있습니다. 용감한 자者만이 미인을 차지할 수 있다는 말도 있지 않습니까?"

방청객들은 고개를 끄덕이며 준서의 말을 받아 적었다.

"여러분, 사업이란 달리는 자전거와 같습니다. 멈추는 순간 넘어지거나 후발주자에게 자리를 내어주게 마련입니다. 성공과 실패는 종이 한 장 차이입니다. 성공했다고 자만하지 마십시오. 위기는 바로 그때 찾아옵니다. 실패했다고 위축될 것도 없습니다. 세계적으로 성공을 거둔 경영자 중에는 처절한 실패를 교훈삼아 다시 도전해서 경영에 성공한 사람들이 대부분입니다.

그러므로 몇 번 실패했다고 해서 절망할 필요 없습니다. 기왕 실패를 하려면 처절하게 실패하십시오. 온 몸을 던져서 실패하십시오. 거기서 얻어지는 경험과 교훈은 여러분을 더욱 단단하게 만들어 줄 것입니다. 제가 아끼는 후배 중에서 실패에 대해 이렇게 표현하는 것을 들은 적이 있습니다. '풍선을 한 번 힘차게 불어서 크게 부풀게 한 다음 공기를 빼내면 다시 그 풍선을 불 때 처음 불었던 크기만큼은 무척 수월하게 불수 있다'라고요. 그만큼 경험은 소중한 것입니다.

여러분께서 꿈을 포기하지만 않는다면 성공은 반드시 여러분의 것이 될 것입니다. 중요한 것은 할 수 있다는 신념입니다. 기왕 사업을 시작할 거면 배를 가를 각오로 임하십시오. 그리고 최선을 다해서 준비하십시오. 그렇게만 하면 성공은 반드시 여러분의 것이 될 것입니다. 여러분 모두의 성공을 진심으로 기원합니다. 감사합니다."

장내는 우레와 같은 박수소리가 터져 나왔다. 준서는 강연을 마치고 잠시 휴대폰을 열어봤다. 휴대폰에는 장모님으로부터 온 수십 통의 부재중 전화와 음성메시지가 들어 있었다. 평소에는 좀처럼 흥분을 하지 않는 장모님의 목소리는 전화기 속에서 심하게 흔들리고 있었다.

'도대체 어떻게 된 일일까?'

준서는 떨리는 손으로 시동을 걸었다.

# 피할 수 없는 선택

수연은 자꾸만 꺼져가는 의식을 붙잡으려 안간힘을 썼다. 그럴수록 눈앞은 점점 흐려졌다. 옆구리에 심한 통증이 느껴진다. 마치 살이 다 떨어져 나간 것 같다. 그런데 다리는 아무런 느낌이 없다. 옆자리에 타고 있던 정은이가 보이지 않는다.

'정은이는 어디 갔을까? 오, 하나님 우리 정은이는… 정은아, 정은아…….'

수연은 이를 악물고 몸을 일으키려 했다. 그 순간 극심한 통증과 함께 정신을 잃고 말았다.

정은이는 결혼 5년 차에 얻은 딸이었다. 준서가 매일 반복되는 바쁜 일정으로 수연과의 관계가 점점 낯설게 느껴질 무렵 수연의 임신소식을 들었다. 수연은 다시 예전의 생기를 찾은 듯했다. 극심한 입덧과 임신중독증 증세로 수연의 몸은 뼈만 앙상하게 남았다. 피부발진으로 인해 여기저기 부스럼까지 생겼다. 그러나 수연은 그것조차 행복해했다. 준서는 과중한 업무에 시달리느라 수연이 다시 찾은 삶의 활력조차 함께 호흡하지 못했다. 수연은 의사로부터 낙태를 권고 받았지만 완강하게 거절했다.

결국 아기는 출산 예정일을 34일이나 남긴 미숙아로서 세상 밖으로 나왔다. 담당의사는 아기가 황달기도 있고 극심한 영양부족이기 때문에 자칫 위험해질 수도 있음을 경고했다. 앞으로 일주일간이 고비라며 각별한 주의가 요구된다는 말도 빼놓지 않았다. 수연은 아기가 인큐베이터 속에서 미세하게 움직일 때마다 태어나서 처음으로 하나님께 감사의 기도를 드렸다. 이렇게나마 아기가 살아있음에 감사했고 엄마가 되게 해 준 것에 감사했다.

정은은 자라면서 병치레가 끊이지 않았다. 또래 아이들과 잘 섞이지도 못했고 그저 혼자 떨어져서 책을 읽거나 공상에 빠져있는 것을 좋아했다. 수연을 닮아 고집도 센 편이었다. 준서는 늘 바빴다. 꼬리에 꼬리를 물고 계속되는 일에 치어서 수연이 눈물겨운 투쟁 끝에 정은을 낳는 순간에도 그녀의 곁을 지켜주지 못했다.

그래서일까? 정은은 태어나면서부터 줄 곧 수연만을 따랐다. 수연은 정은이가 마치 자신의 어린 시절을 보는 것 같다며 쓸쓸해 했다. 타인 앞에서 좀처럼 감정을 드러내지 않는 수연의 평소 모습을 기억하는 준서는 그토록 아이에게 모든 신경을 집중하는 그녀가 그저 신기할 따름이었다. 수연과 정은의 모습을 보면서 준서는 가끔 야릇한 질투심을 느끼기도 했다. 그러나 그뿐이었다. 준서는 여전히 바빴고 해야 할 일은 산더미처럼 쌓여있었다.

갈비뼈와 척추를 다친 수연은 중앙 수술실에서 수술을 받는 중이었다. 눈물 콧물로 범벅이 된 장모님은 준서의 손을 꼭 잡고 더욱 흐느껴 울었다. 수연은 정은이를 데리고 백화점에서 개최하는 가을도서행사에 가던 중이었다. 수연이 탄 택시는 백화점 사거리에서 신호를 기다리다가 녹색 신호등에 맞춰 출발을 했다. 그때 빗속에서 신호위반을 한 채 달려오던 소형트럭이 수연과 정은이 탄 택시를 측면에서 들이받았다. 택시의 좌측면은 형체를 알아볼 수 없을 정도로 구겨져 버렸다. 수술실에서 일반 병실로 옮긴 수연에게 정은의 장례절차를 상의하려 했으나 그녀는 서늘한 눈빛으로 준서를 쏘아볼 뿐이었다.

10월 17일, 여덟 번째 생일을 이틀 앞두고 정은은 연기가 돼서 하늘로 올라갔다. 평소에도 체구가 작았던 아이는 단 삼십분 만에 뼈만 앙상한 채로 돌아왔다. 흰 마스크를 깊숙이 눌러쓴 사내는 작고 가는 아이의 유골을 절구통에 넣고 대수롭지 않은 듯 빻아댔다. 조그만 절구통 속에서 한 줌의 가루가 돼 버린 아이는 하얗고 둥근 도자기에 담겨져 준서의 품에 안겼다. 그 무게가 너무나 가벼워서 준서는 울음조차 나오지 않았다. 눈이 통통 부어서 앞이 보이지 않는 장모님은 어디서 그렇게 눈물이 쏟아져 나오는지 끊임없이 울고 또 우셨다.

장례식은 조촐하게 치러졌다. 일본 본사에서 회장님과 임원진이 장

레에 참석하겠다고 했지만 준서는 휴대폰도 꺼버리고 장례식 장소조차 밝히지 않았다.

5개월 동안 수연은 네 차례나 크고 작은 수술을 받아야 했다. 부러진 두 개의 갈비뼈는 얼마 지나지 않아 정상을 찾았지만 문제는 척추였다. 수술은 성공적이라는데 어찌된 영문인지 수연은 걸을 수가 없었다. 게다가 실어증에 걸렸는지 말을 한 마디도 하지 않았다. 주치의는 준서를 향해 무겁게 입을 뗐다.

"환자분께서는 삶의 희망을 잃어버린 듯합니다. 조금만 노력을 하면 충분히 걷고 말을 할 수도 있을 텐데 도무지 치료에 협조를 보이지 않네요. 이제 더 이상 저희가 할 수 있는 일은 없습니다. 댁으로 모시고 가서 잘 설득해 보세요. 이대로 방치하면 환자분께서는 평생 걷지도, 말을 하지 못할 수도 있습니다."

"여보 제발 뭐라고 말 좀 해봐. 차라리 나를 원망하고 욕이라도 퍼부으라고, 당신이 이런다고 정은이가 살아 돌아오는 것도 아니잖아. 당신 책임이 아니라고, 그냥 사고였을 뿐이라고, 제발 정신 좀 차려 봐."

집으로 돌아온 준서는 침대에 우두커니 앉아있는 수연의 어깨를 흔들며 눈물로 애원했다. 그러나 돌처럼 굳어버린 수연은 준서에게서 얼굴을 돌려버렸다.

준서는 일본본사로 사직서를 보냈다. 본사의 모리야마 전무이사가 직접 한국으로 건너와서 준서의 퇴사를 만류했다.

"정말 죄송합니다. 제가 입이 열 개라도 할 말이 없습니다. 회장님께 전해주십시오. 그동안의 은혜는 결코 잊지 않겠다고요. 언젠가는 꼭 이 은혜를 갚겠노라고 전해주십시오."

"그런 인사는 필요 없네. 지금 한국지사가 얼마나 중요한 때인지 몰라서 이러나? 만일 그래도 꼭 사직을 해야겠다면 자네가 직접 회장님을 만나서 말씀을 드리게. 그것조차 하지 않는다면 자네는 정말 인간도 아닐세."

모리야마 전무는 살집 좋은 얼굴에 잔뜩 노기를 띤 채 준서를 바라봤다. 준서는 노하라 회장께 전화를 걸었다. 그러나 회장은 준서의 전화를 받지 않았다. 준서는 하는 수없이 회장을 만나기 위해 일본으로 건너갔다. 그러나 회장은 준서를 만나주지도 않았다. 이틀을 기다렸으나 회장은 요지부동이었다. 준서는 장문의 편지를 써서 비서에게 맡기고 한국으로 돌아왔다. 일주일이 지난 어느 날 밤, 준서는 노하라 회장의 전화를 받았다.

"못난 사람같으니… 꼭 그렇게 해야만 했나?"

"죄송합니다. 이해해 주십시오."

"자네의 상심에는 애도를 표하네. 하지만 난 도무지 납득할 수가 없어. 살다보면 크고 작은 어려움이야 비일비재하게 일어나는 것 아닌가? 그때마다 직장을 그만두고 집안에 틀어박혀서 지낸다면 도대체 무슨 큰일을 해낼 수가 있겠는가? 사내는 모름지기 산과 같은 존재여야 하네. 어떤 비바람에도 흔들리지 않는 모습이 필요하단 말일세. 암튼 난 자네의 사표를 수리할 생각이 없네. 나는 자네에게 긴 휴가를 준 것으로 생각할거야. 푹 쉬다가 언제든 돌아오게. 내가 자네에게 거는 기대가 얼마나 큰지는 알고 있지?"

"죄송합니다."

준서는 8년 간 살았던 삼성동의 아파트를 내놨다.

"여보, 나 회사에 사직서 제출했어. 우리 이 집도 팔고 시골로 내려가자. 공기 좋은 곳에 가서 당신 몸도 추스르고 다시 시작하도록 하자."

수연은 준서의 말에 여전히 아무런 말도 하지 않았다.

준서는 남해의 T시에서 자동차로 15분 거리에 있는 나지막한 능선에 목조주택을 지었다. 정남향에 정면으로는 멀리 바다가 내려다보이고 등 뒤로는 언제든 기대도 좋다는 듯 커다란 산봉우리가 두 팔을 벌리고 서있는 곳이었다. 시세보다 다소 저렴하게 내놓은 탓에 아파트는 쉽게 팔렸다. 살림살이는 꼭 필요한 것 말고는 모두 버리거나 다른 사람들에게 나눠줬다. 준서가 평생 모았던 책들도 1톤 화물차 분량만을 남기고 나머지는 구청을 통해서 도서관에 기증을 했다.

3월 중순, 준서는 아내와 장모님을 모시고 포장이삿짐 차에 앞서 출발했다. 이틀 동안 내린 봄비 끝이라서인지 하늘은 맑고 투명해서 눈이 시릴 지경이었다. 고속도로 휴게소에 들러 아내가 좋아하는 에스프레소 한 잔과 장모님을 위해 한방차 한 잔을 주문했다. 휠체어에 앉아 모포를 두른 수연은 준서가 건네주는 에스프레소를 묵묵히 받아들었다. 서울을 출발한지 불과 4시간 만에 고속도로를 빠져나온 준서는 T시의 외곽도로를 지나 바다를 향해서 달렸다. 왕복 4차선 길에서 다시 2차선 도로로 접어들자 멀리 바다가 신기루처럼 나타났다가 사라지곤 했다. 완전한 시골길로 접어들수록 수연의 표정은 다소 밝아지는 듯 했다.

미리 연락을 받고 도착한 마을 이장님이 페치카에 장작불을 지펴놓아 주었다. 증권회사에 다니는 준서의 후배가 가까운 친척이라며 소개시켜 준 이장님은 젊은 시절 이북에서 피난을 내려와 이곳에 정착한지 벌써 60년이 넘었다고 했다. 작달막한 체격에 머리가 시원하게 벗겨진 이장님은 유난히 코가 빨개 보였다. 아마도 약주를 좋아하는 모양이었다. 그는 연신 사람 좋은 웃음으로 준서 일행을 맞아주었다. 낯선 객지에서 살아갈 것이 내심 걱정이었던 준서 가족에게는 여간 다행스러운 일이 아닐 수 없었다.

장모님은 이장님이 붉은 코를 벌름거리며 벗겨진 머리를 뒤로 쓸어올릴 때마다 웃음을 참으며 준서를 쳐다보곤 했다. 30대 후반에 교통사고로 장인어른과 사별한 뒤, 쭉 혼자 살아오신 장모님은 60대 후반이라고는 믿기지 않을 만큼 고운 피부와 품위를 가진 분이었다. 수연은 여전히 메마른 얼굴로 집 아래로 펼쳐진 수평선을 바라보고 있다. 준서는 수연의 뒷모습을 애처롭게 바라봤다.

T시로 내려온 뒤 준서는 중형 승용차를 4륜구동 지프차로 바꾸고 일주일에 한 번씩 차를 몰아 시내에 있는 마트에 가서 생필품을 구입하곤 했다. 틈나는 대로 장작을 패서 페치카 연료를 만들어 놓기도 하고 장모님과 함께 집 근처 텃밭에서 감자도 심고 옥수수도 심었다. 부지런한 장모님은 아내의 수발이며 식생활은 물론 텃밭 가꾸기에도 공을 들여 울타리 주변으로는 꽃나무를 심기도 했다.

준서는 틈나는 대로 디지털 카메라를 들고 주변 산과 바다를 다니며 사진을 찍었다. 창백하고 쌀쌀했던 수연의 얼굴은 점차 화색이 돌기 시작했다. 준서를 바라보는 눈빛도 예전과는 다르게 느껴졌다. 준서는 14년 전 그녀와 처음 만났던 때가 떠올랐다. 일본 출장길 비행기 안에서 만났던 수연은 일견 평범해 뵈는 외모를 가진 여성이었다. 그러나 준서는 수수함 속에 감춰진 그녀의 은근한 매력을 발견했다. 동양란처럼 단아해보이면서도 조심스럽게 드러나는 여성스러움, 그때 그토록 고왔던 그녀가 자신 때문에 시들어버리고 말았다는 생각에 준서는 가슴이 아렸다.

5월의 햇살이 따갑게 느껴지던 날, 생필품을 구입해서 집으로 돌아오던 준서는 장모님과 함께 텃밭에 앉아있는 수연을 발견했다. 휠체어에서 한참 떨어진 거리였다. 그녀는 하늘색 면 남방에 긴 생머리를 바람에 날리며 감자밭의 잡초를 뽑고 있었다. 어안이 벙벙해진 준서를 향해 장모님은 환한 웃음으로 말씀하셨다.

"아직 몰랐나? 사실은 벌써부터 걸을 수 있었어. 자네에게 아직 얘기하지 않은 것은 좀 더 건강해진 모습을 보여주고 싶었는가 보네."

준서는 봄볕에 건강하게 그을린 장모님과 이마에 땀이 송글송글 맺혀있는 수연의 얼굴을 바라보며 목이 메었다. 수연은 아무렇지도 않은 듯 면장갑에 흙을 묻혀가며 감자 이랑의 잡초를 뽑고 있다.

"당신 괜찮은 거야? 이제 안 아픈 거야? 말도 할 수 있어?"

준서가 수연에게 바짝 다가가 얼굴을 숙이며 물었다. 수연은 하얀 이를 드러내며 준서를 바라봤다.

"조금 있으면 감자 꽃이 필거야. 엄마 말이 지금 부지런히 잡초를 뽑아주고 비료도 줘야 한 대. 당신도 이리 와서 같이 뽑아."

무려 5개월 만이었다. 준서는 아내의 목소리가 새삼 맑고 예쁘다는 것을 깨달았다.

"에구 허리야, 나는 빨래 돌리던 거나 가 볼께."

장모님은 슬며시 자리를 피해주셨다.

“여보, 미안해 그리고 정말 고마워.”

준서는 낮은 목소리로 속삭였다. 준서를 안쓰럽게 바라보는 수연의 눈가가 붉게 물들었다. 준서는 수연의 부드러운 입술 위에 자신의 입술을 살포시 포갰다. 산봉우리 넘어 솔 밭 사이를 달려온 바람이 두 사람의 머리칼을 세차게 흔들었다.

장마전선이 제주도까지 올라온다는 예보를 듣고 감자를 캐기 시작했다. 장모님의 부지런함에 힘입어 감자농사는 첫 수확 치고는 상당한 양을 수확할 수 있었다. 커다란 마대자루로 열일곱자루나 되는 감자를 수확해낸 아내와 장모님은 금방 부자라도 된 것 같이 즐거워했다. 갓 캐어낸 감자를 쪄 먹으며 수연은 정은이 생각에 목이 메었다. 정은은 유난히 감자를 좋아했다. 감자볶음은 물론 감자조림에 찐 감자까지 좋아했다. 장모님은 감자를 캐낸 곳에 들깨를 심겠다고 했다. 이장님은 장마가 오기 전에 집 안팎 정비를 해야 한다며 수시로 찾아 와 주셨다.

“이거 고마워서 어쩐대요.”

장모님은 따뜻한 커피를 건네며 꼬박꼬박 인사치레를 했다.

“원 별 말씀을 다하셔요. 이웃 좋다는 것이 다 그런 거지요. 이렇게 서로 돕고 살다보면 금방 친척이나 매 한가지가 되는 거지요.”

이장님은 붉은 코를 벌름거리며 계면쩍어 하셨다.

“근데 사위 분은 외국에서 공부도 많이 하고 큰일을 하던 분이라고 들었는데…….”

“예, 그렇지요.”

"주로 무슨 일을 하셨는데요?"

"글쎄요 저도 자세히는 모르는데 경영 컨설팅인가 뭐 그런 일을 했다는 것 같아요."

"그래요? 그런 훌륭한 재능을 썩히다니……. 정말 아깝네요."

"아깝긴요. 허구한 날 밤을 새고 집에 못 들어오는 일이 다반사였는걸요. 요즘엔 정말 사람 사는 것 같아서 얼마나 다행인지 몰라요."

T시는 아름다운 도시이다. 6.25 전쟁 당시 피난민들에 의해 바닷가를 끼고 자연스럽게 형성된 도시로써 옛 모습을 간직하고 있는 구 시가지와 새로 형성된 신시가지가 쪽빛 바다와 함께 절묘한 조화를 이루고 있었다. 주민들도 대체로 순박한 편이었다. 준서는 무엇보다도 아무데나 낚싯대를 들이대면 잡히는 망대나 놀래미가 신기했다. 두 세 시간 정도 소일을 하고 나면 어설픈 준서의 손에도 어김없이 두어 마리의 망대나 놀래미가 들려지곤 했다. 수연과 장모님은 유달리 생선회를 좋아했다.

그 날도 마트에서 낚시용 갯지렁이와 생필품을 사던 준서는 이장님으로부터 뜻밖의 전화를 받았다. 마트에서 그리 멀지 않는 곳에 식당을 하는 자신의 아들이 있는데 거기서 좀 만났으면 한다는 것이었다. 준서는 이장님이 일러준 식당으로 찾아갔다. 식당은 허름한 콘크리트 건물

1층에 있었다. 안으로 들어가 보니 약 50평쯤 되는 규모였는데 이렇다 할 특색이 없는 평범한 대중식당이었다. 한쪽 벽에는 푸른색 아크릴 메뉴판에 흰 글씨로 삼겹살, 동태찌개, 김치찌개, 청국장, 냉면, 칼국수까지, 어지러울 정도로 많은 메뉴들이 적혀있었다. 식당 한쪽에 앉아있던 이장님이 준서를 보자 맨발로 달려 나왔다.

"선생님, 저희 아들 좀 살려주세요. 조선회사 다니다가 명예퇴직을 당해서 어렵게 차린 식당입니다. 퇴직금에다가 제가 가지고 있던 논 마지기 팔아서 보탰는데 도통 장사가 되질 않아요. 좀 도와주십시오."

준서가 자리에 앉자마자 이장님은 무릎이라도 꿇을 듯 머리를 조아렸다. 거의 뒷목까지 벗겨진 머리가 형광등 빛을 받아 번쩍거렸다.

"글쎄요. 제가 무슨 도움이 될런지……."

"선생님같이 훌륭한 분이 보시기엔 하찮은 음식점이겠지만 이게 저희한테는 생명줄이나 다름없어요."

이장님과 함께 마주한 식당주인 김사장은 아버지를 닮아서인지 머리가 정수리까지 벗겨져서 사십대 초반이라고는 도저히 믿어지지가 않았다. 그런데 자세히 보니 이장님을 닮아서 선량한 눈빛을 가진 사람이었다. 집으로 돌아온 준서는 수연의 눈치를 흘끔거리며 신문을 들썩였다.

"당신, 나한테 뭐 할 말이라도 있어?"

"응? 아, 아니……."

"그럼 왜 그래? 아까부터 자꾸만 쳐다보는 것 같은데?"

"내가 뭘……."

“할 얘기가 있으면 하라니까.”

“이장님 아들이 시내에서 식당을 하는데 장사가 안 돼서 많이 힘이 드는가봐. 나보고 좀 도와달라고 그러네. 당연히 나는 못한다고 했어. 그러니까 걱정 하지 마. 절대로 안 할 거니까.”

한참동안 아무런 대답도 하지 않던 수연이 입을 열었다.

“그냥 도와드려, 다른 사람도 아니고 이장님일인데 어떻게 모른 척 할 수가 있겠어. 난 괜찮으니까 도와 드려.”

“뭐? 정말이야? 정 그렇다면 뭐, 잠깐 도와드리도록 할게.”

이튿날 준서는 U&I 컨설팅코리아 외식사업부의 정실장을 만나 그간의 사정을 얘기하고 김사장의 경우와 같은 작은 식당을 살리는 노하우를 배웠다.

“지사장님께서 하시는 일도 어렵지만 외식사업도 만만치 않습니다.”

사람좋은 정실장은 얼굴 가득 주름을 일으키며 활짝 웃었다.

“그렇고말고요. 왜 안 그러겠습니까? 토끼 한 마리를 잡기 위해서 호랑이는 최선을 다한다잖아요. 사람 하나 살리는 일이니 잘 부탁드려요.”

정실장은 준서에게 외식경영의 노하우가 담긴 책 5권과 함께 간단한 매뉴얼북도 선물했다. 집으로 돌아온 준서는 정실장에게서 받은 책을 열심히 읽었다. 잘 이해가되지 않는 부분은 체크를 해뒀다가 정실장에게 전화를 걸거나 메일로 질문을 퍼붓곤 했다.

“지사장님, 이러다가 아무래도 제 밥줄이 끊기겠는걸요!”

“허허허, 무슨 말씀을요. 그리고 저 이제 지사장 아닙니다. 그렇게 부르지 마세요."

"아닙니다. 지사장님은 언제든 다시 복귀하실 거라고 믿고 있습니다."

준서는 정실장이 추천해준 자료와 오래 전에 노하라회장의 당부로 분석했던 전국의 380개 맛집 자료를 꺼내어 다시 살펴봤다. 꼬박 3개월 뒤 준서는 김사장을 다시 찾아갔다. 김사장은 3개월 전보다 눈에 띄게 야위어 보였다.

"우선 주변 상권 조사부터 해야겠습니다. T시의 인구가 얼마나 되나요?"

"네, 한 40만 명 쯤 될 거여요."

"그렇다면 이 식당을 중심으로 500m내에 경쟁이 될 만한 식당이 몇 개나 될까요?"

"글쎄요. 그건 잘 모르겠는데요."

"우선 식당의 콘셉트를 잘 잡아야 합니다. 그 콘셉트에 따라서 메인 타깃과 서브 타깃을 정하고 인테리어 및 마케팅 전략을 짜야 합니다. 그러나 이미 인테리어에 상당한 비용을 쓰셨을 테니 가급적 돈이 덜 들어가는 콘셉트를 짜보도록 합시다."

"예? 그게 무슨 말씀인지……."

"음… 가게의 디자인과 메뉴와 서비스가 일맥상통하게 설정돼야 한다는 말씀입니다. 그러기 위해서는 먼저 주 고객과 부 고객을 분류하고 그에 맞는 전략을 짜야 한다는 말씀입니다."

"예! 저는 그저 선생님이 시키는 대로만 할께요. 정말 고맙습니다."

"고맙다는 인사는 나중에 장사가 잘되고 난 다음에 하세요. 이장님의 부탁도 있고 하니 제가 힘닿는 대로 도와 드릴게요."

준서는 가게를 나와 주변 상권을 조사하기 시작했다. 다음 날도 그 다음 날도 준서는 시간이 날 때마다 식당 주변이며 도시 곳곳을 다니며 유동인구의 특성과 주변 상권을 조사했다. 지역 상공회의소와 통계청의 자료도 참고로 삼았다. 다른 한 편으로는 메뉴 개발을 전문으로 하고 있는 친구와 디자이너 후배에게 자문을 구했다. 보름 뒤 준서는 다시 김사장을 찾아갔다. 식당 분위기는 보름 전보다 더 안 좋아 보였다. 김사장은 시무룩한 얼굴로 준서를 맞았다.

"사장님 여유자금은 얼마나 있지요?"

"글쎄요 얼마나 있어야 하나요?"

"그동안 제가 조사 해본 결과 이곳은 해물 전문점으로 업종을 바꾸는 것이 좋을 것 같습니다. 주 고객은 3,40대 남녀이고 서브 고객은 관광객을 포함한 기타 지역 주민으로 설정을 하면 좋을 것 같습니다. 우선 그러려면 현재의 간판과 인테리어의 일부를 3,40대 남녀가 좋아할 만한 분위기로 바꿔야 합니다. 물론 투자자금은 최소한의 비용만을 들여서 해야 하겠지요"

“그게 얼마나 들까요?”

“간판과 인테리어에만 대략 4,000만원은 들어갈 것 같습니다. 그리고 최소 3개월간 운전자금도 있어야 해요. 3개월간의 임대료와 인건비 말입니다.”

“그렇다면 합해서 한 6,000만원은 있어야 한다는 말씀이네요?”

“그렇습니다.”

“그런데 선생님, 해물 전문점을 하려면 현재 주방 인력으로는 어려운 일입니다. 도저히 자신이 없어요.”

“그건 염려하지 마십시오. 친구 중에 해물 요리로 크게 성공을 한 녀석이 있어요. 그 친구가 도와주기로 했습니다.”

“그렇게만 해주신다면 정말 좋겠어요.”

“그러나 메뉴를 바꾼다고 해서 금방 영업이 잘되는 것은 아닙니다. 맛으로만 승부를 내던 시대는 지났습니다. 맛은 노력하기만 하면 누구나 얼마든지 따라할 수 있는 것입니다.”

“그럼 어떻게 해야 하나요?”

“지난번에 간략하게 말씀드렸듯이 우선은 매장의 콘셉트를 정확하게 설정해야 합니다. 그 다음 그에 맞는 메뉴 설정과 디자인, 서비스 시스템을 만들어야 합니다. 고객이 좀 더 편안하게 즐길 수 있는 분위기를 연출해 내는 것이 무엇보다도 중요합니다. 그런데 그보다 먼저 갖춰야 할 것이 있습니다.”

“그게 뭔가요?”

"경영자는 신념이 있어야 합니다. 어떤 일이 있더라도 고객과의 약속을 지키겠다는 신념 말입니다. 그 신념을 고객이 이해하고 신뢰한다면 경영의 절반은 이미 성공한 것이나 다름없습니다. 고객으로부터 절대적인 신뢰를 얻어내기 위해서는 철저한 서비스 정신으로 무장해야 합니다. 고객이 우리 매장의 자발적인 홍보요원이 될 수 있게 마케팅 전략을 짜서 실천해야 하는 것입니다."

"저는 아무 것도 몰라요. 선생님께서 잘 좀 지도해 주세요. 돈은 어떻게든 마련해 볼게요."

준서의 고등학교 4년 후배인 석주는 자타가 공인하는 레스토랑 전문 디자이너이다. 미국의 대표적인 패스트푸드인 M사의 한국 진출 디자인을 비롯해서 일본의 이자카야 체인점, 한국의 유명 보쌈 프랜차이즈 전문점 등 내로라하는 대형 레스토랑을 디자인 해왔다. 준서는 매사에 신중하고 정직하며 끈기를 갖춘 석주를 후배 이상으로 인정하고 있다. 두 사람은 업무적인 모임 외에 사적으로도 자주 만나 흉금을 털어놓는 사이였다. 수연과 정은이 교통사고를 당했을 때도 제일 먼저 달려와서 밤을 새워준 것도 석주였다. 준서에게 있어서 석주는 후배이면서도 덩치만큼이나 듬직한 친구였다 .

준서가 이장님 아들 일로 디자인을 부탁했을 때 석주는 한달음에 달려와 주었다. 보나마나 눈코 뜰 새 없이 바쁜 일정을 쪼개서 달려와 줬을 것이리라. 석주는 식당 내부를 꼼꼼히 훑어보고 사진을 찍기도 하고 스케치를 하기도 했다. 석주가 커다란 덩치로 땀을 뻘뻘 흘리며 두

시간이 넘게 식당 이곳저곳을 다니자 김사장은 걱정스러운 얼굴로 다가왔다.

"저어 선생님, 저 분은 TV에도 나오는 유명한 디자이너잖아요. 저희는 가진 것도 없고……."

"걱정하지 마세요. 그냥 제 얼굴 보고 찾아와준 것이니까 아무 염려마세요."

"아이구 그래도 어떻게 그럴 수가 있어요."

"글쎄 걱정하지 마시고 사장님은 그저 열심히 일해서 성공할 생각만 하세요."

"어때? 콘셉트 잡기가 어중간 하지?"

가게 곳곳을 스케치하고 돌아온 석주를 향해 준서가 말을 건넸다.

"솔직히 콘셉트고 뭐고 머리가 아프네요. 형님 전화 받고 나름대로 상상은 했지만 정말 손봐야 할 곳이 한두 군데가 아닌 걸요!"

"그러게 말이야 모르는 사람도 아니고 어떻게든 잘되게 해야 하는데 걱정이야."

"형님께서 이렇게 신경을 쓰시는데 당연히 잘되겠죠. 아무리 현직에서 잠시 물러났다 해도 마이더스의 손이 어디 가겠어요?"

"마이더스의 손? 아직도 그 소린가? 마이너스 손이나 안 됐으면 좋겠네."

"하하하!"

준서는 석주가 따라주는 막걸리 잔을 받아 기분 좋게 들이켰다.

# 마이더스의 손

　준서는 어려서부터 소설가를 꿈꿨다. 초등학교 때부터 각종 백일장에서 두각을 나타내기 시작했으며 고등학교 3학년 때 지역 일간지의 신춘문예 단편 소설부문에 입선되기도 했다. 그러나 그뿐이었다. 군에서 제대하자마자 준서는 아버지의 죽음을 맞이했다. 6.25전쟁에서 화랑무공훈장을 받은 전쟁영웅이었지만 아버지는 쓰러진지 사흘 만에 허무하게 돌아가셨다. 이제 그에게 문학은 더 이상 사치에 불과했다. 홀로 남겨진 어머니와 어린 동생을 생각하며 그는 일본 유학을 결심했다. 청년 실업자가 급증하던 그 시기에 한국에서 학비를 벌며 대학을 다니는 것보다는 선진국인 일본에서 공부를 하며 아르바이트를 하는 편이 훨씬 유리하다는 판단에서였다.

　6개월간의 어학코스를 마치고 2개의 대학을 연달아 다니며 그는 마케팅과 경영학을 공부했다. 대학을 다니는 동안 평균 두 세 개의 아르바이트를 해야 했다. 집안 형편 상, 홀로계신 어머니로부터 학비를 받아 쓸 수는 없었다. 야끼니꾸燒肉, 한국식 불고기집집에서 접시를 닦기도 했고 호텔 청소를 하기도 했다. 방학 때는 시간이 많아서 하루 종일 할 수 있는 일을 찾아 나서기도 했다.

대학 3학년에 재학 중이던 시절 준서는 우연한 기회에 레스토랑 사업에 손을 대 큰 성공을 거뒀다. 어느 날 아침, 준서는 언제나처럼 레스토랑 주변에 물을 뿌리고 청소를 하고 있었다. 그때 한 노신사가 준서 앞으로 다가왔다.

"실례합니다만 당신이 이 레스토랑의 점장이십니까?"

"예, 제가 점장입니다."

준서는 이마에 흐르는 땀방울을 훔치며 대답했다. 준서는 오픈 당시부터 레스토랑의 주인이 아닌 점장으로 행세했다. 아직은 주인으로 행세하기 보다는 점장으로 활동하는 편이 유리하다는 판단에서였다.

"흠, 좀 이른 시간이오만 모닝커피 한 잔 마실 수 있을까요?"

"네, 물론이죠. 아직 영업시간은 아닙니다만 들어오셔서 잠시 기다려주십시오."

"고맙소."

노신사는 갓 뽑아낸 모닝커피를 맛있게 마셨다. 커피를 마시던 노신사는 준서에게 명함을 건네줬다. 명함을 받아든 준서는 깜짝 놀라고 말았다. 'U&I 컨설팅 회장 노하라 유지' 그는 일본의 유명 컨설팅회사의 회장으로써 일본의 살아있는 전설이었다. 일본에서 경영학을 공부한 사람들 중에는 그를 모르는 사람이 없을 지경이었다.

"몰라뵈서 죄송합니다. 경영학도로서 회장님의 존함은 익히 들었습니다."

노하라 회장은 비즈니스 관계로 근처 호텔에 묵었고 아침 산책을 나왔다가 열심히 청소를 하는 준서의 모습에 호감을 느껴서 말을 건넨 것이라고 했다. 준서와 30분 정도 대화를 나누면서 준서가 레스토랑을 인수한 스토리를 들은 노하라 회장은 진지한 표정으로 준서를 향해 물었다.

"젊은이는 사명이 무엇인가?"

"사명요? 글쎄요. 아직 깊게 생각해보진 못했습니다만, 저는 사회에 이로운 일을 하고 싶습니다."

"사회에 이로운 일이라… 보통 경영학을 전공한 사람이라면 기업을 일으키거나 CEO가 되겠다는 꿈을 꾸지 않는가?"

"네, 물론 저도 그런 꿈이 없는 것은 아닙니다. 그렇지만 저는 사람들을 도와서 기업을 일으키고 잘되게 하는 것이 훨씬 매력적으로 느껴집니다."

"허허, 그렇다면 젊은이는 컨설턴트의 길을 가야겠구만."

"컨설턴트요? 제가요?"

"왜 자신이 없나?"

"글쎄요, 자신이 없다기보다는 별로 생각해 본 적이 없어서요."

"그렇다면 이제부터라도 한 번 생각해보게. 자네가 조금 전에 얘기한 '사람들의 성공을 돕는 일' 그것이야 말로 컨설턴트의 주 업무라네. 한 마디로 표현하자면 고기를 주는 사람이 아니라 고기 잡는 법을 알려주는 사람이 바로 컨설턴트의 역할이라네. 자네는 내가 볼 때 컨설턴트의 자질이 있는 것 같네. 잘 생각해보고 뜻이 있으면 사무실로 한 번 나를 찾아오게. 나와 함께 일을 하는 것도 나쁘진 않을 걸세."

"어휴, 말씀만 들어도 영광입니다. 그런데 과연 제가 그럴 자격이 있을까요?"

"자네의 자격 조건은 이미 검증 받았다고 보네. 자네 같은 일개 유학생이 무너진 레스토랑을 이렇게 훌륭하게 재생시켜놓지 않았나? 그것만으로도 이미 자격은 갖췄다고 보네."

노하라 회장은 넉넉한 미소를 지으며 레스토랑을 나섰다. 그것은 세상의 이치를 모두 꿰뚫은 자만이 가질 수 있는 미소였다.

그날부터 준서는 심각한 고민에 빠졌다. 우선 현재 운영하고 있는 레스토랑이 문제였다. 준서가 지난 1년 간 공을 들여서 가꿔온 레스토랑은 준서에게 적잖은 경제적 이익을 가져다주고 있는 알토란같은 곳이었다. 게다가 학교를 졸업하려면 아직도 1년이라는 시간이 필요했다. 그러나 준서는 노하라 회장을 따르고 싶었다. 그 분 밑에서 경영을 배우고 싶었고 더 나아가 많은 경영인들을 돕는 꿈을 이루고 싶었다. 보름이라는 시간이 눈 깜빡 할 새에 가버렸다. 그동안 밤낮으로 생각에 생각을 거듭한 준서는 U&I 컨설팅사의 노하라 회장을 찾아갔다. 회장은 준서의 이름을 또렷하게 기억하고 있었다. 자신의 집무실에서 마주한 노하라 회장은 그 날 아침, 레스토랑에서 만났을 때 보다 훨씬 더 강한 카리스마를 풍겼다.

"그래 결심은 섰는가?"

가루녹차 한 잔을 손수 만들어주며 회장은 준서를 지긋한 눈으로 바라봤다.

"네, 부족하지만 회장님께서 가르쳐 주신다면 분골쇄신하는 마음으로 따르겠습니다."

"그래, 바로 그거야. 난 자네의 그 눈빛이 마음에 들어. 결단을 내리고 나면 물불을 가리지 않고 달려들려는 맹수와 같은 힘이 느껴진다네. 요즘 일본의 젊은이들에게서는 좀처럼 자네의 그런 눈빛을 찾을 수가 없어. 경제적으로 윤택해진 일본의 부모들이 너무 오냐오냐하고 감싸서 키우다보니 그런 근성이 없어진 것이지."

"회장님 제가 지금 3학년입니다만 대학은 졸업을 하고 와야겠지요?"

"허허허, 그렇게 하고 싶으면 그렇게 하게. 그런데 자네는 대학을 무엇이라고 생각하는가?"

"글쎄요 대학이란 각자의 전공을 익히고 다듬어서 취업을 하거나 사회에 공헌 할 수 있도록 길러내는 곳, 그런 곳이 아닐까요?"

"자네 말도 틀린 것은 아니네만, 내 생각은 그렇다네. 대학이란 말이야 스스로 공부를 할 수 있는 방법을 가르쳐주는 곳이라고. 나도 젊은 시절, 일본과 미국에서 각각 대학을 다녔지만 정작 대학에서는 배운 것이 많지 않다네. 결국 공부는 스스로 찾아내서 하는 것이야. 자네는 리더에게 가장 필요한 덕목이 무엇이라고 생각하는가?"

"글쎄요. 판단력도 있어야 하고 결단력도 필요할 것 같고 끈기도 중요하고……."

"그렇다네. **리더에게는 실로 많은 능력이 필요하지. 나는 그 중에서도 가장 중요한 덕목을 통찰력이라고 본다네.** 통찰이라는 말은 영어로 Insight 라고 하지?"

"네 그렇죠."

**"결국 통찰력이란 내 안In에 들어있는 정답을 살펴서Sight 끄집어내는 능력을 말하는 것이라네. 모든 정답은 바로 내 안에 있기 때문이지. 다만 우리가 그 답을 끄집어 낼 지혜가 부족해서 그 답을 밖에서 찾으려 드는 것이라네.** 그렇기 때문에 문제가 더욱 복잡하고 크게 느껴지는 것이지."

노하라 회장과 독대한 준서는 한 달 만에 레스토랑을 매각하고 U&I 컨설팅사에 입사했다. 물론 대학 졸업도 무기한 연장한 상태였다. 준서의 주변 친구들은 걱정스러운 얼굴로 준서를 말렸다.

'한참 돈벌이가 잘 되고 있는 레스토랑을 그만 두는 것도 그렇고 졸업을 미룬 채 지금 이 시점에서 꼭 컨설팅 회사에 입사를 해야 하겠느냐.'

‘네가 그곳에서 제대로 발이나 붙일 수 있겠느냐? 일본의 컨설턴트 세계는 외국인에게는 결코 녹록치 못하다고 하더라. 보나마나 차별이 심할 것이다.’

그러나 준서의 마음은 흔들리지 않았다. 그 역시 돈도 중요했고 졸업장도 필요했지만 컨설턴트의 길은 지금이 아니면 결코 잡을 수 없는 일생일대의 기회라는 판단에서였다. 무엇보다도 준서는 노하라 회장의 카리스마를 배우고 싶었다. 저 분이라면 한 번쯤 일생을 걸어볼 가치가 있는 분이라는 확신이 있었다. U&I 컨설팅사에는 외식사업부도 있었다. 그들은 일본 전국과 아시아의 수많은 레스토랑 회사를 회원사로 등록해서 경영 상담을 하거나 매뉴얼을 작성하고 수퍼바이징을 통해서 분석한 자료로 외식 경영에 많은 도움을 주고 있었다.

준서는 언젠가 기회가 닿으면 외식 경영 쪽 일도 배우겠다는 포부도 키워나갔다. 그러나 준서는 뜻하지 않는 난관에 봉착했다. 입사 후 준서가 한 일은 고작 선배들의 책상이나 닦고 문서 복사를 하거나 잡다한 문구를 구입하는 허드렛일에 불과했다. 선배들 누구하나 준서를 살갑게 대하지도 않았고 업무를 알려주지도 않았다. 준서가 깍듯하게 인사를 해도 받는 둥 마는 둥 무시하기 일쑤였다. 준서는 U&I 컨설팅사에서 존재가치가 전혀 없는 그림자처럼 취급당하는 것이 견딜 수 없이 괴로웠다. 그것은 노하라 회장역시 마찬가지였다. 준서는 입사 후 3개월이 지나도록 노하라 회장의 얼굴조차 볼 수 없었다. 어쩌다가 먼 발치에서 임원들과 걸어오는 그를 보고 반가워서 인사라도 할라치면 그는 준서에게 눈길조차 주지 않은 채 사라져버렸다.

마치 '너 따위는 이미 잊은 지 오래야!'라고 말하는 듯 했다. 새로운 일을 배울 생각에 잔뜩 기대감에 부풀었던 준서는 하루하루가 마치 지옥처럼 느껴졌다. 시간은 참으로 더디게 흘러갔다. 준서는 하루에도 몇 번씩 U&I 컨설팅사에 입사한 것을 후회했다.

그럼에도 불구하고 그는 U&I 컨설팅사를 떠날 수가 없었다. 노하라 회장과의 운명적인 만남과 그가 말해줬던 통찰력을 기르기 위해서는 지금의 이 고난을 견뎌내야만 할 것 같았기 때문이었다. 그렇게 지옥같은 세월을 보내던 어느 5월 중순이었다. 그날도 준서는 누구보다 먼저 출근을 해서 선배들의 책상을 닦았다. 분주하게 땀을 흘리며 마지막 책상을 닦다가 준서는 직속 선배인 이시하라 선배의 책상에서 한 권의 책을 발견했다. 하얀색 표지에 붉은 글씨로 사루와 데키오 쓰쿠라나이猿は敵を作らない라는 제목이 붙어있었다.

'원숭이는 적을 만들지 않는다? 도대체 무슨 책이지?'

준서는 선 채로 그 책을 훑어봤다. 도요토미 히데요시의 성장과 출세에 관한 내용이었다. 그때 준서의 등 뒤로 누군가가 다가왔다. 이시하라 선배였다.

"어이! 자네, 누구 허락을 받고 남의 책상을 함부로 뒤지는 건가?"

"죄송합니다. 선배님, 책상을 닦다가 책 제목이 눈에 들어와서 그만……."

"그래? 사루와 데키오 쓰쿠라나이猿は敵を作らない… 흠, 좋은 책이지.

그래, 요즘 일은 할 만한가?”

“네, 할 만합니다.”

“하하하 자네도 입에 발린 말을 할 줄 아는구만? 솔직히 말해보게 지금 죽을 맛이지?”

“네… 그렇습니다. 제가 이런 일이나 하자고 입사를 한 것인가, 회의감이 듭니다.”

울컥해진 준서는 그만 마음속에 담아둔 얘기를 꺼내고 말았다.

“하하하, 그럴 거야 나도 처음엔 그랬으니까.”

“네? 선배님도 그러셨다고요?”

“물론이지. 어디 나뿐이겠어. 이곳에 근무하는 모든 임직원들도 처음엔 다 자네와 같은 처지였다네. 그게 바로 회장님의 독특한 담금질 방식이지. 솔직히 말하자면 내가 자네에게 이런 얘기를 해주는 것도 규칙위반이라네.”

“규칙위반이라시면?”

“우리 회사에서는 신입에게 쌀쌀맞게 대해서 그의 끈기를 테스트하고 담금질을 시키는 기간이라는 것이 있다네. 대략 1년 쯤 되는데 그 기간을 견디지 못하는 자는 스스로 물러나는 것이고 잘 견뎌낸 사람만이 비로소 정식 직원으로 인정을 받는다네. 한 마디로 말해서 우리 회사는 아무리 좋은 대학 출신이거나, 능력이 뛰어난 자라해도 참을성이 없으면 같이 갈 수가 없다네. ‘무쇠처럼 우직한 끈기가 기본이 돼 있는 사람만이 미래를 함께 열어갈 수가 있는 거지’ 그것이 회장님의 경영방침이라네.”

“그렇군요. 저는 그런 줄도 모르고, 제가 외국인이라서 차별을 받는 것은 아닌가? 그렇게 생각을 한 적도 있었습니다.”

“바보 같은 소리 말게 우리 회사는 뉴욕, 파리, 런던에도 지사가 있다는 것을 모르나? 그런 좁아터진 소견으로 어떻게 국제적인 일을 해낼 수 있겠나?”

“죄송합니다. 제가 생각이 짧았습니다.”

“우리 회사에 입사하는 사람은 그 누구도 예외란 없네. 자네가 입사한지 이제 일 년 남짓하지?”

“네, 이제 열흘 후면 1년이 됩니다.”

“음, 그럼 이제 테스트 기간도 거의 끝났구먼! 그동안 잘 참았네. 난 솔직히 하루라도 빨리 자네가 테스트를 통과하고 나와 같이 현장에 투입되길 기대하는 사람일세. 내가 막내로 근무한지가 벌써 3년이나 됐어. 그런데 아직도 후임다운 후임이 없단 말이야.”

“그렇습니까? 하하하. 제가 앞으로 선배님을 잘 모시겠습니다. 오늘 충고 고마웠습니다. 은혜는 두고두고 갚겠습니다.”

“그 책 마음에 들면 가져다가 읽어보게.”

“고맙습니다.”

집으로 돌아온 준서는 선배가 빌려준 책을 정독했다. 저녁식사는 전철역에서 돈코츠 라멘과 교자로 때운 터여서 시간은 넉넉했다. ‘반쯤 읽고 내일 나머지를 읽어야지’하고 마음을 먹었던 준서는 밤을 새워서 그 책을 전부 읽고 말았다. 도요토미 히데요시의 성장과정과 최악의 조건 속에서도 실망하지 않고 마침내 성공을 거두는 내용이었다. 준서는 특히 도요토미가 천민출신의 가난뱅이에 배우지도 못했으며 체력도 용모도 보잘것없이 태어난 자신의 약점을 딛고 장점을 조금씩 극대화 시키는 과정이 무척 감동적이었다. 적을 만들지 않고 설득하고 배려해 줌으로 인해 한 계단씩 목표를 이뤄나가는 과정이 너무나도 생생하게 다가왔다.

그날부터 준서는 회사생활이 전혀 힘들지 않았다. 노하라 회장의 쌀쌀맞음도 선배들의 무시와 박대도 그저 하나의 통과 의례일 뿐이라는 것이 오히려 즐겁게 느껴졌다. 테스트 기간을 무사히 끝낸 준서는 총 세 번의 대대적인 환영행사를 치렀다. 첫 번째는 선배들이 신주쿠의 이자카야에서 치러준 환영행사였고 두 번째는 아카사카의 스낵바에서 임원진들이 치러줬으며 마지막 세 번째는 토요일 저녁 시내 요정에서 노하라 회장이 자리를 마련해 주었다. 샤미센 가락이 조용히 울려 퍼지는 긴자의 요정 룸에서 마주한 노하라 회장은 마치 아버지처럼 따뜻한 눈빛으로 준서를 맞이했다.

"자네는 내 기대를 저버리지 않았어. 앞으로 자네에게 거는 기대가 정말 크다네."

준서는 울컥 목이 메어왔다. 지난 1년간의 설움이 복받쳐 올라왔다. 얼음처럼 차가웠던 노하라 회장은 준서의 잔에 따뜻한 니혼슈日本酒를 연거푸 따라줬다. 그는 이런 식으로 한 사람 한 사람을 다듬어서 자기 사람으로 만들어 나갔던 것이다. 노하라 회장을 비롯한 모든 임직원들은 이제야 비로소 준서를 U&I 컨설팅사의 신입사원으로 정식 인정해 줬다.

드디어 새로운 월요일이 밝아왔다. 준서에게 새날이 밝아온 것이다. 준서는 이시하라 선배와 함께 컨설팅 대상 기업의 자료를 정리하고 분석하는 일부터 시작했다. 그날부터 준서는 대학에서 배웠던 경영의 이론과는 차원이 다른 경영 실무를 익힐 수 있게 됐다. 오사카에서 삿뽀로까지 준서는 휴일도 반납하고 눈코 뜰 새 없이 뛰어다녔다. 비록 몸은 지치고 힘도 갑절이나 들었지만 새로운 일을 배우고 익히는 기쁨 때문에 천하를 얻은 듯 행복한 나날이 계속됐다. 물론 모든 일이 순조롭지만은 않았다. 힘들고 어려운 일이 훨씬 많았음에도 준서는 실망하지 않고 최선을 다해서 다시 도전하기를 반복했다.

입사 5년을 넘기면서 준서는 승진을 거듭했다. 그리고 입사 12년 만에 초대 한국지사장으로 발령을 받았다. 그것은 준서의 경력으로 보나 나이로 봐도 참으로 파격적인 인사였기에 임원들 중에는 전례 없이 회장의 결정에 불만을 표시하는 사람들도 있었다. 당시 한국은 이렇다 할 경영컨설팅회사가 없다시피 했다. 한국으로 출발하기에 앞서 노하라 회장은 긴자의 작은 술집으로 준서를 불러냈다.

"손군, 자네는 역사서를 얼마나 읽어봤나?"

"그리 많이 읽진 못했습니다."

"리더는 모름지기 문.사.철을 가까이 해야 하네. 문학, 역사, 철학을 말하는 것일세. 내가 언젠가 자네에게 얘기한 적이 있을 걸세. **리더에게 가장 중요한 덕목은 통찰력일세. 그 통찰력을 길러주는 데는 문학을 이해하고 역사서를 통해서 현실을 바라볼 줄 알아야하며 철학서를 읽고 깊이 사고하는 습관을 통해서 길러지는 것이라네.**"

"회장님 말씀 명심해서 지금부터라도 부지런히 읽도록 하겠습니다."

"지금까지 읽은 책 중에서 자네에게 가장 큰 영향을 끼친 책은 무엇인가?"

"사마천의 사기입니다."

"오호라, 참 좋은 책이지. 특히 사기 중에서 화식열전은 우리 같은 경영인들이 꼭 읽어야 하는 책이라네. 세계 각 나라의 역사서는 다 중요하네만 나는 자네에게 특히 중국과 로마의 역사서를 추천하고 싶네. 중국이라는 거대한 나라의 오랜 역사를 통해 제국의 흥망성쇠를 바라보는 것은 경영을 하는 사람에게 꼭 필요한 통찰력을  길러준다고 보네. 사마천의 사기도 한 번만 읽을 것이 아니라 자주 읽어보도록 하게. 로마의 역사에서도 배우는 바가 많을 걸세. 그들이 그토록 오랜 세월 넓은 제국을 건설함에 있어서 힘으로만이 아닌 통섭과 화해로 상대의 마음을 얻어냈다는 점을 잊지 말게."

"네 알겠습니다. 회장님."

"손군, **회사를 설립하는 것은 마치 하나의 나라를 건국하는 것만큼이나 어려운 일일세. 나라를 건국하는데 많은 것이 필요하네만 그 중에서도 가장 중요한 것은 좋은 인재를 확보하는 것이라네.** 회사도 마찬가지지. 인재는 태어나는 것이기도 하지만 시의 적절하게 길러져야 하는 것이야. 자네가 이제 한국에 가서 지사를 설립하면 많은 사람과 좋은 유대관계를 가져야 함은 물론이며 좋은 인재를 길러내는 것에 보다 많은 힘을 쏟아야 할 걸세. 한국은 아직 컨설팅 업무를 하기엔 척박한 곳이네. 물론 어려움도 따르겠지만 일을 하다보면 그만큼 보람도 클 걸세. 손군, 지금 자네를 보면 내가 미국에서 공부를 하고 귀국해서 처음 이 일을 시작했을 때가 생각난다네. 내가 그랬던 것처럼 자네도 자네의 조국을 위해서 한 번 열심히 일을 해보게."

"네 고맙습니다. 회장님께서 제게 베풀어 주신 은혜와 임원들의 반대를 무릅쓰고 이렇게 큰 기회를 주신 것을 감사하게 생각하고 있습니다. 그 은혜에 보답하기 위해서라도 최선을 다하겠습니다. 지켜봐 주십시오. 실망시켜 드리지 않겠습니다."

"하하하, 자넨 잘해낼 거야. 그런데 절대로 나를 의식하진 말게. **나를 의식하기 보다는 어떻게 하면 고객들을 만족시킬 수 있을까를 항상 최우선 과제로 두고 일을 하게. 스스로를 위해서 일하는 자는 삼류라네. 회사를 위해서 일하는 자는 이류이고, 고객을 위해서 일하는 자가 진정한 일류라네.** 자네는 결국 나를 넘어서야 해."

"네? 제가 어떻게 감히 회장님을 넘을 수가 있겠습니까?"

"뭐야? 바보 같은 소리 말게. 그 정도 패기도 없이 젊은 사람이 무슨 큰일을 해낼 수가 있겠는가?"

노하라 회장은 매서운 표정으로 준서를 몰아쳤다. 미식가였던 노하라 회장은 한국의 잘 삭힌 홍탁삼합과 같은 독특한 음식을 즐겨 드셨다. 그는 늘 '외식 경영이야말로 정말 어려운 일이야. 물론 제조업도 어렵고 무역업도 어렵지만 나는 가장 어려운 일이 외식 경영이라 생각하네. 그러니 한국에 가면 우선 외식업 동향에 대해서 알아보게. 그리고 전국의 유명 맛 집들을 찾아다니며 분석해보게. 도대체 왜 그들이 번성점이 됐는지 알아보란 말일세. 그들의 독특한 경영철학을 분석해보면 재미있는 것들이 발견될 걸세.'

한국에 돌아온 준서는 노하라 회장의 당부가 잘 이해되지 않았지만 지사 개소식에 앞서 15일간 전국을 다니며 유명 맛집 380개 업소를 탐방했다. 전국 곳곳에는 별의 별 맛집들이 있었다. 잘 되는 식당에는 그 나름대로 다양한 경영철학이 확실하게 정립돼 있다는 사실도 발견했다. 15일 간, 유명 맛 집들을 살펴본 결과 큰 기업의 경영도 중요하지만 저렇게 작은 식당을 경영하는 일에도 경영자의 분명한 경영이념이 있어야 한다는 사실에 놀랐다.

준서가 한국으로 귀국한지 한 달째 되는 날 U&I 컨설팅사는 서울 삼성동에 U&I 컨설팅코리아를 설립했다. 그리고 그다음 날 준서는 H그룹의 자회사 프로젝트를 맡을 수 있었다. 한국지사 설립 개소식에 참여하기 위해 내한한 노하라 회장은 H그룹의 A회장에게 준서를 소개시켜줬다. 그 자리에서 A회장은 자회사인 H정유 사장을 불러 준서에게 정유업체 프로젝트를 맡기도록 한 것이었다. 노하라 회장은 그 외에도 몇몇 대기업의 오너들을 소개시켜줬고 그들은 어김없이 준서에게 크고작은 프로젝트를 맡겨줬다. 일본 본사에서는 정유업계 컨설팅으로 경험이 풍부한 이베 선배를 이번 프로젝트의 고문으로 참여시켰다. 준서는 이베 선배의 조언에 힘입어 정유업체의 고질적인 문제인 환율관리와 재고관리, 수입선 다변화 등 상존하는 문제에 포커스를 맞춰서 하나하나 문제점을 개선시켰다. 더불어 원자재를 수입, 가공해서 완제품을 수출하는 한국의 삼각무역 방식을 정유업에도 적용시키는 것을 경영진에게 적극 건의했다. 원유를 수입해서 고급 휘발유나 각종 플랜트유로 가공해서 후진국에 되파는 방식이었다. 정유 업체는 채 1년이 지나지 않아 적지 않은 매출 신장을 보이기 시작했다.

그해 법인결산을 끝낸 H그룹 A회장은 준서 일행을 불러서 크게 치하했다. U&I 컨설팅 코리아가 제안한 환율관리와 재고관리, 수입선 다변화 등으로 인해서 순이익이 큰 폭으로 증가했기 때문이었다. 덕분에 U&I 컨설팅코리아는 계약된 금액보다 훨씬 많은 성과급을 받을 수 있었다. U&I 컨설팅은 단 한 건의 업무로 한국의 비즈니스 업계에서 주목을 받기 시작했다. 연이어 굵직굵직한 업무의뢰가 줄을 이었고 준서는 모든 일에 최선을 다해서 업무를 수행해나갔다.

U&I 코리아 지사장으로 근무한 지 8년째가 되던 해에 준서는 주식회사 창성테크라는 중소기업을 컨설팅하게 됐다. 창성은 누적된 적자로 인해 극심한 경영난에 허덕이고 있었다. 창성은 규모는 작았지만 공조시설 설계기술과 시공 면에서는 업계 최고로 불리는 중소기업이었다. 다만 마케팅과 경영관리가 미숙해서 5년 연속 적자에 허덕이고 있을 뿐이었다.

준서는 우선 인력, 마케팅, 관리업무의 문제점을 파악해서 대안을 만들어 나갔다. 창성은 오너 자신이 업계에서 유명한 엔지니어출신이었기에 상당한 인재를 확보하고 있었다. 다만 연이은 실적 저하로 인해 의욕을 잃어버린 직원들을 타 기업에서 호시탐탐 스카우트하려는 움직임이 포착됐다. 창성을 살리기 위해서는 다른 기업을 컨설팅하면서 남는 시간을 투자하는 식으로는 도저히 승산이 없다는 것을 깨달은 준서는 즉시 일본 본사로 날아갔다. 준서는 U&I 컨설팅의 임원진을 만나서 사태의 절박성과 창성의 장래성을 설명하고 도움을 요청했다. 우선 U&I 컨설팅코리아는 현재 계약이 체결된 프로젝트가 끝나는 대로 창성 재생 프로젝트에 올인 해야만 하는 당위성을 피력했다.

그러나 대다수의 임원들은 U&I 컨설팅코리아가 창성에 올인 하는 것을 무모하게 생각했다. 자칫 실패라도 하는 날엔 지금까지 쌓아올린 한국지사의 명성은 물론이고 본사의 이미지에도 상당한 손실을 입힐 것이라는 판단에서였다. 그러나 준서는 물러서지 않았다.

'컨설팅사가 안전한 기업만을 선호한다면 무슨 의미가 있겠습니까? 분명 리스크는 있지만 그것을 감수하고서라도 최선을 다하기만 한다면 창성은 반드시 일어설 수 있을 것입니다. 게다가 코스닥에 상장하면 큰 수익을 올릴 수 있는 알토란같은 기업이 될 것입니다.'

노하라 회장의 주관으로 시작된 이사회에서 준서는 강력하게 자신의 의견을 개진했다. 네 시간의 마라톤 회의 끝에 표결에 붙여진 안건은 결국 준서가 원하는 방향으로 결정됐다. 창성의 가장 시급한 문제점은 자금과 마케팅이었다. 운전자금이 턱없이 부족해서 사채를 끌어 쓰고 있는 지경인데다 영업을 맡고 있는 임직원들은 무엇이 문제인지조차 모르는 채 천하태평이었다. 준서는 영업직 임직원들과 1:1 미팅을 해서 옥석가리기를 하는 한 편, 창성의 자금문제를 해결해 줄 엔젤투자자를 U&I 컨설팅 본사에 요청했다. 사채업자들은 연일 창성의 오너를 압박해왔다. 준서는 피를 말리는 심정으로 창성의 재건을 위해 뛰어다니느라 90일이 넘는 시간을 창성의 사무실과 숙직실에서 보내야했다. 1분 1초도 허투루 쓸 수가 없기 때문이었다.

수연이 입덧과 임신중독증으로 목숨을 걸고 정은을 출산한 때가 바로 그 무렵이었다. 준서는 수연이 그토록 외로운 싸움을 하고 있는 줄은 몰랐다. 아내가 힘들어 한다는 것과 아이가 예정일에 태어나기는 힘들 것이라는 얘기를 얼핏 듣기는 했지만 사태가 그렇게 심각한 줄은 몰랐다. 아빠 없이 태어날 아이를 생각하면 가슴이 아프지 않은 것은 아니었지만 그래도 그들에게는 든든한 장모님이 계시지 않은가? 자신이 수연의 곁을 지킨다고 해서 딱히 해줄 수 있는 것도 없었기에 준서는 무거운 마음을 떨치고 더욱 일에만 몰두했다.

강성 노조원을 설득하고 마케팅부서의 혁신을 꾀하느라 지칠 대로 지쳐서 쓰러지기를 수차례, 마침내 창성은 1년 만에 매출 신장과 함께 순이익도 발생했다. 처음에 미온적이었던 직원들조차 팔을 걷어 부치고 힘을 합하기 시작했다. 직원들의 사기는 하늘을 찌를 듯 했다. 창성은 불과 4년 만에 코스닥 상장기업으로 성장했다. U&I 컨설팅사는 별도 약정된 스톡옵션 행사로 큰 이익을 거둘 수가 있었다. 이 일을 계기로 준서는 업계에서 '마이더스의 손'이라는 애칭을 받게 된 것이다.

# 위기탈출 하나, 전문음식점

2개월 뒤, 석주에 의해 디자인 된 가게는 몰라보게 변했다. 가게의 큰 틀은 변하지 않았지만 가구의 배치와 색상의 변화만으로도 훨씬 세련된 느낌이 들었다. 그동안 준서의 친구 병완은 김사장에게 해물요리 비법을 전수해줬다. 준서는 오픈 10일 전부터 직원 교육에 들어갔다. 간단한 서비스 매뉴얼을 만들어서 직원들에게 숙지시키고 전 직원의 마인드 개선을 집중적으로 가르쳤다.

"여러분의 급여는 누가 주고 있나요?"

"그야 사장님이시죠."

"그럴까요? 만약 고객이 없으면 사장님은 어디서 돈을 만들어서 급여를 드릴 수 있을까요? 그리고 언제까지 적자를 보면서 여러분께 급여를 드릴 수 있을까요? 여러분의 급여는 결국 고객이 주는 것입니다. 이것이 여러분께서 고객을 감동시키기 위해 최선을 다해야 하는 이유인 것입니다."

준서는 직원들에게 서비스 매뉴얼을 숙지시키고 반복해서 연습시켰다.

"명가는 하루아침에 만들어지는 것이 아닙니다. 좋은 규칙을 만들어서 그것을 익힌 다음 끊임없이 반복 연습해서 완벽하게 실행할 수 있어야 합니다. 처음엔 누구나 어렵습니다. 그러나 그것이 몸에 배고 나면 정말 쉽고 효율적이라는 것을 알게 될 것입니다. 지금 연습하는 과정을 소중하게 생각하십시오. 결국은 그런 과정들이 여러분을 경쟁력 있는 서비스 맨으로 만들어드리게 될 것입니다."

준서는 김사장에게 직원들의 비전을 듣고 그것을 돕는 자가 되기를 주문했다.

"사장님도 아시다시피 외식업소의 직원들은 이직률이 상당히 높습니다. **사람들이 이직을 하는 이유는 첫째, 급여가 너무 적기 때문입니다. 둘째, 근무 환경이 지나치게 열악하기 때문입니다. 셋째, 자신의 비전꿈을 실현할 동기부여가 없기 때문입니다. 바꿔 말하면 이 중 한 가지만이라도 갖춘 곳의 직원들은 그 직장을 쉽게 떠나지 않는다는 얘기입니다.** 사장님께서는 최소 인건비를 책정하고 성과가 좋은 달엔 보너스도 두둑이 지급하세요. 직원들에게 베푸는 것을 아까워 마시길 바랍니다. 좋은 직원을 붙잡아 두는 것은 좋은 손님들이 몰려오게 만드는 지름길입니다. 과감하게 정기휴일을 도입하는 것도 검토해 보셔요."

"어휴! 선생님 뜻은 잘 알겠습니다만 매달 비싼 임대료를 내고 있는데 가게를 놀리면 어떡해요?"

"물론 당장은 손해인 것처럼 느껴질 것입니다. 그러나 휴일제가 정착이 되고나면 결과적으로 훨씬 큰 이익으로 돌아온다는 것을 알 수 있을 것입니다. 처음부터 그렇게 콘셉트를 잡으면 고객들도 이해해주실 것이고 휴일에는 직원들끼리 단합대회도 할 수 있습니다. 휴일에 스트레스를 날리고 마음껏 충전된 직원들은 고객들에게 더 많은 서비스를 베풀 수 있게 될 것입니다. 결국 이것은 좋은 인력을 확보할 수 있게 되고 좋은 인력은 곧 충성고객의 증가와 함께 매출을 신장시키는 결과를 가져오게 되는 것입니다.”

“정말 그렇게 될까요?”

“물론입니다. 이 제도를 시행하시려면 오픈 때부터 시작해야 합니다. 그리고 한 번 시작하면 무슨 일이 있더라도 6개월 이상은 지속해야합니다.”

그동안 오픈 지도를 잘 따르던 김사장은 정기휴일 도입에 대해서만큼은 확신을 갖지 못하는 듯 했다.

“사장님 제가 하나의 예를 더 들어보겠습니다. A와 B가 산으로 나무를 하러 갔습니다. A는 하루 종일 쉬지도 않고 나무를 했고 B는 가끔 쉬면서 나무를 했습니다. 해가 질 무렵 A는 깜짝 놀라고 말았습니다. 하루 종일 나무를 한 자신의 나뭇짐이 B의 나뭇짐 보다 훨씬 적었기 때문입니다. 화가 난 A는 B를 향해 물었습니다.

‘어떻게 된 거지? 난 자네가 쉴 때조차 쉬지 않고 일을 했는데……. 어째서 내 나무보다 자네의 나무가 더 많은 거지?’

‘허허허, 나는 쉬면서 틈틈이 도끼를 갈아두었다네.’”

김사장은 무엇인가 골똘히 생각에 잠기는 듯했다.

"사장님, 무조건 쉬지 않고 일을 한다고 해서 반드시 성과가 좋은 것은 아닙니다. 다른 외식업소와의 차별화를 꾀하십시오. 그렇게 하면 분명 좋은 직원들을 구할 수 있을 것입니다."

결국 김사장은 준서의 의견을 모아 매주 일요일을 정기휴일로 정했다.

"사장님, 그동안 제가 직원들의 서비스 교육을 했던 내용 기억하시지요?"

"네 물론이지요."

"사람은 누구나 시간이 지나면 잊어먹게 마련입니다. 사장님께서 수시로 체크하셔서 느슨해지지 않도록 하셔야 합니다."

"네, 잘 알겠습니다. 그런데 이 업계가 다 그렇습니다만 직원들이 도통 붙어있질 않아요. 이직률이 너무 높아요. 기껏 가르쳐 놓으면 그만둬 버리는 경우가 너무 많습니다."

"네, 저도 잘 알고 있습니다. 바로 그 점이 외식업계 경영자들의 공통적인 고민거리입니다. 사장님께서는 그럴수록 직원관리를 철저하게 해야 합니다. 정직원과 파트타이머를 구분하셔서 꼭 필요한 인원을 제외하고는 가급적 파트타이머를 쓰도록 하십시오. 그래야 인건비 부담을 줄일 수 있습니다. 그 대신 정직원에 대한 대우는 타 외식업소에 근무하는 직원들 보다 좋은 대우를 해주세요. 파트타이머 중에서도 근무태도가 성실하고 고객 서비스 정신이 뛰어난 직원은 정직원으로 승진

시켜 주도록 하십시오. 3년 후에는 꼭 분점을 내겠다는 비전을 품고 그
것을 직원들과 공유하세요."

"분점을요?"

"네, 일종의 프랜차이즈 개념으로 분점을 내서 뛰어나고 성실한 직
원들을 점주로 내 보내는 것입니다. 공짜로 매장을 주라는 것은 아닙
니다. 본사에서 지원은 하되 영업을 하면서 조금씩 갚아나가게 하는
방식이죠. 프랜차이즈 인큐베이팅은 제가 도와드리도록 하겠습니다."

"어이구 선생님, 그렇게만 된다면야 더할 나위 없이 고맙지요."

준서는 김사장에게 한 달에 한 번씩 직원들과 일대일 미팅을 통해서
직원들의 비전을 얘기하게 하고 그것을 공유하는 시간을 갖도록 했다.
김사장은 천성이 착하고 성실한 사람이었다. 그는 준서가 시키는 대로
직원들의 비전을 듣고 자신이 도울 수 있는 것은 적극적으로 도와주었
다. 또 도울 수 없는 것들은 마음으로나마 응원을 해주었다. 직원들은
김사장의 품성에 매료돼서 적극적이고 자발적으로 자신의 의견을 개진
했다. 김사장은 직원들로부터 좋은 아이디어가 나오면 그것을 즉시 실
행에 옮겼다. 또한 틈나는 대로 화장실 청소며 주방 설거지를 도와주
며 솔선수범하는 자세를 보였다. 직원들은 조금씩 김사장을 가족처럼
따르기 시작했다.

그러나 생각처럼 손님이 늘지는 않았다. 손님이 없어 따분해진 직원
들은 처음 교육받았던 것을 잊어먹고 홀에 앉아서 잡담을 늘어놓거나
손님이 보든 말든 입을 쩍쩍 벌리며 하품을 하기도 했다. 손님이 늘지

않자 불안해진 일부 직원들은 가게를 떠나 장사가 잘 되는 곳으로 옮겨 가기도 했다. 불안하기는 김사장도 마찬가지였다. 준서가 시키는 대로 하기는 했지만 정말 잘 될 수 있을까 불안하기 짝이 없었다. 오픈을 하고 2개월이 지났다. 그동안 신선한 재료를 사서 일정 시간이 지나도록 팔리지 않아 버린 재료값만 해도 상당했다. 김사장은 그 돈이 아까워서 견딜 수가 없었다. 이제는 가지고 있던 여유자금도 얼마 남지 않았다. 이대로는 앞으로 한 달을 버티기도 힘이 들 것 같았다.

"선생님, 손님이 없어서 버려지는 재료가 너무 아까워요. 직원들 식사로 주는 것도 한계가 있고……. 차라리 냉동시켰다가 다시 팔면 안 될까요? 한 1/3씩만 신선한 재료에 섞어서 팔면 손님들도 잘 모를텐데요."

그러나 준서는 요지부동이었다.

"사장님 지금이 고비입니다. 지금 그런 식으로 타협을 해버리면 지금까지 쌓아놓은 신용이 한꺼번에 물거품이 돼버립니다. 제가 매출을 분석해본 결과 그동안 조금씩이나마 매출이 오르고 있습니다. 게다가 고객들의 재방문율이 높아지고 있어요. 조금만 더 참아보세요. 진심은 반드시 통하게 마련입니다. 적어도 6개월에서 길게는 1년 이상 참고 견뎌야 합니다."

"1년씩이나요? 저는 가진 돈도 없는데……."

"부족한 자금은 제가 어떻게서라도 마련해보겠습니다. 그러니 조금만 더 참고 느긋하게 기다려주세요. 절대로 재료를 가지고 장난을 치면 안 됩니다. 목에 칼이 들어와도 '신선한 재료만을 가지고 요리를 한다'는 원칙은 지켜져야 합니다. 아시겠어요?"

"예, 알았습니다."

3개월이 지나자 조금씩 늘기 시작한 고객은 5개월이 지나자 거짓말처럼 몰려들기 시작했다. 때마침 지역 방송국의 한 여성 작가가 동료들끼리 김사장의 매장에 들러서 식사를 했다가 그 맛과 서비스에 반해서 방송에서 좋은 음식점이라는 소개를 해주었다. 그때를 기점으로 고객은 폭발적으로 늘어나기 시작한 것이었다. 준서는 시간이 날 때마다 고객의 반응과 직원들의 서비스 방식을 일일이 체크해서 김사장에게 알려줬다.

"고객의 반응을 면밀히 체크하세요. 고객이 잘 남기는 반찬이나 메뉴는 수시로 체크해서 교체해야 충성고객이 자리를 잡는 것입니다."

카운터에 커다란 명함 수집박스를 만들도록 하십시오."

"명함 수집통이요?"

"네, 방문하신 고객들의 명함을 수집하는 것입니다. 그리고 한 달에 두 번씩 명함추첨을 하십시오. 당첨된 고객께는 맛있는 도시락과 별미를 만들어서 제공하세요. 도시락과 별미는 고객이 근무하는 직장으로 직접 배달해 드리는 것이 좋습니다. 이왕이면 함께 근무하는 동료 숫자를 파악해서 그 수에 맞게 가져가도록 하십시오. 동료 직원들과 기념사진을 찍어서 매장에 전시해두면 일석이조의 효과를 거둘 수가 있습니다."

"야! 그거 기발한 생각인데요!"

오픈 8개월이 지나자 김사장의 가게는 더욱 많은 고객들이 찾아와주었다. 점심시간에는 보통 2,30분은 기다려야 겨우 자리에 앉을 수 있게 됐다. 소문을 듣고 서울에서부터 내려와 식사를 하려는 사람들도 생겨났다.

재 오픈 1주년이 되자 이장님은 김사장과 함께 집으로 준서를 찾아왔다.

"선생님, 우리 아들 살려줘서 감사해요. 뭐라고 감사의 말씀을 올려야 할지……."

눈시울이 붉어진 이장님은 말을 끝맺지 못한 채 거실 바닥으로 고개를 떨궜다.

"이러지 마세요. 이장님, 도움이 되셨다니 오히려 제가 더 기쁩니다." 김사장은 난감해 하는 준서에게 하얀 봉투를 내밀었다.

"선생님 이것 얼마 안 돼요. 그저 성의로 생각하고 받아주세요."

"이게 뭡니까?"

봉투 안에는 10만원권 수표가 50장쯤 담겨있었다.

"저 이돈 못 받습니다. 저 돈 받으려고 도와드린 것 아닙니다. 그냥 사업에 보태세요."

"아녀요. 너무 적어서 송구스러울 뿐입니다. 이걸로 사모님하고 맛있는 것도 사드시고 필요한 것 장만하세요. 그리고 선생님 가족은 앞으로 영원토록 돈 안 받을테니 저희 가게에 오셔서 식사하세요. 제가 최선을 다해서 모시겠습니다.”

극구 만류하는 준서의 손을 뿌리치며 이장님과 김사장은 황급히 자리를 떴다.

“여보, 그게 무슨 돈이어요?”

수연은 남편의 손에 들려있는 돈 봉투를 보며 물었다.

“이거? 이장님 일을 좀 도와드렸는데 이렇게 봉투를 주시네! 어쩌지? 그렇게 안 받으려하는데도 한사코 고집을 부리시니……. 서울 친구와 후배가 도와줘서 잘 된 일이니까 그 사람들에게 줘버릴까?”

수연은 환하게 웃는 남편의 얼굴을 보며 덩달아 미소를 지었다.

위 사례는 일본 치바현千葉県에서 해물전문점을 운영하던 마찌다町田씨의 매장 컨설팅 사례를 한국적으로 각색한 것이다.

# 전문음식점 성공 포인트
## – 선미 · 중미 · 후미란 무엇인가?

고객이 매장에서 맛을 느끼는 것은 선미先味, 중미中味, 후미後味로 나눌 수 있다. 매장의 인상, 직원들의 태도, 주문한 요리의 비주얼이 선미에 해당한다면 중미는 요리 본연의 맛이다.

후미는 요리를 먹고 난 다음 계산대에서 계산을 끝낼 때까지의 맛이다. 그것은 요리 값을 지불하는 고객이 느끼는 감정으로써 예상보다 많이 지불했다든지 마지막 직원들의 접객 태도에 문제가 있다면 그 고객의 후미는 당연히 좋지 않을 것이다. 따라서 선미 중미가 아무리 좋았어도 후미가 개운치 않으면 고객이 그 매장에 다시 올 일은 많지 않다. 전문음식점으로 성공을 거두려면 확실하게 차별된 맛이 있어야 한다. 외식업으로 성공을 거둔 사람들은 한결같이 소처럼 우직하게 한 가지 메뉴로 끝장을 본 경우가 많다 . 메뉴를 개발하기 위해서는 다양한 노력이 필요하다. 국내에서 사누키 우동 전문점을 운영해서 크게 성공을 거둔 K씨는 일본의 사누키 지방에 찾아가서 3년 동안 공을 들인 끝에 우동에 관한 모든 것을 전수받았다. 그가 온갖 수모와 문전박대를 당하면서도 끝까지 배우고자 하는 열의를 버리지 않았기 때문에 사누키 우동의 장인에게서 기술을 전수받을 수 있었던 것이다.

누군들 자기가 가지고 있는 음식 노하우를 타인에게 함부로 가르쳐주겠는가? 그만한 열의와 근성이 있어야 배울 수 있는 것이다. 전문음식점으로 성공을 거두려면 맛에 대한 노하우는 물론 수많은 조건을 갖춰야 한다.

# 위기탈출 둘, 디저트 카페

6월 초순임에도 불구하고 때 이른 더위는 숨을 턱턱 막아댔다. 한 낮의 더위를 식혀주려는 듯 갑자기 굵은 소낙비가 내렸다. 비가 그치자 암수 꿩 한 쌍이 고추밭 고랑 사이를 어슬렁어슬렁 걸어 다녔다. 창가에 앉아 머그컵으로 커피를 마시고 있던 준서의 핸드폰이 조용히 울렸다. 시내에서 커피숍을 운영하는 50대 후반의 권기중이라는 남성이었다. 해물 전문식당을 운영하는 김사장을 통해서 얘기를 들었다고 했다.

"죄송합니다만 저는 이제 컨설팅 일은 하지 않습니다. 김사장님 일은 어쩔 수 없이 딱 한 번 도와드렸을 뿐입니다."

준서의 완곡한 거절에도 불구하고 권사장은 집요하게 전화를 걸어왔다. 심지어 그는 무작정 집으로 찾아오기까지 했다.

"선생님, 제가 10년 전에 아내를 떠나보내고 세 아이를 혼자서 키웠습니다. 아이들 뒷바라지가 어려워서 다니던 직장을 그만두고 퇴직금으로 커피숍을 차렸는데 임대료도 못 내서 보증금이 이제 절반도 남지 않았어요. 다행히 큰 딸은 제과점에 취직을 해서 생활비를 조금씩 보태고 있고 둘째 딸도 생활비라도 벌겠다며 휴학을 해서 아르바이트를 하고 있어요. 막내는 아직 고등학교에 다니는데 이것 잘 못되면 저희가족들은 모두 죽을 수밖에 없어요. 제발 한 번만 살려주세요.”

깡말라 볼품없어 보이는 50대 중반의 권사장은 눈물을 글썽이며 머리를 조아렸다. 권사장이 돌아간 후 고민에 빠진 준서의 등 뒤로 수연이 다가왔다.

“저분 정말 절박해 보이는데 좀 도와주지 그래?”

“정말이야? 당신이 어쩐 일이야? 컨설팅 일이라면 이를 갈던 사람이?”

“내가 뭐 당신 일을 싫어했나? 시도 때도 없이 집을 비우고 어쩌다가 집에 오면 일거리를 잔뜩 들고 와서는 밤을 새우다가 지쳐서 쓰러지곤 하는 것을 못마땅하게 생각했던 거지.”

월요일 오후, 준서는 권사장이 운영하는 카페를 찾아갔다. 커피숍은 T시에서 가장 큰 교회의 옆 건물 지하에 있었다. 지하라고는 하지만 한쪽 경사면은 큰 길을 면하고 있기 때문에 1층이나 마찬가지였다. 권사장의 카페는 장점이라고는 찾아볼 수가 없는 매장이었다. 준서는 매장 안으로 들어서면서 락스 냄새를 맡았다. 여름철 곰팡이 냄새를 지우기 위해 뿌려둔 것 같았다. 마룻바닥은 칠이 벗겨진 채 밟을 때마다 ‘꺽꺽’ 신음을 했다. 창문을 따라 무겁게 매달려있는 두꺼운 커튼은 답답하고 을씨년스럽게 느껴졌다.

준서는 아메리카노 한 잔을 주문해서 구석자리에 앉았다. 커피 맛은 최악이었다. 원두를 로스팅한지가 꽤 오래 됐는지 커피 고유의 향도 좋지 않고 당기는 맛도 신맛도 없는데다 뒷맛은 텁텁하고 쓰기만 했다. 커피가 고스란히 남아 식어갈 무렵 카페 문이 열리더니 길고 마른 얼굴의 권사장이 들어섰다.

"어이구, 선생님 오실 거면 연락을 주시지요. 오래 기다리셨습니까?"

"아뇨, 좀 전에 왔어요."

준서는 권사장의 검은 안경테에 눌려 튀어나온 관자놀이의 푸른 힘줄을 바라보며 물었다.

"사장님, 매장을 전체적으로 리뉴얼해야 할 것 같습니다. 제가 좀 더 자세히 살펴보고 종합적으로 말씀드리도록 하겠습니다. 지금 커피는 어떻게 브랜딩하고 계신가요?"

"브랜딩요? 그야 뭐 저희는 그냥 재료 상에서 주는 대로 쓰고 있습니다."

"커피는 브랜딩과 로스팅이 생명입니다. 주 고객에 따라서 커피의 맛을 결정하고 그 결정에 따라서 브랜딩을 해야 하는 것이지요. 제가 서울에서 제법 번성하는 카페 사장에게서 들은 정보인데요. 4,50대 중년 남녀가 주 고객이라면 에티오피아산 모카와 브라질산 산토스를 적절한 비율로 브랜딩하는 것이 좋다고 합니다. 제가 소개를 시켜드릴테니 일간 시간을 내셔서 로스팅도 배우고 커피 샷 내리는 것도 기초부터 다시 배우도록 하세요."

"저야 그저 황송할 따름이지요. 그런데 제가 나이가 꽤 많은데 괜찮을까요? 이 나이에 무얼 배운다는 것이 좀… 차라리 저의 딸보고 배우라고 할까요? 그 애는 제과제빵학교를 다녀서 손재주가 좋은 편이거든요."

"사장님께서 직접 배우셔야 합니다. 지금 배우지 못하면 평생 배우기 힘들겁니다. 나이는 중요한 것이 아닙니다. 어차피 사장님이 새로운 것을 배우든 그렇지 않든 나이를 먹는 것은 마찬가지입니다. 그러니 배울 수 있을 때 적극적으로 배워두세요. 매장에서는 적어도 직접 로스팅하고 원두를 갈아 드롭해내는 정도는 하셔야 합니다. 한 마디로 커피전문점으로써 보여줄 '꺼리'가 있어야 한다는 뜻이지요."

"일종의 퍼포먼스인가요?"

"네, 그렇습니다. 외식업은 스토리가 생명입니다. 스토리는 '이야기 꺼리'가 될 수도 있고 '볼 꺼리'가 될 수도, '먹을 꺼리'가 될 수도 있습니다. 그 모든 것을 포함한 콘셉트가 생명입니다. **외식업은 살아있는 생명체와도 같습니다. 내가 운영하는 매장이 잘되게 하기 위해서는 살아있는 생명체가 더욱 왕성하게 활동할 수 있도록 매력적인 요소를 끊임없이 불어넣어야 합니다.** 좀 더 나아가 내가 운영하는 매장이 고객에게는 연인처럼 느껴지게 하셔야 해요. 고객이 매장을 찾는 것은 그만한 매력이 있을 때 가능한 것입니다. 그것은 서비스가 될 수도 있고, 청결함이 될 수도 있고 맛과 분위기가 될 수도 있을 것입니다. 아무런 매력도 없는 매장을 찾을 고객은 어디에도 없습니다. 생각해 보십시오. 세상에 널리고 널린 것이 커피숍이며 음식점 아니겠습니까? 그 많은 매장 중에서 고객이 우리 매장을 선택해서 찾아와 주는 것은 내 매장이 보통 매력이 있지 않고서는 어려운 일입니다.”

“그렇겠네요.”

“그것은 마치 사랑하는 연인이 보고 싶어서 비가 오나 눈이 오나 그집 앞을 서성이는 청년의 심정과도 같은 것입니다. 고객의 마음이 바로 그런 마음이 되게 해야 한다는 뜻입니다.”

“네, 무슨 뜻인지 알겠습니다. 그런데 고객의 마음이 그런 마음이 되게 하려면 구체적으로 어떻게 해야 하나요?”

“일단 콘셉트를 정립해야 합니다. 콘셉트를 정립하려면 먼저 주 고객이 누구인지 확실하게 분석해야 합니다. 그 다음엔 그 콘셉트에 맞게 메뉴 개발과 매장 디자인, 직원 서비스 교육이 이뤄져야합니다.”

“그렇군요. 그렇다면 저희 매장은 어떤 식으로 콘셉트를 잡아야 하죠?”

“우선 현재까지의 주 고객층이 누구였는지를 파악해야 하고 만일 주고객층이 불분명하든지 주 고객층이라 하기에는 현실적으로 어렵다면 주 고객층 설정 자체를 과감하게 다시 설정해야 합니다. 주 고객층을 설정하는 방법은 주변 1km를 탐색해서 인구밀도, 경제적 여건, 성별, 교통수단 등을 면밀하게 분석해서 알아낼 수 있습니다.”

“그것을 선생님께서 해 주시면 안 될까요?”

“물론 제가 해드릴 수도 있습니다. 그러나 그 보다는 사장님께서 직접 알아보시고 공부해가면서 준비하시는 편이 나중을 위해서 좋습니다. 저는 '고기를 주기' 보다는 '고기를 잡는 법'을 알려드리는 사람이어야 합니다. 그래야 사장님께서 홀로서기에 성공할 수 있기 때문입니다."

"네 알겠습니다. 최선을 다해보겠습니다."

권사장은 마른침을 삼키며 준서가 가르쳐주는 내용을 빠짐없이 적었다.

매장 경사면 1층으로 면한 출입구 쪽 유리창 너머 어둠이 조금씩 깔리는 모습이 보였다. 벌써 세 시간째 권사장과 대화를 나누던 준서는 자리를 털고 일어섰다.

"다시 오겠습니다."

"감사합니다. 정말 감사합니다."

권사장은 몇 번이고 머리를 조아리며 인사를 했다. 머리를 조아릴 때마다 권사장의 앙상한 뒷 목뼈는 살갗이라도 뚫고 나올 듯 툭툭 튀어나왔다. 준서는 그 뒤로도 가끔 권사장의 카페를 찾아가서 종업원들의 동선과 손님의 반응을 살펴보곤 했다. 손님은 어쩌다 한두 명씩 찾아왔다. 대부분이 4,50대 남성들이었고 여성 고객은 거의 찾아오지 않았다. 남성 고객들은 카페 벽에 붙어있는 금연표시를 무시한 채 함부로 담배를 피워댔다. 천장에 붙어있는 삼파장 램프가 수명을 다해가는 듯 깜빡거리고 있는데도 직원들은 누구하나 신경을 쓰지 않았다. 일주일 후 준서는 권사장에게 그동안 준비한 자료를 건넸다.

“사장님, 이것은 지난 일주일간 매장을 둘러보고 느낀 점과 개선해야 할 점을 적은 것입니다. 새롭게 타깃으로 삼아야 할 고객에 대한 소견도 밝혀두었습니다. 사장님께서 읽고 참고하시길 바랍니다.”

“네 고맙습니다.”

준서가 건네준 보고서를 받아든 권사장은 한 장 한 장 숨을 죽여 가며 읽어내려 갔다.

“제가 그동안 조사해본 결과 이곳의 메인 타깃은 3,40대 여성 고객이 돼야 합니다. 당연히 메인 타깃에 맞게 매장 분위기를 바꿔야합니다. 아시다시피 현재의 분위기로는 3,40대 여성 고객 유입에 문제가 많습니다. 음악, 조명, 메뉴, 직원들의 복장 등 매장을 전체적으로 리뉴얼해야 한다는 뜻입니다.”

“선생님 매장 리뉴얼 비용은 대략 얼마나 들까요?”

권사장은 근심어린 표정으로 준서를 바라봤다.

“글쎄요. 고급스럽게 하자면 한도 끝도 없겠지만 최대한 줄여서 뽑아봐야죠.”

준서는 이번에도 석주에게 전화를 걸어 도움을 요청했다.

“매번 미안한데 이번에도 좀 도와 줘. 정말 사정이 딱한 사람이야.”

“하하하 형님 이렇게 하다가 노벨상이라도 받는 것 아닙니까?”

석주는 언제나처럼 환한 웃음으로 준서의 부탁을 들어줬다.

장맛비가 끊임없이 내리던 6월 중순, 석주는 T시로 내려와 권사장의 가게를 살펴보고 스케치를 시작했다. 석주가 일을 하는 동안 준서는 부두로 달려가서 낚싯배를 운영하는 황선장에게 미리 부탁해 두었던 자연산 광어 세 마리와 우럭 다섯 마리를 싣고 집으로 갔다. 이장님으로부터 전수받은 준서의 회 뜨는 솜씨는 날로 늘어나서 이제는 거의 프로급에 가까웠다. 준서는 오늘 요리할 광어와 우럭의 비늘을 긁어낸 다음 껍질을 벗기고 생선살을 큼직하게 떼어냈다. 떼어낸 생선살은 깨끗한 면 수건에 싸서 냉동실에 넣었다. 그렇게 하면 혹시 모를 비브리오 균이 살균되고 적당히 숙성돼서 맛이 훨씬 좋아진다는 이장님의 가르침 때문이었다. 남은 우럭 머리와 뼈로는 지리를 끓였다. 이곳 남도에서는 생선 지리에 무와 미역을 넣어 끓이는데 그 맛이 정말 일품이었다. 수연은 아까부터 생선 손질을 하는 준서를 물끄러미 쳐다봤다. 장모님은 텃밭에서 푸성귀를 따서 준서의 일을 도와줬다.

"여보 그거 당신이 잡은 거야?"

"아니, 황선장님이 주셨어."

"그 많은 걸 공짜로 줬다고?"

"응, 일전에 고등학교 동창 녀석들이 낚싯배를 소개해 달라고 해서 선장님 배를 소개시켜 준 적이 있었잖아?"

"그랬었지."

"그 때 생선이 필요하면 언제든지 연락하라고 하더라고, 그래서 어제 조금 부탁을 드렸는데 글쎄 이렇게나 많이 주시지 뭐야. 어때? 먹음직스럽지?"

"그러게, 당신이 잡아오는 것하고는 차원이 달라 보이는데?"

수연은 준서를 골리는 것이 재미있는지 깔깔 웃음을 터뜨린다. 근래 들어서 한층 밝아진 수연의 모습을 보며 준서는 덩달아 행복해졌다.

"여보, 난 석주 좀 데려올 테니까 이거 조금 있다가 끓어오르면 불만 조금 줄여줘."

"그래 알았어. 늦게 오면 엄마랑 내가 다 먹어치울 테니까 알아서 빨리 와."

"그래 다 먹어라 먹어."

준서는 수연의 통통한 엉덩이를 손바닥으로 툭 치고는 서둘러 카페로 향했다. 하루 종일 잔뜩 찌푸린 채 장맛비를 퍼붓던 하늘은 언제 그랬냐는 듯 붉게 물들어가고 있다. 카페에서는 땀을 뻘뻘 흘리며 매장 곳곳을 스케치하는 살집 좋은 석주의 뒤를 깡마른 권사장이 졸졸 따라다니고 있었다.

"형님, 저도 이쪽으로 이사 올까 봐요."

준서의 지프를 타고 집으로 오는 도중 석주는 지친 표정으로 말을 꺼냈다.

"왜? 요즘 뭐 힘든 일이라도 생겼어?"

"아뇨, 그냥 좀 지친 것 같아요. 쉬고 싶기도 하고요. 형님처럼 이렇게 경치 좋은 곳에서 남은 인생을 편안하게 보내는 것도 나쁘지 않을 것도 같구요."

"요즘 제수씨하고 사이가 좋지 않니?"

준서는 석주의 아내 윤화의 모습을 떠올리며 물었다. 두 사람은 같은 건축 디자이너 출신으로서 함께 사무실을 운영해왔다. 작고 귀여운 윤화와 덩치 큰 석주는 업계에서 소문난 잉꼬부부였다.

"아뇨……."

"그럼 갑자기 왜 그러는데?"

"하하하, 신경 쓰지 마세요. 그냥 한 번 해본 소리여요."

이미 어둠이 깔린 산길을 따라 도착한 집에는 한 상 가득 먹음직한 저녁상이 차려져있었다. 우럭 지리와 텃밭에서 갓 따온 푸성귀에 석주는 밥을 두 그릇이나 뚝딱 해치웠다. 대충 상을 치운 준서는 냉동실에서 숙성해 놓은 회를 가져와 도마에서 먹기 좋게 잘랐다.

"와! 이건 언제 준비하신 거여요?"

"흠, 이거 이래봬도 자연산이야, 한 번 먹어봐."

"어이구 이거 입에 쩍쩍 붙는데요? 이거 형님이 직접 잡았어요?"

"아냐, 황선장이라고 내가 좀 아는 분이 잡아 준건데 난 그냥 손질만 했어."

석주는 준서가 따라주는 소주를 넙죽넙죽 받아마셨다.

"형님, 아예 이곳에 경영지원센터를 하나 만들어 보는 것은 어떨까요?"

"경영지원센터?"

"네, 소상공인 지원센터에 등록을 해두면 도와주고 싶은 창업자에게 창업지원금도 받을 수 있게 하고 일석이조의 효과를 얻을 수 있을 겁니다."

"흠... 글쎄, 난 컨설팅 일은 그만 하고 싶은데……."

준서는 슬쩍 수연의 눈치를 살피며 말끝을 흐렸다. 수연은 짐짓 모르는 체하고 장모님과 함께 회를 먹는데만 열중하고 있다. 석주도 수연의 얼굴을 슬쩍 쳐다보며 말을 이었다.

"아니, 저도 형님이 예전처럼 전적으로 컨설팅 일에 매달리라는 것이 아니고요 지금처럼 지역의 소상공인들을 돕는 방법으로는 좀 더 유리하다는 것이죠."

"그 문제는 내가 좀 더 생각해 보기로 하고, 그래 권사장 카페는 어떤 작품이 나올 것 같니?"

"어휴, 생각 같아서는 그냥 확 다 뜯어고치고 싶은데요. 주머니 사정이 여의치 못하다니까 전에 김사장네처럼 약식으로 고쳐야 할 것 같아요."

"응, 그래 불쌍한 사람이니까 도와주면 자네가 나중에 복 받을 거야"

"그나저나 형님은 뭐 먹고 살아요? 그동안 벌어놓은 것을 솔솔 빼먹는 것도 재미 없을텐데……."

"그렇지 뭐, 근데 이곳에선 생활비가 별로 들질 않아. 굳이 서울하고 비교하자면 한 20% 정도면 충분해."

"서울생활하고 그렇게나 차이가 나나요?"

"그럼, 어지간한 농산물은 직접 재배가 가능하고 생선도 내가 가끔 바다에 가서 낚시로 잡아오면 되고 보다시피 한 여름에도 앞뒷문 다 열어놓으면 냉방이 따로 필요 없고, 겨울엔 장작 때면 되니까."

"정말 그렇겠네요. 형수님도 그렇고 다들 정말 건강해지신 것 같아요."

"석주씨도 이쪽으로 이사 오세요. 여기 정말 좋아요. 그동안 뭐 하러 그렇게 아등바등 서울 생활을 고집했었나 싶기도 하다니까요. 윤화랑 애들 데리고 한 번 내려와 보세요."

저녁잠이 많은 장모님이 건넌방으로 들어가자 잠자코 있던 수연이 끼어들었다.

"글쎄요 그게……."

순간 석주의 표정이 어두워졌다.

"왜요? 가만, 그러고 보니 요즘 윤화하고 통 연락이 안 되던데 무슨 일 있나요?"

윤화와도 잘 알고 지내던 수연이 재차 묻자 석주는 술 맛이 싹 가신 표정으로 고개를 푹 숙였다.

석주는 한참을 망설이다가 윤화와 이혼 한 지 벌써 2개월이 됐으며 아이들은 용인의 친가에서 키워주고 있다는 얘기를 담담하게 했다. 준서는 석주의 빈 잔에 술을 따르고 또 따랐다. 평소에는 넓고 든든했던 석주의 등이 오늘은 모래바람만 휭하니 부는 공터처럼 보였다.

3주 후 권사장의 카페는 공사에 들어갔다. 석주는 이번에도 훌륭한 디자인과 설계도를 보내줬다. 목돈을 들이지 않고도 있는 시설물을 최대한 활용할 줄 아는 석주의 감각은 과연 탁월했다. 게다가 석주는 훌륭한 목수 팀도 보내줬다. 매장 내부는 목조로 루바를 치고 나뭇결을 살린 부채꼴 파티션에 각종 산호초를 활용한 친환경적이며 환상적인 디자인으로 마감했다. 빈티지 스타일로 사비처리를 한 간판은 나무 무늬의 기둥과 어울려 멋진 모습을 구현해냈다.

준서는 카페 이름을 마레 마리스Mare maris 바다를 뜻하는 라틴어로 정했다. 천혜의 자연항을 끼고 있는 T시의 이미지를 고려한 네이밍이었다. 직원들의 복장은 크루즈 선실에 근무하는 승조원 복장으로 통일하는 것을 염두에 뒀다. 준서는 마레 마리스를 정통 커피와 다양한 디저트를 맛볼 수 있는 디저트 카페로 탈바꿈시키고 싶었다. 디저트 메뉴는 준서의 일본인 친구 오카무라岡村 파티쉐로부터 레시피를 받아 몇 번의 시행착오 끝에 접목시킬 수 있었다.

오카무라는 프랑스의 르노또르 제빵학교에서 파티쉐 과정을 마치고 파리 호텔 제과제빵부에서 15년간 근무하며 풍부한 경력을 쌓은 준서의 오랜 친구였다. 6년 전 일본으로 귀국한 그는 현재 도쿄 아자부에서 디저트 카페를 운영하고 있다. 그는 준서의 부탁을 받고 이틀 만에 7가지 품목의 레시피를 보내줬다. 다행히 권사장의 큰 딸은 제과제빵학교를 졸업하고 T시에서 가장 큰 제과점에서 일을 하고 있었다. 준서는 권사장도 디저트 만드는 것을 배우도록 했다.

"전부는 아니더라도 어느 정도의 메커니즘은 익히셔야 합니다. 오너가 만드는 법을 알고 직원을 고용하는 것과 모르는 채 직원을 고용하는 것은 천양지차입니다. 한 마디로 주방 인력에 결원이 생기면 최소한 일주일 이상은 사장님께서 그 자리를 메울 수 있어야 한다는 뜻입니다. 또한 커피전문점을 운영하려면 완벽한 바리스타로 거듭나야 합니다."

권사장은 준서의 가르침에 따라 모든 메뉴 만드는 법을 배우고 부지런히 서울을 오가며 바리스타 교육도 이수했다. 준서는 권사장을 설득해서 머리끝에서부터 발끝까지 스타일도 바꾸도록 했다. 권사장은 평범한 50대 중반의 남성 스타일을 고수해온 사람이었다. 양복바지에 남방, 그리고 평범한 점퍼나 아저씨 티가 줄줄 흐르는 콤비를 입곤 했다.

준서는 권사장에게 안경 대신 콘텍트렌즈를 사용하고 구레나룻와 수염을 기르게 했다. 권사장처럼 마르고 긴 얼굴에 금테 안경을 쓰면 누구든 신경질적으로 보일 수밖에 없는 법이다. 머리는 좀 더 길러서 부드러운 웨이브 파마를 한 다음 연한 갈색으로 염색을 했다. 태닝을 해서 피부 톤을 좀 더 건강한 구릿빛으로 만들었다. 복장은 크루즈의 고급 요리사와 같은 복장으로 변신시켰다. 그러자 깡마르고 신경질 적이던 중년의 권사장은 부드럽고 건강해 보이는 매력적인 남성으로 변신했다. 권사장 자신도 스스로의 변신에 놀라는 듯 했다.

마레 마리스는 오픈 전부터 커다란 현수막을 내걸어서 지나가는 사람들의 호기심을 자극했다. 오카무라가 보내준 사진을 바탕으로 '크렘 브륄레와 커피의 만남'이라는 타이틀을 넣은 현수막은 달콤한 디저트와 오리지널 커피에 관심이 있는 여성 고객들의 시선을 끌어들이는데 성공을 했다. 근처 대형 미용숍과 피트니스클럽을 다니며 오픈 기념 할인 쿠폰을 나눠주는 것도 잊지 않았다. 9월 중순, 마레 마리스는 완벽한 이미지 변신에 성공했다.

준서는 그랜드 오픈 2주일 전부터 오후시간에만 아는 사람 위주로 고객을 접대해보도록 했다.

"일종의 프레 오픈입니다. 이 기간에 스텝들의 손발을 다시 한 번 맞춰보고 부족한 점을 보완해 나가도록 하십시오."

"그런데 선생님, 카페 문을 잠깐 연 시간에 고객이 들어오면 어떻게 하지요?"

"당연히 모셔야죠. 다만 고객들에게 '정식 오픈은 며칠 뒤입니다. 지금은 스텝들을 훈련시키는 기간이라 서비스가 미흡할 수도 있습니다. 그래도 좋으시다면 들어오셔도 좋습니다'라고 사전 양해를 구한 다음 고객을 맞이하도록 하십시오."

여성 고객 위주로 철저한 차별화 홍보를 했던 탓에 방문고객의 75%가 2,30대 여성고객이었다. 매장의 B.G.M배경음악은 가사가 없는 재즈풍의 음악으로 선정했다. 준서를 절대적으로 신뢰한다던 권사장은 오픈 전까지 내심 불안한 마음을 감추지 못한 채 전전긍긍했다.

그러나 마레 마리스는 정식 오픈을 하기 전부터 조금씩 고객들이 찾아오더니 정식 오픈을 하자 생각보다 많은 분들이 찾아와줬다. 준서가 김사장의 해물전문점을 통해서 알게 된 지역 방송국의 작가에게 부탁을 해서 권사장의 카페 선전을 도왔기 때문이었다. 게다가 파워블로거들을 동원해서 인터넷으로 꾸준히 포스팅을 하게 한 것도 주효했다.

"권사장님, 무슨 일이 있더라도 냉정함을 잃지 말아야 합니다. 지금 밀려드는 고객은 단순한 오픈용일 수도 있습니다. 이 고객들을 잘 접대해서 최소한 50%는 재방문하도록 하셔야 합니다. 생각해보십시오. 어떻게 매일매일 새로운 고객을 끌어들일 수 있겠습니까? 결국은 한 번 방문한 고객이 다시 오게 만들어야 성공할 수 있는 것입니다. 물론 결코 쉬운 일은 아닙니다. 단 몇 사람이 됐든 한 번 온 고객이 만족을 해서 다른 고객들에게 선전을 하고 그들을 데려오게 만들어야만 합니다. 일종의 다단계사업과도 같답니다. 그러기 위해서는 고객들에게 엄청난 정성을 들여야 합니다. 그렇다고 고객으로 하여금 너무 부담을 느끼게 해서는 안 됩니다. 적절한 거리와 타이밍이 생명입니다. 아시겠지요?"

"알겠습니다. 최선을 다 할게요."

"커피를 내린 원두 찌꺼기는 버리지 마시고 잘 말려서 보관해두세요."

"네, 그런데 그것은 무엇에 쓰시게요?"

"마레 마리스는 한쪽 면이 지하에 있기 때문에 쉽게 습해져서 불쾌한 냄새가 날 수 있습니다. 마룻바닥에 잘 말린 커피 찌꺼기를 뿌리고 마른 걸레로 닦아주세요. 그 일은 직원들 시키지 마시고 사장님께서 직접 하세요. 꼭 그렇게 해야 합니다. 그렇게 수십 차례 반복하다보면 마룻바닥에 커피향이 은은하게 배서 곰팡이 냄새는 전혀 나지 않습니다. 유럽의 매장들은 긴 세월동안 자연스럽게 커피향이 배서 명품 매장이 된 것입니다. 우리는 그럴 시간이 없으니까 인위적으로라도 매장에 커피향이 배도록 해야 합니다.”

“선생님께서 시키시니까 무조건 따르겠습니다만, 그런데 왜 제가 그런 것까지 직접 해야만 하나요?”

“사장님이 매장을 얼마나 사랑하는지를 몸으로 보여주셔야 직원들도 매장을 아끼게 됩니다. 그리고 그 마음은 곧 고객들에게 전달되는 것이고요. 또 하나 화장실을 자주 청소해서 청결함을 유지하도록 해야 합니다. 시쳇말로 화장실에서 잠을 자도 되겠다는 생각이 들 정도로 깨끗해야 합니다.”

“그렇군요. 잘 알겠습니다. 선생님 정말 고맙습니다. 이 은혜는 죽을 때까지 못 잊을 겁니다.”

“이제부터가 시작입니다. 우선 사장님 핸드폰을 스마트폰으로 바꾸도록 하십시오. 그리고 커넥티드 워크포스시스템이라는 어플리케이션을 다운 받아 사용하세요. 그러면 사장님께서 언제 어디서나 휴대폰으로 매장 관리를 할 수 있게 될 것입니다.”

“그게 정말 가능한가요?”

“물론입니다. 휴대폰과 매장의 포스시스템을 연계해서 매출 및 재고 관리가 가능한 것이지요.”

"와, 정말 편리한 세상이네요."

권사장은 준서의 가르침을 충실히 따라 커피를 뽑거나 재료를 구입하는 등 적극적이고 활기찬 모습으로 변신했다. 오픈 2개월이 지나자 계속해서 오르던 마레 마리스의 매출이 주춤하기 시작했다. 권사장은 걱정스러운 표정으로 준서에게 도움을 요청했다.

"예견했던 일입니다. 이것은 지극히 정상적인 현상입니다. 걱정하지 마시고 하시던 대로 최선을 다해서 고객 접대를 하도록 하세요. 머지않아 매출은 다시 오르게 될 겁니다."

과연 준서의 말대로 3개월째가 되자 마레 마리스의 매출은 다시 상승세를 타기 시작했다.

준서는 사전 예고 없이 수시로 마레 마리스를 들러서 문제점을 체크하고 발견된 문제점은 주 2회, 권사장과의 미팅을 통해서 하나하나 개선시켰다. 대체로 스텝들의 서비스마인드가 확립되지 않아서 벌어지는 사소한 헤프닝들이거나 레시피를 지키지 않아서 생기는 문제들이 많았다.

**"원칙을 정했으면 무슨 일이 있어도 지켜지도록 하십시오. 레시피도 한 번 정했으면 꾸준히 밀고 나가야 합니다.** 오늘 하루 고객의 반응이 **별로였다고 내일 또 다시 레시피에 손을 본다면 단골 고객이 붙을 여지가 없어지는 것입니다.** 서비스도 마찬가지입니다. 특히 바쁠 때는 잘 웃지도 않고 그저 자신이 맡은 일만 해내는 직원들이 있습니다. 그것은 사장님도 마찬가지입니다. 그냥 열심히 일만 하는 것이 능사는 아닙니다. 때로는 숲을 바라볼 줄 아는 여유가 필요합니다. 아무리 바빠도 전체를 조망해야 한다는 뜻입니다. 지금 사장님과 직원들은 ‘나 지금 엄청 바쁘니까 건들지마’ 그렇게 얘기하고 있어요.”

“예? 제가 언제요? 저는 그렇게 말한 적이 없는데요?”

“말이라는 것이 꼭 입으로만 하는 것이 아니어요. 사장님께서는 이미 몸으로 그렇게 말하고 있어요. 잔뜩 경직돼서 고객의 접근 자체를 차단하고 있다는 말입니다.”

“그럼 어떻게 해야 할까요?”

“작은 거울을 붙여두고 수시로 자신의 표정을 체크해 보세요. 그리고 주문이 너무 밀릴 때는 고객의 주문을 무조건 받아들이지 않는 것도 하나의 방법입니다.”

“주문을 받지 않으면 고객이 더 화가 날텐데요?”

“고객의 주문을 무조건 딱 잘라버리라는 뜻이 아니어요. 고객에게 양해를 구하고 시간을 넉넉하게 포지셔닝 하라는 뜻입니다. ‘고객님, 죄송하지만 지금 주문이 밀려서 적어도 40분 이상은 기다려야 할 것 같습니다. 그렇게 해도 될까요?’ 이렇게 사전 양해를 구해 놓으라는 뜻입니다. 이 때 중요한 것은 예상 시간보다 약간 더 길게 사전 양해를 구해야 합니다. 40분 기다릴 것을 예상했는데 예상보다 5분이라도 일찍 나오면 고객의 만족감은 배가되기 때문입니다.”

“그런데 그렇게 오래 기다려줄 고객이 과연 있을까요?”

“못 기다려주는 고객에게는 미련을 갖지 마세요. 내가 고객에게 최상의 서비스를 베풀 수가 없다면 차라리 주문을 받지 않는 것이 훨씬 매장 운영에 도움이 된다는 뜻입니다. **고객은 마치 나비와 같아서 언제든 우리 매장으로 날아올 수도 있고 싫증이 나거나 더 좋은 곳이 생기면 훌쩍 떠나버릴 수도 있습니다.**"

"나비요? 왠지 불안해 지는데요! 그럼 어떻게 해야 하나요?"

"나비의 마음을 끌어올 수 있어야겠죠."

"나비의 마음을 끌어온다고요? 어떻게요?"

**"꽃의 향기를 쫓아서 나비가 날아오듯, 내 매장의 향기로 고객을 끌어들일 수 있어야겠지요. 매장의 향기는 매우 복합적입니다. 우선은 인테리어, 메뉴, 서비스 방법 등에 내 매장만의 아이덴티티가 스며있도록 해야 합니다.** 그러려면 콘셉트를 정확하게 설정하는 것부터 시작해야 하는 거구요. 물론 마레 마리스는 그런 점을 충분히 고려해서 디자인되고 인테리어된 것입니다. 사장님, 너무 불안해하실 필요 없습니다. 언제든 떠날 수 있는 나비 때문에 불안해하기 보다는 처음부터 마음을 비우고 언제든 날아올 수도 날아갈 수도 있다는 점을 인정하기 바랍니다. 그리고 내가 서 있는 이 자리에서 최선을 다하도록 하세요. 그리고 끊임없는 자기 개발로 고객을 창출해 내도록 해야 합니다."

준서의 말을 알아들었는지 못 알아들었는지 권사장은 알 수 없는 표정으로 눈만 껌뻑거리고 서 있다. 준서는 권사장이 알아들을 수 있도록 가급적 쉽게 예화를 들어가며 설명을 하고 또 설명을 했다. 그제야 권사장은 조금 밝아진 얼굴로 준서의 얼굴을 바라봤다. **세상에 널리고**

널린 것이 카페이다. 그 중에서 고객이 아끼고 사랑하는 카페는 분명히 따로 있다. 고객의 입장에서 매장이란 마치 애인과도 같은 존재처럼 느껴져야 한다. 수많은 매장 중에서 고객이 찾고 싶은 매장, 또 가고 싶은 매장이 되려면 그 정도의 가치와 매력이 있어야 한다는 뜻이다.

마레 마리스는 꾸준히 성장을 해서 준서의 예상보다 훨씬 짧은 시간에 지역의 명소로 자리매김했다. 권사장은 지인들로부터 분점을 내달라는 부탁 때문에 머리가 아플 지경이라고 즐거운 비명을 질러댔다. 준서는 마레 마리스의 서비스와 메뉴 레시피를 근거로 매뉴얼을 만들고 입지를 선정하는 등 차분하게 분점 준비를 해나갔다. 마레 마리스가 오픈한지 13개월이 되던 7월 중순, 준서는 권사장을 도와 마레 마리스 직영 2호점을 오픈했다. 권사장은 감개무량한 표정으로 분점을 둘러보며 눈물을 글썽였다.

"이 모든 것이 다 선생님 덕분입니다. 정말 감사드려요."

"아닙니다. 사장님께서 열심히 노력하신 덕분이지요."

"어휴 무슨 말씀을요 선생님 아니었으면 저는 이미 이 세상 사람이 아니었을 거여요."

권사장은 품에서 무엇인가 가득 담긴 하얀 봉지를 꺼냈다.

"이게 뭡니까?"

"저, 사실은 실패하면 자살하려고 그동안 모아두었던 수면제입니다. 선생님을 안 만났으면 저는 이것 먹고 죽었을지도 모릅니다. 선생님은 저의 가족 모두의 은인입니다. 앞으로 열심히 일해서 은혜에 보답해드릴게요."

권사장은 끝내 굵은 눈물을 쏟아냈다. 가슴이 뜨거워진 준서는 아무런 말도 하지 못한 채 권사장의 손을 꼭 잡아줬다. 지프차를 몰고 해안 길을 넘어 집으로 오는 내내 준서는 가슴이 먹먹해졌다.

그동안 큰 기업에 도움을 주고 성취감을 느꼈을 때와는 사뭇 그 느낌이 달랐다. 사업에 실패를 하고 생활고에 시달리는 사람들을 도와서 그들에게 희망을 준다는 것에 준서는 말 할 수 없이 큰 행복감을 느낄 수 있었다.

디저트 카페 마레 마리스 이야기는 서울 신사동 C카페의 컨설팅 사례를 부분 각색한 내용이다.

# 디저트카페 성공 포인트

## – 명품 매장의 생명은 아이덴티티

'기업의 목적은 오직 고객을 창조하는 것에 있다.<sub>매니지먼트/피터드러커</sub>' 외식업으로 고객을 창조하려면 나의 매장을 명품 매장으로 만들어야 한다. 명품 매장의 가장 중요한 요소는 Identity이다.

매장의 디자인은 물론, 메뉴, 서비스 방법, 명함, 작은 소품에 이르기까지 매장의 모든 요소에 경영자의 Identity가 녹아있어야 만이 비로소 명품 매장이 될 수 있다. 세상의 많고 많은 매장 중에서 고객이 내 매장을 찾아주는 것은 내 매장 만이 가지고 있는 독특한 생명력 때문이다. Market이라는 무생물에 ing를 붙여서 Marketing<sub>시장을 움직이는 힘</sub>이 될 수 있게 하는 것처럼 매장에도 생명력을 불어 넣어야 고객들에게 오래도록 사랑받는 매장이 될 수 있다.

그런데 우리는 자칫 고객지상주의의 함정에 빠질 수도 있다. 마치 '고객이 바라는 모든 것은 정답이다'라는 착각 말이다. 고객의 의견대로 매장을 꾸미거나 메뉴와 서비스 방식을 바꾸는 것은 매우 위험할 수도 있다. 고객 중심주의는 '고객이 말하는 대로 하는 것'이 아니라 '고객이 눈치 채지 못한 과제를 생각해내고 해결책을 창조해내는 것<sub>포스트모던 마케팅/스티븐 브라운</sub>'이다. 즉, 고객보다 한 발짝 앞서서 고객이 따라오도록 유도할 수 있어야 한다는 뜻이다. 디저트카페 성공 포인트는 2부에 좀 더 깊이 있게 수록했다.

# 위기탈출 셋, 죽은 주점 살리기

산속의 가을은 갑작스럽게 찾아온다. 어제까지만 해도 조그맣고 붉은 모자를 살짝 걸쳐 쓴 것 같던 산봉우리가 하룻밤 사이에 울긋불긋한 코트를 온 몸에 감고 있는 것만 같다. 준서의 집 근처 야산은 적당한 활엽수와 침엽수가 어우러져서 사시사철 한 폭의 동양화를 보여주곤 한다. T시에 내려온 후 준서는 새삼 자연의 아름다움과 가족의 소중함에 감사하는 마음을 갖게 됐다.

가을비가 자욱하게 내리던 11월 초, 마레 마리스를 운영하는 권사장이 30대 중반의 젊은이를 데리고 준서를 찾아왔다. 시내 모처에서 가요주점을 운영하는 H씨였다. 커다란 눈에 겁이 많게 생긴 H씨는 한눈에 봐도 가요주점을 운영할 만한 사람처럼 보이지는 않았다. 친구에게 돈을 빌려줬다가 받을 길이 없어서 울며 겨자 먹기 식으로 주점을 인수한 것인데 영업부진으로 빚만 늘어나는 통에 죽을 맛이라고 했다.

"제법 쓸 만한 여종업원들은 죄다 서울에서 선불을 주고 데려왔는데 장사가 안 돼요. 이제 와서 그만두자니 원금은 고사하고 빚더미 위에 앉아야 할 처지입니다. 선생님 제발 저 좀 도와주세요.”

“글쎄요. 저 역시 주점에 대해서는 딱히 아는 바가 없어서 별 도움이 못 될 것 같은데요.”

“선생님 그러지 마시고 저희 가게에 한 번 나오셔서 그냥 둘러봐 주시기만이라도 해 주세요.”

“글쎄 제가 둘러본다고 해서 뾰족한 수가 나오는 것도 아닌데…….”

“선생님 그냥 부담 갖지 마시고 한 번만 나와 주세요.”

권사장까지 합세해서 사정을 하는 통에 준서는 마지못해 그러마하고 두 사람을 돌려보냈다.

11월 둘째 주 토요일 저녁, 시내에서 손님과 저녁 식사를 마친 준서는 H씨의 가요주점을 찾아갔다. 준서가 골목길을 돌아 막 룸살롱 입구에 도착했을 때, 웨이터와 취객이 입구에서 실랑이를 벌이는 모습이 보였다. 취객이 주점 근처 담벼락에 소변을 봤다는 것이 시비의 원인이었다.

“야이 쉐끼야, 내가 뭐, 어쨌다고 지랄이야? 엉?”

“그러니까 왜 여기다가 소변을 봤냐고요.”

“뭐? 이 쉐끼가……. 내가 언제 소변을 봤다는거야? 엉?”

“금방 여기다가 소변을 봤잖아요.”

다리가 풀린 취객은 몸을 가누지 못한 채 비틀거렸다. 취객의 바지지퍼는 아직도 내려간 채였다. 거친 몸싸움과 욕설 끝에 경찰까지 동원되고 나서야 싸움은 비로소 진정이 됐다. 준서는 H씨가 권하는 자리에 앉았다. 저녁 9시가 넘었는데 손님은 아직 한 테이블도 없다. 여종업원들도 어디에 있는지 모습조차 보이지 않는다. 따분하게 돌아가는 미러볼에 맞춰 색소폰소리도 졸린 듯 흐르고 있다.

"여직원들은 모두 몇 명입니까?"

"네, 열세명입니다."

"근데 지금 어디에 있나요? 어째 한 명도 보이지 않네요?"

"두 명은 숙소에서 준비 중이고요, 나머지는 일당이라도 벌라고 근처 다른 업소에 빌려줬습니다."

"빌려줘요?"

"친한 업소끼리 바쁠 때 직원들을 빌려주곤 한답니다. 이쪽 업계가 다 그렇게 상부상조하면서 산다는데 저는 지금까지 단 한 번도 다른 업소에서 여직원을 빌려본 적이 없어요. 어디 그렇게 바쁠 일이 있어야죠."

깊은 한숨을 내쉬는 H씨는 나이답지 않게 이마 한 가운데에 골 깊은 주름이 내 천川자로 파여 있다. 준서는 H씨의 안내를 받아 주점 이곳저곳을 살펴봤다. 시설은 그럭저럭 쓸 만 했으나 전체적으로 짜임새도 없고 위생상태도 엉망이었다. 주방 설거지 그릇에 안주용 나막스가 퉁퉁 불어터진 채로 담겨있었고 언제 깎다가 남은 것인지 도마 위에 검게 변해버린 사과껍질과 파인애플이 아무렇게나 뒹굴고 있었다.

"아이참, 이거 치우라니까 왜 아직도 안 치웠지?"

H씨는 얼굴을 붉히며 나막스와 과일 껍질을 집어 음식물 쓰레기통

에 거칠게 쑤셔 넣었다.

"여직원들을 한 번 보고 싶은데요. 언제쯤 가능할까요?"

"전부 다요?"

"네 물론입니다."

"내일이라도 가능합니다. 아무데도 가지 말고 가게로 나와 있으라고 하면 되니까요."

"그렇다면 제가 하루 전에 다시 연락드리고 찾아올게요."

"네 알겠습니다."

주점을 나서서 집으로 오는 동안 준서는 마음이 무거워졌다. 도대체 어떻게 해야 좋을까? H씨는 주점을 리모델링할 자금 마련은 어렵다고 했다. 무조건 현재의 위치에서 현재의 시설만으로 영업이 잘되게 해야 했다. 게다가 주어진 시간도 많지 않았다. 선불을 주고 데려온 여직원들이 T시의 수준에 염증을 느껴서 서울로 다시 돌아가려 했다. 일주일 후, 준서는 H씨의 주점으로 찾아가서 H씨와 마주앉았다.

"이제부터 특별행사를 합시다. 사장님께서 이 가게를 인수하기 전부터 계산을 하면 대략 2년 정도 됐으니까 '개업 2주년 사은행사'라는 타이틀로 특별행사를 하자는 것입니다."

"어떻게 해야 하나요?"

"우선 커다란 현수막에 '개업 2주년 사은 대잔치 방문 고객 무조건 양주 한 병 서비스'라고 써 붙이세요. 그리고 같은 내용으로 전단지를 만들어서 사정없이 뿌리세요. 특히 주차된 중형 승용차 와이퍼에 끼우도록 하세요."

준서는 대기하고 있던 여직원들을 한 명씩 살펴봤다. 그리고 다음과 같이 주문했다. 총 13명의 여직원들 중에서 비교적 외모가 출중한 9명을 3명씩 3개조로 나눈다. 그런 다음 그녀들에게 사은대잔치 스티커명함 및 영업비를 지원해주고 영업을 하도록 한다. 영업 방법은 다음과 같다.

1조는 T시의 24시간 커피숍에 앉아서 4,50대 남성 고객들을 물색한다. 레이더망에 포착된 남성 고객의 커피 값을 대신 지불해주고 명함을 카운터에 맡긴다. 2조는 점심시간에 회사 밀집지역의 고급 식당으로 찾아가서 점심식사를 한다. 가급적 입구에 앉아서 출입하는 고객들의 눈에 쉽게 띄게 한다. 자신들에게 관심을 보이는 남성들이 있으면 그들의 식대를 대신 계산해주고 카운터에 명함을 맡긴다. 3조는 골프 연습장을 돌며 피로회복제와 함께 홍보물을 나눠주도록 한다. 나머지 4명은 웨이터와 함께 주점 청소를 말끔하게 한다. 특히 주방의 위생 상태를 강조하며 준서는 H씨에게 말했다.

"오늘부터 사장님은 일주일에 최소 5번 이상 화장실 청소와 주방 청소를 하십시오. 눈에 보이지 않는다고 해서 대충 대충해도 된다는 생각은 버리십시오. 인간은 영적동물입니다. 숨기면 모를 것 같아도 고객은 결코 놓치지 않습니다.

이제부터는 제대로 된 서비스를 하도록 하십시오. **토끼 한 마리를 잡기 위해서 호랑이는 최선을 다합니다. 프로의 세계는 그런 것입니다.**

어떤 변명도 용납되지 않는 것이지요. 무조건 결과에 책임을 져야 합니다. 눈 감고 아웅 하는 식으로 고객을 맞이할 생각이라면 지금이라도 빨리 문을 닫는 편이 나을 것입니다. 앞으로는 누구를 막론하고 어떤 경우에도 주점 내에서 싸움을 해서는 안 됩니다. 또한 식사도 해서는 안 됩니다. 라면이든 뭐든 식사는 정해진 장소에서만 가능합니다. 특히 김치나 젓갈 등 발효식품 냄새를 매장에서 풍기는 일은 하지 않도록 주의하십시오.

매장 내 조명이 전체적으로 너무 어둡습니다. 솔직히 저는 이 매장의 인테리어를 전부 뜯어고치고 싶지만 사장님 형편이 여의치 못하시다니 최소한의 조치로 조명이라도 바꾸고 싶습니다. 붉은 색 조명은 전부 바꾸십시오. 그 보다는 따뜻하고 밝은 이미지로 체인지 하세요. 음악도 경쾌하고 밝은 것 위주로 선곡하세요. 느리고 어두운 음악은 매장 내에서 다툼이 일어나거나 마감시간에 임박했을 때만 선곡하도록 하세요. 고객이 불안해하거나 음침하게 느껴질 만한 요소는 과감하게 바꿔야 합니다. 양주를 마신 고객이 조금이라도 술을 남기면 이름표를 붙여주고 키핑해서 그 고객이 다시 찾아왔을 때 내어드리도록 하세요. 이제부터 사장님은 고객을 통해서 돈을 벌겠다는 생각을 버리십시오.”

“화장실과 주방을 제가 직접 청소하라는 것은 선생님께서 시키시는 일이니까 따르겠습니다만, 돈을 벌 목적이 아니라면 이런 술장사를 뭣하러 해야 하나요?”

H씨는 심각한 표정으로 준서를 바라봤다.

"물론 궁극적인 목적은 돈을 버는 것이지만 그것을 겉으로 드러내는 것은 삼류들이나 하는 짓입니다. 무조건 고객에게 퍼주고 고객을 만족시키는 것에 초점을 맞추세요. 당장은 힘들겠지만 그렇게만 하면 돈은 저절로 따라오는 법입니다."

준서는 그 밖에도 잡다한 안주를 정리해서 깔끔한 안주만 취급하도록 했다.

"안주는 지금의 반으로 줄여야 합니다. 지저분해 보이는 안주는 다 없애세요. 마른안주, 육포, 오징어 낙지볶음, 과일까지만 취급했으면 좋겠습니다."

"네 알겠습니다. 무조건 선생님 말씀대로 할께요."

H씨는 준서의 지시대로 매장의 조명을 바꾸고 전체적으로 밝고 따뜻한 분위기를 연출한 다음 3개조의 홍보팀을 구성해서 지속적인 홍보활동을 시작했다. 그러자 거짓말처럼 고객들이 늘어나기 시작했다.

"사장님, 지금부터 1년 동안만 영업을 하십시오. 그 후엔 적당한 프리미엄을 받고 타인에게 양도하세요. 아무리 영업이 잘 돼도 반드시 그렇게 해야 합니다."

"왜 그래야 하나요?"

"제 생각에 사장님은 이런 비즈니스와는 맞지 않는 것 같습니다. 좀 더 건실하고 액티브한 사업을 해보세요. 인간은 자신이 보람을 느끼는 일을 할 때 가장 큰 시너지효과를 거둘 수가 있는 법입니다. 이 사업이 아무리 잘된들 보람을 느낄 수 있겠습니까?"

H씨는 고개를 끄덕이며 준서의 말을 경청했다.

이 이야기는 일본 아카사카赤坂에서 코리안클럽을 경영하던 M씨의 컨설팅 사례를 각색한 내용이다.



이 이야기는 일본 아카사카赤坂에서 코리안클럽을 경영하던 M씨의 컨설팅 사례를 각색한 내용이다.

# 고통의 꽃에서 피어나는 믿음

T시에 내려온 지도 벌써 3년이라는 세월이 흘렀다. 준서는 이제 시골 사람이 다 된 듯 행동했다. 허름한 바지에 남방 차림으로 텃밭을 일구고 낚시를 다니는 준서의 모습 어디에서도 과거의 화려함이나 명성은 찾아볼 수가 없었다. 수연과의 관계도 갈수록 깊어졌다. 준서는 될 수 있는 한 자주 수연과 등산과 낚시를 하면서 함께 있는 시간을 늘려 나갔다. 의도적으로 스킨십을 나누려 했고 수연의 육체를 탐했다. 처음엔 소극적이었던 수연은 어느새 원숙한 여인이 되어 준서의 몸을 받아들이곤 했다. 일주일에 한 두 번씩 맛있는 섹스를 나눈 뒤 깊게 잠든 수연의 얼굴을 보며 준서는 진정한 행복을 느낄 수 있었다. 이제는 무슨 일이 있더라도 지금의 행복을 놓치고 싶지 않았다. 장모님과 함께 참깨 파종을 끝내고 집으로 들어와 점심을 먹는 준서의 핸드폰이 조용히 울렸다.

"손준서 선생님이시죠?"

"그렇습니다만 누구시죠?"

"안녕하세요? 저는 소상공인지원센터의 구중서라고 합니다"

"네, 안녕하세요? 그런데 무슨 일이신지?"

"이번에 저희 소상공인지원센터에서 명예퇴직자들을 대상으로 교육 연수 프로그램이 신설됐습니다. 선생님께서 특별 강사로 추천돼서 이렇게 전화를 드렸습니다."

구중서씨의 설명에 의하면 준서는 이미 T시의 상공인들 사이에 상당히 알려졌다고 했다. 그래서인지 최근 준서의 핸드폰은 쉴 새 없이 울리곤 했다. 준서는 집에 있을 때는 핸드폰을 아예 꺼놓거나 받지 않았다. 그러자 어떻게 알아냈는지 사람들은 준서가 살고 있는 집으로 찾아오기 시작했다. 평일엔 서너 명씩 찾아오다가 주말이 되면 십여 명씩 찾아오는 통에 수연과 장모님은 몹시 불편해했다.

"말씀은 고맙습니다만 제가 누구 앞에서 강연을 할 처지가 아니어서요 죄송합니다."

"선생님, 이번 한 번만 도와주십시오. 선생님께서 꼭 오셔야 합니다. 부담 갖지 마시고……."

"어떻게 부담이 안 되겠어요. 다른 분으로 알아보세요. 이만 바빠서 전화 끊겠습니다."

준서는 매정하게 전화를 끊어버렸다. 그러나 이튿날도 또 그 다음날도 구중서씨는 끊임없이 전화를 걸어왔다. 심지어는 준서의 집으로 찾아오기까지 했다.

"선생님, 이번 교육생들은 직장에서 명예퇴직을 당한 사람들입니

다. 이 분들이 사회에서 재기할 수 있도록 용기를 심어주세요. 부탁드
립니다."

작달막한 키에 생글생글 웃고 있는 두루뭉술한 구중서씨는 생긴 것
과는 달리 열정과 끈기를 가진 사람이었다.

"취지는 알겠습니다만 저보다 훌륭한 사람들은 얼마든지 있을텐데
요."

"꼭 도와주십시오. 와 보시면 왜 저희가 선생님을 모시려고 했는지
이해하실 수 있을 겁니다."

준서는 구중서씨의 열정에 반해 강의를 수락하고 말았다.

강연은 순조롭게 끝났다. 예상보다도 더 큰 반응에 흐뭇해진 구중서
씨는 앞으로도 종종 강연을 부탁한다는 말을 잊지 않았다. 강연을 마친
준서는 오랜만에 시내의 김사장 매장에 들렀다. 매출은 순조로웠다. 김
사장과 함께 저녁식사를 마친 준서는 이번엔 권사장의 마레 마리스를
방문했다. 그곳도 변함없이 성업 중이었다. 권사장은 정성스럽게 내린
에스프레소를 더블로 가져왔다.

"선생님 요즘 왜 이렇게 뜸하셨어요? 자주 좀 오시지."

"미안합니다. 제가 요즘 좀 바빴어요. 뭐 그리고 이젠 제가 없어도
사장님께서 잘하고 계시잖아요. 2호점도 잘되지요?"

"네 덕분에 잘 운영되고 있습니다. 사실은 좀 전에 3호점을 내달라
고 어떤 분이 찾아왔었어요. 선생님께 전화 드리려고 했는데 마침 이
렇게 오셨네요."

권사장은 준서 쪽으로 의자를 바짝 당겨 앉으며 말을 이었다.

"부동산 중개업을 하는 분인데요. 이번에 해안도로가 새로 뚫렸잖아요?"

"그랬죠."

"그 분이 가지고 있던 땅이 도로에 편입되면서 보상을 받아 한 몫 단단히 챙긴 모양이어요. 자본도 넉넉하고 이 지역 터줏대감이니까 제가 보기엔 아주 적합한 사람 같은데, 선생님 생각은 어떠세요?"

"글쎄요, 사람을 직접 만나봐야 알겠지만 돈이 많다고 해서 무조건 체인점을 내주는 것은 좋지 못합니다. 그 보다는 그 사람의 됨됨이를 먼저 보셔야죠. 아시다시피 이 업은 점주가 얼마만큼 애정을 가지고 매장관리를 하느냐에 따라서 승패가 갈리는 것이니까요."

"그렇긴 하지만……."

권사장은 못내 아쉬운 듯 입맛을 다셨다. 권사장과 헤어져서 H씨의 매장으로 향하던 준서는 장모님으로부터 급한 전화를 받았다.

"손서방, 자네 빨리 와야겠네. 애가 좀 이상해 갑자기 하혈을……."

"알았어요. 지금 가는 중이니까 조금만 기다려주세요."

준서는 급하게 핸들을 꺾어 엑셀을 밟은 발에 힘을 줬다.

'도대체 무슨 일일까?'

머릿속으로 별의별 생각들이 꼬리에 꼬리를 물고 튀어나왔다. 준서가 집 쪽으로 막 들어서는 순간 수연을 부축하고 비탈길을 내려오는 장모님의 모습이 보였다. 준서는 급하게 차에서 뛰어내려 수연을 부축했다. 수연은 아랫배를 움켜쥔 채 식은땀을 흘리고 있었다.

"유산입니다. 지금 곧 수술해야 합니다."

아직 서른도 안 돼 보이는 당직 여의사는 준서와 장모님을 바라보며 무표정하게 선언했다.

"어이구 하나님!"

장모님은 털썩 응급실바닥에 주저앉아버렸다. 수연은 얼굴을 벽으로 돌린 채 어깨를 들썩였다. 어안이 벙벙해진 준서는 흐느끼고 있는 수연의 등을 바라보며 말했다.

"도대체 어떻게 이런 일이……. 당신 임신 했었어? 그런데 왜 나한테는……."

"이 사람아, 그야 좀 더 확실해진 다음에 얘기 하려고 했던 거지. 그리고 자네 만난다고 집으로 하루에도 서너 명씩 찾아오지. 그 뒤치다꺼리를 누가하겠나? 그러다가 쟤가 그만 저렇게 된 거야. 아이고 하나님도 무심하시지 아이고……."

다음 날은 일요일이었다. 수연은 하루 이틀 안정을 취해야 한다는 의사의 권고에 의해 일반 병실에 입원을 했다. 준서는 장모님을 교회에 모셔다드리고 금방 돌아오겠다며 병실을 나섰다. 홀로 남은 수연은 병원에서 운영하는 교회를 찾아갔다. 낯익은 찬송가 곡조가 긴 복도를 따라 울려 퍼지고 있었다. 중년의 자그마한 여성이 교회 입구에서 안내지를 나눠주다가 수연에게 살갑게 인사를 건넨다. 좁은 병원교회 안에는 꽤 많은 사람들이 자리를 잡고 앉아있었다.

'살아계신 하나님을 믿으라' 유인물에는 그렇게 적혀있다. 수연은 가슴이 찢어질 것만 같았다.

'정은이를 그렇게 보내고 이제 겨우 아기가 생겼는데 유산이라니…….'

뜨거운 눈물이 수연의 앙상한 볼을 타고 쉼 없이 흘러내렸다.

'하나님, 정말 당신이 살아 계시다면 어떻게 이런 일이 벌어질 수 있나요? 한 번도 아니고 두 번씩이나 왜 제게만 그렇게 가혹하신가요?'

고교시절 미션스쿨을 다녔던 수연은 교회의 체제와 교리에 대해서 어느 정도는 알고 있었다. '나 어느 곳에 있든지 늘 맘이 편하다~' 교회 안에 가득한 사람들은 일제히 피아노 소리에 맞춰서 찬송가를 불렀다. 찬송가 부르기가 끝나자 회색 양복에 굵은 뿔테 안경을 쓴 50대 후반의 목사님은 잔잔한 목소리로 설교를 시작했다.

"하나님은 살아계십니다. 그 분은 여러분의 모든 죄를 용서하고 여러분을 끝까지 사랑하십니다. 그 분을 믿으십시오. 그 분이 여러분께 영생을 드릴 것입니다. 여러분을 회복시켜 드릴 것입니다."

수연은 웅크리고 앉아 짐승처럼 낮게 울부짖었다.

'하나님, 당신이 정말 살아 계시다면 우리 정은이를 한 번만 보여주세요. 저는 교회에 잘 나가지 않았지만 우리 정은이는 선교원도 다녔고

주일학교도 잘 다녔잖아요?'

　얼마동안 울었던가? 눈물이 말라붙어 볼이 뻣뻣해질 무렵, 수연은 눈앞이 환해지는 것을 느꼈다. 목사님 옆에 무언가 번쩍이는 것이 보였다. 그것은 정은이었다. 하얀 날개옷을 입은 정은이 환한 웃음으로 수연을 향해 손을 흔들고 있었다. 눈을 비비고 다시 확인해봤지만 그것은 틀림없는 정은이었다.

　'엄마, 나 잘 있어. 그러니까 그만 울어.'

　정은은 그렇게 말하고 있었다. 그 뒤로도 10분은 족히 정은은 목사님 곁에서 따뜻하고 편안한 얼굴로 수연을 바라보다가 홀연히 사라졌다. 감성에 치우치기보다는 이성을 중요시하는 수연은 본래 신앙하고는 거리가 먼 사람이었다. 어릴 적부터 엄마가 교회에 나가자고하면 마지못해서 몇 번 따라는 갔지만 도무지 교회에 정이 가지 않았다. 그러나 지금은 달랐다. 과학으로는 도무지 설명하기 어려운 일이 방금 자신에게 벌어진 것이다.

　예배가 끝나고 사람들이 하나 둘 교회를 빠져나가도록 수연은 그 자리에 가만히 앉아있었다. 무언가 알 수 없는 평안함이 가슴 가득 차올랐다. 지금 함부로 움직였다간 그 평안함이 온데간데없이 사라질 것만 같아서 감히 움직일 수가 없었다. 목사님이 다가와서 무엇인가 말을 건넸지만 수연은 무슨 말인지 알 수가 없었다. 그냥 잠시만 여기 이대로 있게 해달라고 간청을 했다. 목사님은 더 이상 수연을 방해하지 않고 자리를 비켜줬다. 얼마나 시간이 흘렀을까? 수연은 병원 뒤뜰로 나왔다. 바람이 수연의 머리칼을 부드럽게 쓰다듬어 주었다.

준서는 한 참 만에 병실로 돌아온 수연을 근심스러운 얼굴로 쳐다봤다.

"어디에 갔었던 거야? 미안해 여보, 앞으론 절대로 강연도 하지 않을 거야. 사람들이 다시는 우리 집에 찾아오지 못하게 할게."

수연은 부드러운 눈으로 준서의 얼굴을 쳐다봤다.

"여보 너무 걱정하지 마. 난 괜찮아."

준서는 침대에 앉아있는 수연의 앙상한 손을 잡았다. 수연은 나머지 손으로 준서의  손등을 쓰다듬으며 말했다.

"여보, 당신은 그 일을 계속 해야 돼. 나 사실 이곳에 이사 와서 처음으로 당신을 이해할 수 있게 됐어. 내 걱정은 하지 마. 아이야 또 생기겠지 뭐."

수연은 준서에게 조금 전 예배시간에 겪었던 일을 얘기해줬다. 아기천사가 돼서 찾아온 정은이가 환하게 웃으며 엄마를 달래주고 사라졌다는 얘기를 듣자 준서는 수연의 무릎에 얼굴을 묻고 흐느껴 울었다. 수연은 준서의 머리를 정성스럽게 쓰다듬어 줬다. 그 날 이후 준서는 핸드폰을 꺼놓지 않았다. 다만 집으로 들어오는 유일한 통로에 차단기를 설치해서 주인의 허락 없이는 누구도 집으로 들어오지 못하게 했다.

# 하이에나를 만나다

준서는 모처럼 한가로운 시간을 맞아 수연과 함께 등산도하고 낚시도 다녔다. 수연은 낚시에 천부적인 재능이 있는 듯 했다. 태어나서 처음 낚싯대를 잡아보는 거였는데도 준서가 갯지렁이만 끼워주면 어른 손바닥보다 큰 우럭이랑 놀래미를 잘도 잡아 올렸다. 어떤 날은 준서보다도 훨씬 많이 잡기도 했다. 11월 초라서 그런지 아침저녁 제법 바람이 차가워졌다.

그날도 준서는 아침을 일찍 먹고 수연과 함께 늘 다니는 촛대바위 근처에서 낚싯대를 던졌다. 낚시를 시작한지 한 달이 넘었건만 수연은 여전히 지렁이를 끼워 달라, 잡힌 물고기를 바늘에서 빼달라며 준서를 성가시게 했다. 그러나 준서는 수연의 성가심이 귀엽기만 했다. 요즘 그녀는 쉰이라는 나이가 도무지 믿기지 않을 만큼 귀엽고 사랑스러웠다. 준서는 그동안  자신이 수연의 진면목을 왜 못 알아봤었는지 이해가 안 갈 정도였다.

"여보, 이것 봐라, 나 또 잡았다! 하하하……."

준서가 밑밥을 만들어서 막 수연에게 가져가려 할 때 수연은 펄떡거리는 놀래미가 걸려있는 낚싯대를 준서에게 보여주며 함박웃음을 터트렸다. 낚싯대를 던진 지 5분도 걸리지 않은 시간이다.

"벌써 잡은 거야? 야, 당신 정말 대단한데! 이젠 나보다도 훨씬 잘하는 걸! 천재야 천재."

"크크크, 정말 그럴까? 다 당신이 잘 알려준 덕분이지."

준서가 수연의 엉덩이를 톡톡 두드리며 칭찬을 해주자 수연은 더욱 신이 나서 크게 웃는다. 준서가 수연의 낚싯대에서 놀래미를 떼어내고 새 갯지렁이를 끼우려 할 때 마레 마리스를 운영하는 권사장으로부터 전화가 왔다. 그러고 보니 권사장을 못 본지가 벌써 3개월이 넘었다는 생각이 들었다.

"사장님, 사업은 잘되시죠?"

"선생님 그게……."

준서는 직감적으로 마레 마리스에 무언가 문제 발생했다는 느낌이 들었다. 서둘러 낚시를 마친 준서는 수연을 집에 데려다주고 권사장을 찾아갔다. 마레 마리스는 꽤 오랫동안 영업을 하지 않았는지 매장 문이 꽁꽁 닫혀있었다. 오픈 이후로 늘 생기가 돌던 권사장은 초췌한 몰골로 준서를 맞았다. 매장 안은 이리저리 뒤엉키고 깨진 화분이며 집기들이 어지럽게 널려있었다.

"도대체 어떻게 된 일입니까?"

권사장은 준서의 눈을 똑바로 쳐다보지 못한 채 무겁게 입을 열었다.

"제가 전에 얘기했었죠? 최사장이라고……. 해안도로 쪽에서 큰돈을 보상받았다는……."

"네, 부동산업자라는 그 사람 말이죠?"

"예 맞습니다. 제가 선생님의 충고를 가볍게 여기고 그만 그 사람에게 3호점을 내줬습니다."

"그야 사장님께서 주인이니까 주고 싶으면 줄 수도 있는 거죠. 그런데 그게 뭐 잘못됐나요?"

"그 뿐만이 아니라 가맹사업권까지 넘겼어요. 돈을 받고요……."

권사장은 앙상한 두 손으로 얼굴을 감싼 채 굵은 눈물을 쏟았다. 준서는 권사장의 감정이 좀 가라앉을 때까지 그대로 뒀다.

"선생님께서는 저한테 돈만 보고 가맹점을 주지 말아야 한다고, 신중하게 생각해야 한다고 그러셨는데……."

권사장은 준서의 의견을 무시하고 최사장에게 마레 마리스 3호점을 허락했다. 뿐만 아니라 수억 원에 달하는 돈을 받고 가맹사업권을 양도했다. 최사장은 재산이 많은 데다 활동량이 많은 사람이기 때문에 그와 손을 잡으면 T시를 넘어서 전국으로 가맹점이 늘어날 수 있을 터였다. 가맹사업권을 넘기면 목돈을 받을 수 있고 가맹점들이 늘어나면 권사장은 물류만으로도 적잖은 이익이 발생할 테니 그야말로 일석이조의 거래라고 생각했다. 그러나 그것은 착각에 불과했다.

최사장은 마레 마리스 가맹사업권을 사들이자마자 그것을 장남에게 맡기고 3호점의 운영은 차남에게 맡겼다. 장남은 가맹사업 브로커를 고용해서 스포츠 신문에 가맹점 모집광고를 내는 한 편, 가맹계약을 따내는 자에게는 건당 200만원씩의 수수료를 지급하는 조건으로 영업사원을 모집했다. 그러자 전국에서 오더맨가맹사업자들을 모집하는 대가로 수수료를 받아 챙기는 업자들이 모여들었다. 권사장은 최사장에게서 받은 돈으로 은행 대출금을 상환하고 나머지로는 T시의 외곽지역에 300평짜리 물류센터를 지었다. 그러나 권사장이 물류센터를 완공하기도 전에 전국 방방곡곡에서 가맹점 오픈이 시작됐다. 자고 일어나면 서너 개의 가맹점이 생길 정도였다. 권사장은 최사장을 만나 가맹점포 개설을 조금만 늦춰줄 것을 사정했다.

그러나 최사장은 그것은 자신의 소관이 아니니 아들하고 상의하라며 자리를 피했다. 최사장의 장남은 안하무인이었다. 만일 가맹점에 재료가 원활하게 공급되지 못할 경우엔 손해배상을 청구할 것이니 자신 없으면 당장 손을 떼고 물류창고를 넘기라고 아버지뻘 되는 권사장에게 으름장을 놨다. 권사장이 물류창고를 완공하고 물류 시스템을 정비하느라 허둥지둥 거리는 사이에 결국 사단이 벌어지고 말았다. 물건을 제때 공급받지 못한 가맹점주들의 거센 항의가 빗발치자 최사장의 장남은 권사장에게 책임을 전가했다. 더 나아가 그는 준공검사가 끝난 지도 얼마 되지 않는 권사장의 물류창고와 마레 마리스 1,2호점을 가압류했다.

최사장의 차남은 더욱 가관이었다. 아예 권사장이 운영하는 마레 마리스 1호점과 2호점으로 쳐들어와서 집기를 부수고 직원들과 손님에게 상소리를 퍼부어댔다. 경찰을 불러서 제지를 했으나 그 때뿐이었다. 차남을 경찰이 연행해가자 한 시간도 못돼 건달들이 찾아와서 집기를 부수어 댔다. 마레 마리스는 그야말로 쑥대밭이 됐다. 영업방해 및 기물손괴죄를 물어 건달들을 유치장에 가뒀다. 보름동안 영업을 중단하고 가게도 깨끗하게 수리했다. 그러나 영업을 개시한지 사흘이 채 지나기도 전에 또 다른 건달들이 찾아와서 매장을 부수며 난동을 부렸다. 그 놈들을 가두고 매장을 수리하고 나면 또 다른 건달들이 찾아와서 집기며 시설물을 부숴댔다.

결국 권사장은 매장 문을 닫을 수밖에 없었다. 그게 끝이 아니었다. 건달들은 권사장의 집으로까지 찾아와서 권사장과 가족들을 압박했다. '마레 마리스의 매장과 물류창고를 넘기고 조용히 물러나는 편이 당신은 물론이고 가족들이 다치지 않는 유일한 길이다'라며 권사장의 목을 조여왔다. 이 모든 일이 불과 6개월 만에 벌어진 일이었다. 3개월 전 준서를 만났을 때 권사장은 최사장과의 일을 숨겼다. 그때만해도 발톱을 숨긴 최사장과의 진행 상황을 준서에게 말할 필요가 없다고 판단했던 모양이었다.

"선생님 이제 저는 어떡하죠? 제가 죽을 죄를 졌어요."

몇 개월 못 본 사이에 부쩍 튀어나온 광대뼈가 권사장의 두 눈을 더욱 깊은 곳으로 밀어넣은 듯 했다. 매장에서 아빠를 돕고 있는 큰 딸과 대학생인 둘째딸이 매장 구석 쓰러진 탁자 곁에서 흐느껴 울었다. 고3인 막내딸은 학교 근처의 친척집으로 보냈다고 했다.

“어떻게 일이 이 지경이 될 때까지 저한테 연락도 하지 않았어요?”

“그게… 제가 선생님을 볼 염치가 없어서…….”

“아무리 그래도 그렇죠. 최사장과 맺은 계약서를 좀 가져와 보세요.”

준서는 계약서를 꼼꼼하게 살펴봤다. 그러나 특별히 흠잡을 내용은 보이지 않았다.

“사장님, 너무 걱정하지 마세요. 무슨 방법이 있겠지요. 우선은 매장 청소라도 해두세요. 계약서는 제가 좀 더 검토해보고 방법을 찾아보도록 하겠습니다.”

“선생님 정말 죄송해요. 입이 열 개라도 드릴 말씀이 없어요.”

“그런 소리 하지 마세요. 이런 때 일수록 사장님께서 정신을 바짝 차리고 힘을 내셔야 합니다.”

“선생님, 제발 우리 아빠 좀 도와주세요.”

권사장과 두 딸은 눈물 콧물 범벅이 된 얼굴로 준서를 배웅했다. 준서는 권사장을 밖으로 불러냈다.

“사장님, 아무래도 이상합니다. 단지 그런 이유만으로 최사장이 사장님을 옭아맸다는 것은 좀 납득이 가질 않아요. 제게는 솔직하게 말해주셔야 합니다. 아직 제게 말씀하지 않은 것이 있지요?”

잠시 머뭇거리던 권사장은 얼굴을 붉히며 자신의 실수를 털어놓았다. 권사장은 최사장과 계약을 맺기 전 최사장이 마련한 술자리를 여러 차례 같이 했다고 한다. 그러다가 한 여성에게 빠져서 허우적 거리게 됐다. 그 여성은 하필 최사장의 부하이자 지역의 건달인 김칠만의 애

인이었다. 이 모든 것은 처음부터 철저하게 계획된 최사장의 함정이었
다. 결국 권사장은 최사장이 요구하는 계약서에 도장을 찍어야만했다.

집으로 돌아오는 길에 준서는 해가 지고 있는 부둣가에 차를 세웠다.
'도대체 어떻게 해야 하나…….'
도무지 뾰족한 해결책이 떠오르지 않았다.

이미 귀항한 어선들이 잡은 고기를 퍼 올리고 마지막 갑판 청소를 끝
내고 있다. 어선들 사이에서 만찬을 즐기던 갈매기들도 집으로 돌아갈
채비를 하고 있다. 준서는 이만 때쯤 풍기는 바다향기가 참 좋았다. 바
다는 마치 지구의 자궁처럼 쉼 없이 새 생명을 잉태해내고 있다. 먹고
먹히는 동물들의 세계에도 질서는 있다. 오직 인간만이 비열한 권모술
수로 이웃을 짓밟을 뿐이다.

집으로 돌아온 준서는 계약서를 다시 한 번 꼼꼼하게 살펴봤다. 그
러나 최사장을 몰아세울 단서는 도무지 찾을 수가 없었다. 다음 날 준
서는 서울의 대형로펌에서 근무하고 있는 친구에게 전화로 자문을 구
했지만 소용이 없었다. 계약서는 처음부터 철저하게 최사장 측에 유리
하게 꾸며져 있었다. 준서는 계약서를 팽개쳐두고 무작정 산에 올랐다.
화가 나서 가슴이 터질 것만 같았다. 어리숙하게 당해버린 권사장 때문
에 화가 났고 최사장과 두 아들을 포함한 추악한 인간들이 미웠다. 권

사장은 자책을 하다가 자칫 목숨을 끊을지도 모를 일이었다.

산꼭대기에 오르자 T시가 한 눈에 들어왔다. 온 산을 찬란하게 물들이던 활엽수들이 하나 둘 옷을 벗고 있다. 몸에서 가장 많은 에너지를 소비하는 이파리를 스스로 떨궈냄으로써 다가올 겨울을 버티기 위한 것이리라. 반면 침엽수들은 바늘처럼 단단한 이파리로 무장을 한 채 의연하게 겨울을 기다리고 있다. 식물들조차 저렇게 스스로 위기를 극복하며 살길을 찾아낼 줄 아는데 저 척박한 세상에는 지금 이 순간에도 권사장의 가족들처럼 자기 한 몸 지켜낼 힘이 없는 사람들이 많이 있다. 준서는 가슴이 아려왔다.

며칠 후 준서는 세운상가에서 구입한 소형거울로 만들어진 카메라와 볼펜형 녹음기를 권사장에게 전해줬다.

"사장님 이것은 소형 카메라와 녹음기입니다. 카메라는 거울처럼 생겼으니까 매장에 걸어두고 녹음기는 볼펜처럼 와이셔츠에 꽂으세요. 그리고 건달들이 또 찾아오면 그 사람들을 매장으로 유인해서 그놈들의 행동이 촬영되도록 하세요. 기왕이면 그 놈들을 자극해서 날뛰게 하는 것이 좋겠죠?"

준서는 권사장에게 카메라와 녹음기의 사용법을 자세히 알려주고 직접 매장 장식물 사이에 세팅해 준 다음 동선을 체크하고 여러 차례 연습을 시켰다.

"사장님, 힘내세요. 정의는 반드시 승리합니다. 최사장 측에서 제시한 손해배상 청구소송에 대해서는 법원에 이의신청을 합시다. 절대로 포기하지 마세요. 상황이 아무리 불리하더라도 악착같이 물고 늘어져야 합니다."

"고맙습니다. 정말 고맙습니다."

권사장은 더 이상 말을 잇지 못한 채 고개를 떨궜다. 권사장의 두 딸들도 애절한 눈으로 준서를 바라봤다. 준서가 권사장을 만난 지 이틀째 되는 토요일 저녁, 권사장의 큰 딸이 다급한 목소리로 전화를 했다.

"선생님, 조금 전에 건달들이 다시 왔어요. 지금 아빠가 매장에서 만나고 있어요. 선생님 빨리 와주세요. 우리아빠 어떡해요?"

"너무 걱정 하지마라. 내가 곧 갈 테니까 너희들은 문 걸어 잠그고 집에서 꼼짝 말고 있어! 아빠는 걱정하지 말고, 알았지?"

"네, 선생님 빨리 좀 와주세요."

큰 딸은 두려움에 떨리는 목소리로 전화를 끊었다. 준서가 마레 마리스에 도착했을 때 건달들은 이미 돌아간 뒤였다. 카메라에는 세 명의 건장한 사내가 보였다. 마침 최사장의 둘째 아들도 같이 왔다. 우람한 체격의 건달들이 비쩍 마른 권사장을 의자에 앉혀두고 주변 집기들을 발로 차거나 권사장의 뺨을 툭툭 치는 모습이 보였다.

"네 놈들도 인간이냐? 이 쓰레기 같은 놈들아! 퉤퉤!"

건달들의 도발과 협박을 묵묵히 참고 있던 권사장은 갑자기 일어나서 가운데 서 있던 최사장의 작은 아들 얼굴에 침을 뱉었다. 그러자 양쪽의 건달들이 권사장의 팔을 비틀어 꼼짝 못하게 하고 작은 아들이 권사장의 얼굴과 배를 주먹으로 수차례 가격했다. 권사장은 그대로 주저

앉아 버렸다.

“이 새끼가 미쳤나, 뒈지고 싶어? 엉?”

둘째 아들은 그래도 분이 안 풀리는지 다리가 풀려버린 권사장의 머리칼을 움켜쥔 채 들어올렸다. 코피가 낭자한 채 고통으로 일그러진 권사장의 얼굴이 고스란히 카메라에 담겨있었다.

“이번 달 안으로 조용히 가게랑 창고 비워, 좋은 말로 할 때 듣는 게 좋을 거야. 안 그러면 네 딸년들을 아주 그냥 확, 걸레로 만들어서 팔아먹어버릴 테니까. 알았어? 아유, 이 새끼 대갈통을 부숴버릴가부다. 아유.”

그들은 권사장을 사정없이 내동댕이치고 유유히 매장 밖으로 사라졌다. 다음 날 준서는 카메라에 담긴 영상과 녹취록의 원본은 복사해두고 카피 본만을 가지고 최사장을 찾아갔다. 최사장의 사무실 앞에는 검정색 렉서스 승용차와 구형 각 그랜저 2대가 위압적인 모습으로 주차돼 있었다. 준서가 사무실로 들어서자 한 눈에 봐도 범상치 않아 보이는 인상의 덩치 큰 사내 서넛이 고스톱을 치는 것이 보였다.

최사장의 사무실은 부동산 컨설팅이라는 간판만 걸려있을 뿐 이권개입이나 사채업을 하는 곳이라는 느낌이 물씬 풍겼다. 비교적 큰 키에 적당히 튀어나온 아랫배며, 기름기가 줄줄 흐르는 얼굴, 누런 금목걸이를 한 최사장은 한 눈에 봐도 탐욕스러운 모습이었다. 경리로 보이는 여직원이 준서의 방문을 알렸음에도 최사장은 소파에 다리를 길게 뻗은 채 신문만 보고 있다. 발가락 양말을 꼼지락 거리며 거들먹거리는 최사장을 바라보며 준서는 참을성 있게 기다렸다. 그러자 신문을 보던 최사장은 갑자기 누군가에게 전화를 걸어서 불같이 화를 내기도 하고 사무실 여직원에게 쌍욕을 퍼붓기도 했다. 그러다가 이제 겨우 준서의 존재를 눈치 챘다는 듯, 읽고 있던 신문에서 잠깐 눈을 떼어 준서를 바라봤다.

"여긴 어쩐 일로 찾아오셨나?"

준서는 단도직입적으로 용건을 밝혔다.

"두 아드님께서는 최소한의 상도덕도 없는 것 같습니다. 설마하니 점잖으신 아버님께서 그렇게 가르쳤을 리는 없고, 지역사회에서 그렇게 처신을 하면 아버지가 욕을 많이 먹을 텐데 말입니다."

"뭐요?"

준서의 입에서 두 아들의 얘기가 나오자 최사장은 신문을 천천히 접어서 한쪽으로 밀쳐놓고 준서를 쏘아봤다.

"당신 뭐요? 당신이 뭔데 남의 일에 끼어들어서 그러는 거요?"

"최사장님, 지금 당신들이 벌이는 행동은 의도적으로 마레 마리스를 집어삼키려는 것으로 밖에 보이지 않습니다. 좋게 말씀드릴 때 조용히 원상복구 시켜놓으시지요?"

"뭐라고? 좋게 말할 때? 좋게 안 하면 그래, 어떻게 할 건데?"

최사장은 당장 주먹이라도 날릴 듯 다가왔다. 준서는 노트북에 저장된 동영상을 틀어줬다. 조금 전까지 기세가 등등하던 최사장은 갑자기 자세를 바꾸며 준서에게 소파에 앉을 것을 권했다.

"어이 미스리, 여기 커피 안 가져오고 뭐하냐? 이것들이 손님이 왔으면 알아서 모셔야지. 야 이새끼들아 니들은 나가있어.”

사장의 호통에 고스톱을 치던 건달무리들이 슬금슬금 자리를 피했다.

“커피는 괜찮습니다. 저희가 원하는 것은 하나뿐입니다. 마레 마리스를 계약 전으로 돌려놓으시고 더 이상 권사장을 괴롭히지 마십시오. 그렇지 않으면 저희는 아드님께 공갈 협박에 폭행, 영업방해, 기물손괴죄 등의 죄를 물어 고소할 수밖에 없습니다. 더불어 최사장님도 두 아들을 사주한 것으로 간주해서 수사를 받게 될 것입니다.”

“하하하, 당신 지금 나를 협박하는 거요? 그래 우리 애들이 당신 말대로 폭행에 공갈 협박 뭐 그런 거로 조사를 받는다고 칩시다. 이 바닥에서 그런 게 얼마나 큰 죄가 될 것 같소? 기껏해야 벌금 몇 푼 내면 끝나는 것 아냐?”

“글쎄요. 이 바닥이 최사장님 뜻대로 굴러간다고 해도 정의가 완전히 소멸되진 않았겠죠. 그리고 저는 이번 일을 이 바닥에서 안 되면 더 큰 바닥으로 몰고 가서라도 이슈화 시킬 생각입니다. 법으로 해서 안 되면 언론플레이를 해서라도 나는 당신 같은 사람들의 정체를 밝혀내고야 말테니까.”

“뭐라고? 이 양반이 여기가 어디라고 주둥아리를 함부로 놀리시나? 어이 서울 양반, 당신 말이야 뭔가 단단히 착각하는 모양인데, 나도 한강물에 쌀밥깨나 말아먹어본 놈이야, 당신 중앙에 줄 좀 있는 모양인데, 어디 한 번 맘대로 해보쇼. 뭐? 언론플레이? 아 씨발, 요즘 바다에 고기밥을 안 줬더니 용왕님이 노하셨나, 왜 이렇게 X같은 것들이 들끓는 거야? 어이 서울 양반, 좋게 말할 때, 그냥 조용히 올라가쇼, 그렇게 남의 일에 껍죽대다가 시멘트 신발 신고 물속에서 고기들이랑 대화하는 수가 있으니까."

"사장님 좋을 대로 판단하십시오. 앞으로 사흘 간 말미를 드리겠습니다. 그 안에 확실한 답변이 없을 때는 저희는 저희 방식대로 일을 처리하겠습니다. 부디 지역사회에서 서로 얼굴 붉히는 일이 없기를 바랍니다. 참고로 이 영상은 사본입니다. 저희는 만일의 사태를 대비해서 원본은 다른 곳에 보관 중이고 여러 장의 사본을 만들어 뒀습니다."

"글쎄 당신 맘대로 한 번 해보라니까."

준서가 최사장의 사무실을 나와 주차해둔 차로 막 걸어가고 있을 때 어둠속에서 누군가 준서의 등 뒤로 다가왔다. 그는 억센 팔로 준서의 목을 뒤에서 감고 오른쪽 옆구리에 무언가 예리한 것을 들이댔다.

"조용히 해, 이 새끼야, 너 같은 거 하나 배때지에 물 담그는 건 일도 아냐, 좋게 말할 때 이 일에서 손 떼, 그리고 한 번만 더 여기 찾아와서 우리 형님 협박했다가는 그냥 확 담궈버린다. 알았어?"

낮고 음산한 목소리의 주인공이 어둠속으로 사라지자 준서는 다리가 풀려 그자리에 주저앉고 말았다. 등 뒤로 식은땀이 줄줄 흘러내렸다. 마레 마리스로 돌아온 준서는 안주머니에 꽂혀있던 볼펜형 소형 녹음기를 꺼내서 재생해봤다. 그 안에는 최사장과 자신이 나눈 대화며 최사장의 사무실을 나와서 주차장으로 걸어갈 때 들었던 소름끼치던 목소리의 협박 내용까지 고스란히 담겨있었다. 준서는 즉시 최사장에게 전화를 걸어서 녹음내용을 모조리 들려줬다.

"사장님, 아까 제가 사흘 동안 시간을 드린다고 했죠? 그거 취소하겠습니다. 앞으로 열두시간 드리죠. 내일 이 시간까지 성의있는 조치를 취하지 않으시면 저는 이 모든 내용을 정부기관, 검찰, 언론사에 뿌리겠습니다. 제가 할 수 있는 모든 방법을 동원해서 이 땅에 아직 정의가 살아있다는 것을 보여줄 생각입니다.

그리고 만에 하나 저나 권사장에게 무슨 일을 생긴다면 이미 맡겨놓은 자료들이 사회 각계로 일제히 전달될 것입니다. 폭력으로 모든 것이 해결되진 않습니다. 논두렁 깡패들에게나 써먹던 협박 같은 거, 저한테는 하지 마십시오. 분명히 말씀드리는데 저와 제 가족은 물론이고 권사장과 그 가족들 중, 단 한 사람이라도 오늘은 물론이고 향후에도 불미스러운 일을 겪게 되면 그것은 다 사장님께서 시킨 일로 간주하겠습니다. 죽음이 두렵지 않느냐고요? 저라고 왜 죽는 게 두렵지 않겠습니까? 하지만 구차하게 목숨을 부지하는 것보다는 하루를 살더라도 사람답게 사는 쪽을 택하고 싶습니다. 그런 종류의 인간들은 저 말고도 적지 않다는 것을 잊지 마십시오."

다음 날 오후 약정한 시간이 지나도록 최사장은 아무런 연락도 없었다. 준서는 권사장에게 최사장 부자의 악행을 정리해서 녹취 내용과 함께 검찰로 보내 고소하도록 했다. 그날 밤 준서는 마레 마리스를 나와서 집으로 향하던 중 교통사고를 당했다. 준서가 캄캄해진 해안 커브길을 돌며 브레이크를 밟자 갑자기 브레이크가 말을 듣지 않았다. 브레이크는 마치 허공을 밟는 것처럼 힘없이 푹푹 내려갈 뿐이었다. 엔진브레이크를 걸고 사이드를 당겨봤지만 준서의 차는 걷잡을 수 없이 요동치며 미끄러져 내려갔다. 차가 비탈길로 쑤셔 박히는 순간 준서는 오른쪽 이마를 앞 유리에 세게 부딪히며 정신을 잃고 말았다. 준서의 차는 다행히 관목림과 덤불숲 속에 있던 커다란 바위에 부딪히며 가까스로 멈춰 섰다.

정신을 차려보니 병원 응급실이었다. 준서의 손을 잡고 있던 수연은 갈비뼈에 금이 가고 이마를 여섯 바늘이나 꿰맸으니 당분간 조심해야 한다고 전해줬다. 준서가 병원에서 치료를 받고 있는 동안 권사장은 최사장을 만나서 마레 마리스 1호점을 제외한 모든 것을 최사장에게 헐값에 넘기고 고소를 취하하는 조건으로 합의를 봤다.

"조금만 더 기다리시지 그랬어요. 그런 놈들한테 그렇게 뺏겨서는 안 되는데……."

준서는 너무 분해서 가슴이 떨렸다.

"죄송해요 선생님, 선생님께서 다치셨다는 말을 듣고 저는 그냥 모든 것을 포기하고 싶었어요. 그나마 1호점 하나만이라도 건진 것이 천만 다행이라고 생각해요. 저 같은 것 때문에 선생님이 잘못되기라도 했으면 저는 정말 살고 싶지 않았을 거여요."

권사장은 눈물을 글썽거리며 준서의 눈을 바라봤다. 준서는 입술을 깨물며 권사장의 앙상한 손을 꼭 잡았다.

우리의 사업장을 삼키려는 하이에나는 도처에 깔려있다. 잠시라도 한 눈을 팔거나 약점을 보이면 그들은 우리의 숨통을 끊어놓기 위해서 달려든다. 긴장의 끈을 놓지 말아야 한다. 특히 계약을 할 때는 더욱 신중해야 한다. 누구의 소개든 그것은 중요하지 않다. 사람을 보지 말고 계약서를 꼼꼼하게 살펴봐야 한다. 본래 인간은 믿을 대상이 아니다. 인간은 그저 이해하고 용서하고 사랑해줘야 할 대상일 뿐이다.

이 내용은 A광역시에서 착실하게 성장하던 중소 카페 프랜차이즈업체를 집어 삼킨 조폭 기업의 사례를 재구성한 내용이다.

# 이론과 현실의 차이

한 바탕 쓰나미가 몰고 간 후 준서의 집에도 평화가 찾아왔다. 때맞춰 구중서씨가 T지역에서 예식사업을 하고 있는 한윤모 사장을 소개시켜줬다. 한윤모씨는 시내의 노른자 땅에 몇 채의 빌딩을 가지고 있었는데 그 중 한 채를 자신의 사무실로 쓰고 있었다. 사무실로 쓰고 있는 건물 1층은 그가 직접 운영하는 식당도 있었다. 120평 규모에 일본식 우동과 덮밥전문점을 운영하고 있었는데 한 눈에 봐도 영업이 잘 되는 것 같아보이지는 않았다.

"그럭저럭 영업은 되는데 통 재미가 없네요. 이것저것 제하고 나면 남는 것이 없어요. 그나마 제 건물이라서 그렇지 임차건물이었으면 적자를 면치 못했을 거여요."

살집 좋은 붉은 얼굴에 미간을 잔뜩 찌푸리며 한윤모씨는 한숨을 내쉬었다. 원래는 일본식 냉동 초밥과 회을 저렴하게 팔고 있었는데 T대학 외식경영학과 Y교수에게서 컨설팅을 받은 다음 지금의 콘셉트로 바꿨다고 했다.

"이렇게 바꾼 지는 얼마나 됐나요?"

"한 5개월 쯤 됐어요. 그 전에 냉동 스시와 회는 한 2년 정도 영업을 했었고요. 그런데 바뀌고 나서 오히려 전 보다 더 영업이 되질 않아요. 직원들도 그렇고 저도 의욕을 잃어서 이제는 다 그만두고 세나 놓을까 싶어요."

"매장의 덩치가 워낙 커서 세도 쉽게 나갈 것 같지는 않은데요!"

"뭐 안 되면 반으로 나눠서라도 세를 놓던지 해야겠지요. 그 전에 마지막으로 선생님께 자문을 구해보려고 이렇게 뵙자고 한 것입니다."

준서는 한윤모씨의 매장이 바뀌기 전과 바뀐 후의 매출 변화와 메뉴의 상관관계, 매장 주변의 상권을 면밀히 분석해봤다. T대학의 Y교수가 콘셉트를 잘못 잡은 것 같지는 않았다. 한윤모씨의 건물 주변은 젊은이들의 유동이 많은 곳이기 때문에 이론적으로는 Y교수의 콘셉트20대 남녀가 즐겨 찾는 매장가 결코 나쁘지는 않았다. 문제는 2년 이라는 짧지 않은 세월 동안 냉동 초밥과 회를 저렴하게 팔면서 쌓아놓은 고객층을 하루아침에 무너뜨리고 메인 메뉴를 무리하게 바꾼 것이었다.

기존 매장을 리뉴얼할 때는 먼저 SWOT분석경영전략 기법 중 하나. 기업의 외부 환경을 분석하고, 강점(Strengths)과 약점(Weakenesses), 기회(Opportunuties), 위협(Threats)요인을 규정하여 마케팅 전략을 수립한다을 해서 장점은 살리고 약점을 보완하며 위기와 기회요소를 적절하게 대처해야 성공의 확률을 높일 수 있다. 무조건 현재의 그림자를 지우고 새롭게만 한다고 해서 성공을 한다는 보장은 없는 것이다. Y교수가 메인 메뉴로 잡은 일본식 덮밥

류는 서울에서도 일부지역에서만 시선을 끈 메뉴로써 지방에서는 아직 시기상조라고 볼 수 있는 아이템이었다. 결정적으로 한윤모씨의 매장은 일본풍이라는 것이 가장 마음에 걸렸다. 일주일 후 준서는 한윤모씨와 마주해서 분석한 자료를 보여줬다. 돋보기를 쓰고 자료를 대충 훑어보던 한사장은 돋보기 너머로 준서를 올려보며 말했다.

"선생님, 우동과 돈부리는 일본식이니까 당연히 매장 분위기를 일본풍으로 해야 하는 것 아닌가요?"

"글쎄요. 일본풍이라든지 미국풍이라든지 하는 콘셉트는 이미 철이 지난 상품 같아 보입니다. 미국풍 보다는 차라리 미국이 되게 하든지 일본이 되게 하는 편이 오히려 나을 거여요."

"무슨 뜻이지요?"

"요즘은 해외여행을 가거나 유학을 하는 사람들이 참 많잖아요. 그 사람들은 대부분 오피니언 리더급이라 할 수 있겠지요?"

"그렇겠지요."

"그런데 이것도 저것도 아닌 어설픈 모방정도의 디자인을 그 사람들이 좋아할까요?"

"……."

"그럴 바엔 차라리 미국이나 일본의 일부분을 통째로 옮겨온 듯 한 디자인이든지 아니면 아예 전혀 다른 분위기로 연출하는 편이 나을 거라는 뜻입니다."

"그럼 다 뜯어버리고 공사를 새로 해야 할까요?"

"글쎄요. 뭐 그렇게까지 할 필요는 없을 것 같고요. 몇 가지만 고치면 그럭저럭 쓸 수는 있을 것 같네요."

한윤수씨는 영 미심쩍은 얼굴로 준서를 바라봤다.

"사장님께서 결단을 내리셔야 합니다. 할까 말까 망설이는 마음으로는 아무 것도 하지 않는 편이 나을 겁니다."

"아니 그게 아니고요…… 그러니까……. 뭐, 돈은 얼마나 더 들까요?"

"글쎄요. 저는 인테리어 업자도 아니고 이 일을 진행하면서 대가를 바라고 하는 일도 아닙니다. 구중서씨의 부탁으로 한사장님을 만나기는 했는데 중요한 것은 경영자의 소신이 아닐까요?"

"그야 그렇지요. 장사만 잘된다면야 선생님께 서운하지 않게 사례는 넉넉하게 하겠습니다."

한사장은 누런 금니를 번쩍이며 여유있게 웃었다. 준서는 그 모습에서 왠지 마레 마리스를 집어삼킨 최사장의 얼굴이 오버랩됐다.

"사장님, 뭔가 오해가 있으신 것 같네요. 아무래도 저는 이 일에 적합하지 않은 것 같습니다. 제가 해 드릴 수 있는 얘기는 냉동 스시든 우동이든 덮밥류든 경영자가 소신을 가지고 꾸준히 밀어 붙여야 한다는 정도입니다. 그럼 번창하시길 바랍니다."

준서는 한윤수씨와 짧게 악수를 하고 돌아섰다. 준서가 T지역에 창업지원센터를 설립하려는 것은 어디까지나 가난하고 어려운 사람들을 위해서였다.

'구중서씨는 도대체 무슨 뜻으로 저런 사람을 내게 소개시켜준 것일까?'

이튿날 준서는 구중서씨를 만나 한윤모사장 일에 대해 유감을 표명했다. 그 자리에는 40대 중반의 남성이 함께 나왔다. 2년 전 H조선회사에서 감원을 당한 뒤 창업을 꿈꾸는 박종술씨였다. 평소에 요리에 관심이 많았던 박씨는 회사를 나오자마자 요리학원에서 양식조리기능사 자격증을 취득하고 1년 8개월 간 B도시에서 주방 보조를 하며 요리를 배우고 있었다. 40대 중반의 나이에 아직 노총각인 박종술씨는 나이보다 훨씬 젊고 패기도 있어 보였다.

"창업하고 싶은 업태는 정하셨나요?"

"네, 이탈리언으로 하려고요."

"이탈리언이라면 파스타나 피자를 취급하겠다는 건가요?"

"네, 저는 원래 파스타라는 것은 먹어본 적도 없어요. 그런데 우연한 기회에 이탈리아 여행을 갔다가 파스타랑 화덕피자를 처음 먹어보고는 완전히 그 맛에 반해버렸어요. 회사 재직 중에도 틈만 나면 우리나라에서 내로라하는 파스타집과 화덕 피자집을 다녔어요."

박종술씨는 고생이라고는 해본 적이 없는 듯 생글거리며 준서를 바라봤다.

"그랬군요. 아시겠지만 피자는 대중음식이라서 클래식한 리스토란테에서는 취급하지 않았어요. 테라토리아 같은 캐주얼 레스토랑에서 사이드메뉴로 취급했었죠. 그러던 것이 어느 순간 피제리아라는 화덕

피자전문점이 생겼어요. 일본은 몇 년 전부터 나폴리 화덕피자 전문점들이 상당한 붐을 이루고 있답니다. 우리나라에도 서울을 중심으로 몇 년 전부터 생기기 시작하고 있는데 상당한 인기를 끌고 있습니다.”

“기회가 닿는다면 저도 일본에 벤치마킹 가고 싶어요.”

박종술씨는 눈을 반짝이며 준서 쪽으로 몸을 기울였다.

“여기계신 손준서 선생님께서 우리 지역에 창업지원센터를 설립하면 일본 연수 투어도 가능할 거여요. 그렇지요?”

잠자고 있던 구중서씨가 준서의 얼굴을 빤히 바라보며 끼어들었다.

“정말요? 그렇게만 된다면 정말 좋겠어요. 제가 1호로 수강 신청할 겁니다.”

박종술씨는 흥분된 어조로 말을 받았다.

“글쎄요. 가능은 하겠지만 아직은 기획단계라서…….”

준서는 머리를 긁적이며 두 사람을 바라봤다.

이듬해 3월, 준서는 소상공인지원센터 구중서씨의 끈질긴 요청으로 T지역에 창업지원센터를 설립하고 명예퇴직자와 매출이 저조한 영세 자영업자들을 대상으로 비즈니스 스쿨을 시작했다. 박종술씨는 제일먼저 창업지원센터에 입소했다. 1기생은 25명으로 시작했다. 준서는 창업에 앞서서 반드시 준비해야 할 정신적인 요소가 있음을 강조했다. 그리고 누구든 이 과정을 충실히 이수 받아야만 다음 교육 단계인 시스템 교육을 받게 했다.

"MBA 과정을 공부해도 누구 하나 창업정신을 가르치진 않습니다. 그저 마케팅과 경영관리 등 경영기법에만 초점이 맞춰져 있을 뿐이죠. 그러나 조그만 구멍가게 하나를 하더라도 창업정신이 살아있는 사람은 발전을 하는 법입니다.

반면 현재 아무리 큰 주식회사를 운영하고 있는 CEO라 할지라도 창업정신을 잃어버린 사람은 오래가지 못합니다. 기업은 달리는 자전거와 같습니다. 달리는 것을 멈추는 순간 경쟁자들로부터 따돌림을 당하거나 쓰러지고 맙니다. 일본의 선각자 이시다바이칸石田梅岩1685~1744년, 에도막부 1739년, 교토에서 상인정신을 가르친 선각자과 같은 사람은 한국에도 분명히 있었습니다. 조선의 거상 임상옥이 그런 분이었습니다. 그러나 그의 상인정신은 찻잔속의 미풍이 되고 말았습니다. 후학들이 그의 상인정신을 계승하고 발전시키고자 하는 노력을 하지 않았기 때문입니다. 반면 일본의 이시다바이칸은 위대한 족적을 남겼습니다. 상인정신은 물론 현대 일본인의 덕목이라 할 수 있는 성실함과 친절함이 깃든 가풍에도 지대한 영향을 끼쳤습니다. 물론 한국은 오랜 외세침탈로 인해 진정한 상인정신을 꽃피우기 어려웠던 것도 사실입니다.

이제부터라도 늦지 않았습니다. 우리부터라도 분명하고 확고한 창업정신으로 무장하고 어떤 경우에도 원칙과 도리를 지키는 사업가가 돼야 합니다. 빨리 성공하겠다는 생각은 버리십시오. 빨리 성공할 것을 꿈꾸는 회사는 빨리 무너집니다. 어떤 일이 있더라도 원칙을 지키는 사업가가 결국은 누구보다 튼튼한 회사를 후대에게 물려줄 수 있습니다. 언젠가는 지금 우리가 흘린 땀방울이 밑거름이 돼서 우리의 자녀들에게 아름다운 상도덕과 기업가 정신을 물려줄 날이 올 것입니다.”

준서는 비즈니스 스쿨의 교육생들에게 자신이 만든 교재를 선물했다. 비즈니스 스쿨의 교육과정은 총 6주 차였는데 3,4주 차에는 해물전문점의 김사장과 마레 마리스의 권사장에게 강의를 부탁해서 창업 성공사례를 발표하게 했다. 교육생들은 자신들과 같은 처지였던 김사장과 권사장이 번듯하게 성공하는 과정을 들으면서 더욱 큰 용기를 얻었다.

권사장은 말주변도 좋고 유머감각도 있어서 교육생들이 전혀 지루해하지도 않고 적잖은 도움을 받는 것 같았다. 김사장은 조선회사에서 명예퇴직을 당하고도 특유의 뚝심과 성실함으로 T시의 외식업소 중에서 이직률이 가장 낮은 업소가 된 비법을 공개했다. 더불어 2년 연속 소비자 만족도 조사에서 최우수 등급을 받은 10개 외식업소 중 하나로 뽑혔다는 점을 중점적으로 소개했다. 명예퇴직을 당하고 새롭게 창업하고자 하는 교육생들은 김사장에게서 성공 노하우를 알아내고자 질문을 퍼부어댔다. 특히 같은 조선회사에서 명예퇴직을 당한바 있는 박종술씨는 김사장을 선배님이라고 부르며 잘 따랐다.

준서는 교육 프로그램 안에 일본의 우수 매장 벤치마킹 연수계획을 넣었다. 우수 업체를 섭외하고 커리큘럼을 만드는 일은 U&I 컨설팅사 외식사업부 직원들을 활용했다. U&I 컨설팅사의 임원이 된 이시하라 선배는 바쁜 와중에도 준서의 프로젝트에 많은 도움을 줬다. 준서는 교육생들을 인솔해서 일본에 갈 때마다 이시하라 선배를 만나서 많은 얘기를 나누곤 했다. 노하라 회장의 건강 상태가 예전 같지 않아서 U&I 컨설팅사의 조짐이 좋지 못하다는 얘기도 있었다. 그 얘기를 듣는 내내 준서는 이시하라 선배의 얼굴을 똑바로 쳐다보지 못했다.

"한 번 찾아뵙지 그래? 자네를 많이 그리워하는 것 같던데."

"아닙니다. 제가 회장님을 볼 면목이 없어요."

이시하라 선배는 말없이 준서의 등을 토닥였다.

# 영원한 멘토

T시의 창업지원센터 비즈니스 스쿨은 기수를 더 할수록 교육생들이 늘어났다. T시의 시민들 뿐 아니라 인근의 M시와 Y시에서도 교육생들이 찾아왔다. 현직에 있는 공무원과 회사원들 중에서도 비즈니스 스쿨에 들어오고 싶어 하는 사람들이 생겼다. 대부분 퇴직 후 제 2의 삶을 준비하겠다는 의욕이 있는 사람들이었다. 준서는 구중서씨와 협의해서 주말 특강을 마련했다. 주말 특강에는 석주에게 디자인 마케팅 강의를 부탁했다. '매출을 올리는 디자인', '맛있는 디자인'이란 제목으로 석주는 맛깔스러운 디자인 강의를 시작했다.

원래부터 홍익대학교 디자인학과 외래교수로도 활동 중인 석주의 인기는 가히 폭발적이었다. 석주가 강의를 하는 날엔 T대학의 디자인학과 학생들까지도 청강을 오는 탓에 창업지원센터에서 가장 큰 대 회의실에서 강의를 해야만 했다. 그도 그럴 것이 석주는 한국의 내로라하는 외식 레스토랑 디자인 실무를 해온 화려한 경력에 걸맞게 생생하고 현실감 있는 실무 강의를 펼치기 때문이었다. 강의가 있는 주말이 되면 석주는 식구들을 데리고 금요일 저녁에 내려와서 준서와 함께 지냈다. 준서는 석주에게 쥐꼬리만 한 강연료를 주는 것이 못내 아쉬웠지만 석주는 전혀 개의치 않았다.

토요일에 석주와 준서가 비즈니스 스쿨로 강의를 하러 가면 수연은 윤화를 데리고 촛대바위로 낚시를 하러 가곤 했다. 사실 낚시는 핑계였고 수연과 윤화는 바닷가에서 서로의 남편과 시어머니 흉을 보는 재미로 시간 가는 줄을 모르며 지냈다. 장맛비가 그치고 오랜만에 뽀얀 햇살이 드러난 6월 세 번 째 토요일, 수연은 윤화를 데리고 낚시를 다녀왔다. 오랜만에 큼직한 우럭으로 손맛을 본 터여서 그날 저녁엔 우럭 매운탕을 끓였다.

"형수님, 오늘은 우리 흉을 안 보고 제대로 고기를 잡았나 봅니다?"

석주가 수연을 보며 넉살을 부리자 수연도 만만치 않게 받아친다.

"호호호, 어떻게 알았어요? 오늘은 강의하면서 귀가 덜 간지러웠나 봐요?"

"하하하하⋯"

석주와 윤화는 저녁을 먹고 서울로 올라갔다. 보통은 일요일 오후에 올라가곤 했는데 이번에는 아이들을 데려오지 않아서 마음에 걸리는 모양이었다. 장모님은 이번에도 석주의 차에 각종 푸성귀를 가득 채워 주셨다. 석주를 배웅하고 집안으로 들어오던 준서는 이시하라 선배로부터 전화를 받았다.

"회장님께서 운명하셨네⋯⋯."

“…….”

　순간 숨이 턱 막혀버린 준서는 아무런 대답도 할 수가 없었다. 사인은 급성 심근경색이었다. 향년 67세, 오래 전 아버지께서 돌아가셨던 그날처럼 준서는 머릿속이 멍해져서 도무지 정신을 차릴 수가 없었다. 준서는 밤새 한 잠도 이루지 못한 채 새벽 첫 차를 타고 공항으로 갔다. 도쿄 세타가야世田谷에 있는 노하라 회장댁 근처의 장례식장 앞에는 검정색 상복을 입은 문상객들이 긴 행렬을 이루고 있었다. 그 길이가 어마어마해서 준서는 두 시간을 꼬박 기다린 끝에 노하라 회장의 영정 앞에 설 수가 있었다. 준서는 노하라 회장의 영정 앞에서 소리 없이 울었다.

　‘한 번 찾아뵙지 그래? 회장님께서 자네를 많이 그리워하는 것 같던데…….’

　이시하라 선배가 해줬던 말이 자꾸만 가슴을 찔러댔다. 비교적 담담한 표정으로 문상객들을 맞이하던 사모님은 준서의 손을 마주잡고 흐느껴 울었다. 준서가 한국지사장으로 근무하던 시절 휴가철이 되면 사모님은 늘 회장님과 함께 한국을 다녀가곤 했다. 준서는 그간 여러 차례 두 분과 동행했었기에 사모님과도 각별한 정이 쌓여있었다. 특히 두 사람은 한국에 올 때마다 경북 안동에서 꼬박 하루를 지내곤 했다. 모든 장례 절차가 끝났다.

　한국으로 돌아오기 전 마지막으로 찾아 온 준서에게 사모님은 뜨거운 차 한 잔을 손수 내줬다. 김이 모락모락 피어오르는 찻잔을 받아든 준서에게 사모님은 담담한 표정으로 얘기를 꺼냈다. 회장님의 아버지는 한국인이었다. 경북 안동이 고향인 안동 김씨 후손으로 일제 강점기에 징용으로 끌려와 해방 후 일본에서 정착한 재일교포셨다. 요코하마 근교에서 철공소를 하던 회장님의 아버지는 명석한 외아들을 위해서 귀화를 결심했다. 노하라 회장은 그렇게 철저하게 일본인으로 살아갔던 것이다. 사모님 또한 조부가 재일교포셨기에 두 사람은 서로의 아픔을 나누며 자주 한국을 방문했다. 언젠가 은퇴를 하면 회장님은 안동에 한옥을 짓고 여생을 보내고 싶다는 뜻을 여러 차례 밝혔다고 한다. 그 사실을 전해 들으며 준서는 또 한 번 가슴이 미어지는 아픔을 느꼈다.

'그것도 모르고 생전에 한 번 찾아뵙지도 못했으니…….'

사모님은 회장님의 유지를 받들어 유품이라도 안동에 모시고 싶다고 했다. 준서는 기꺼이 돕겠노라고 약속드렸다.

준서가 하네다공항에서 아침 첫 비행기로 일본을 떠나던 날, 이시하라 선배가 공항까지 찾아왔다. 회장님이 작고한지 얼마 되지도 않았는데 U&I 컨설팅사는 벌써부터 사분오열될 조짐이라고 했다. 이시하라 선배는 자기와 함께 일본에 남아 본사를 지키자고 했다. 선배의 눈에는 눈물이 그렁그렁 맺혀있었다. 준서는 이시하라 선배를 꼭 안아주었다. 그리고 서둘러 비행기에 올랐다. 발걸음이 차마 떨어지지 않았지만 준서는 한국에서 자신이 해야 할 일을 생각하며 어금니를 깨물었다.

비행기가 높이 오르자 작은 뭉게구름 사이로 도쿄만이 보였다. 노하라회장은 저기서 무슨 꿈을 꾸었을까? 자신의 몸에 한국인의 피가 흐른 다는 사실을 준서는 물론이고 최측근에게도 밝히지 않았던 이유는 무엇이었을까? 태어나서 자라난 일본과 한국 사이에서 무슨 생각을 했을까? 그러고 보니 노하라 회장은 생전에 준서를 혹독하게 단련시키기도 했지만 드러나지 않게 각별한 애정을 쏟았다는 것이 느껴졌다. 준서가 한국지사장으로 발령을 받아 출국을 앞둔 어느 날 노하라 회장은 긴자의 작은 술집에서 준서에게 그렇게 당부했었다.

"자네는 결국 나를 뛰어넘어야 하네."

"네? 제가 감히 어떻게 회장님을……."

"부단히 노력하게, 책 읽기를 멈추지 말고, 선진국의 우수 사례를 끊임없이 분석하고 연구하게. 결코 자만하지 말게. 경쟁자들은 신경 쓰지 말고 오직 자네 자신만을 경계해야 하네. 모든 답은 반드시 내 안에 있다는 것을 잊지 말고……."

따끈한 사케를 마신 탓인지 노하라 회장의 눈은 촉촉하게 젖어있었다.

# 위기탈출 넷,
# 나폴리 화덕피자 전문점

창업지원센터 비즈니스 스쿨 1기 졸업생 중, 예상했던 대로 박종술 씨가 가장 먼저 창업을 했다. 그는 준서의 주선으로 일본의 피제리아에서 한 달간 피자연수를 하고 와서 바람대로 피제리아이태리피자전문점를 오픈했다. 매장은 T시의 중심부에서 다소 벗어난 곳에 37년간 수제 양복점을 운영하던 허름한 2층 건물을 임대 · 수리하기로 했다. 박종술씨는 건물주와 10년간 장기 임대계약을 했다. 매장 콘셉트는 지중해나 이태리의 변두리 피제리아 느낌으로 설정했다. 건물은 이면도로를 끼고 있어서 주차하기에 용이하며 차량 접근성도 나쁘지 않았다. 주 메뉴는 나폴리 화덕피자이고 사이드 메뉴는 파스타 4종크림파스타 2종, 토마토파스타 2종과 샐러드 스테이크&깔조네 피자였다. 준서는 콘셉트 구성에 따른 메뉴개발에도 적극 참여했다.

화덕은 이태리에서 직접 공수해왔다. 국내산 화덕도 좋은 것들이 많이 있었지만 도저히 해결할 수 없는 부분이 있어서 어쩔 수 없이 화덕만큼은 수입을 했다. 화덕 피자의 생명은 화덕의 화산석과 내부온도에 달려있다. 화산석을 달구는 방법은 장작, 석탄, 가스, 전기 등이 있다. 화덕피자는 직접적인 열로 구워지는 것이 아니라 달궈진 화산석의 대류 온도에 의해서 구워지는 것이다. 당연히 화산석의 종류에 따라 뿜어지는 원적외선이 각각 다를 수밖에 없다. 가장 이상적인 화덕 내부 온도는 하부 400℃, 상부 500~550℃이다. 피자가 투입되고 90초 이내에 구어내야만 바삭하면서도 쫄깃한 피자가 완성될 수 있다. 장작이든 석탄이든 열을 올리는 재료는 그다지 중요한 것이 아니다. 일정한 온도를 유지할 수 있는 재료면 무엇이든 상관이 없다. 그러나 대부분의 사람들이 참나무 장작구이가 맛이 있을 거라고 착각을 한다. 이태리를 포함한 유명 화덕피자 전문점 중에는 석탄을 주원료로 활용해서 피자를 구어 내는 곳도 많이 있다. 박종술씨는 오랜 기간 창업을 준비해온 사람답게 매사에 열정을 가지고 달려들었다.

"화덕피자는 90초 내에 고온에서 재빠르게 구워내야 하기 때문에 화덕 내에서 도우를 돌리는 솜씨가 중요합니다."

"네, 선생님 열심히 연습하고 있습니다. 처음 일본에서 연수받을 때는 도우를 태우기도 하고 찢어먹기도 했는데 요즘엔 곧잘 굽고 있어요."

"요리는 오랜 시간 몸에 익어야만 자연스럽고 균일한 품질의 요리가 만들어지는 것입니다. 더욱 열심히 준비하세요."

"네, 선생님 저는 그저 시키는 대로 열심히 준비하겠습니다."

"하하하, 시키는 대로만 하는 것은 좋지 못해요. 본인이 주체가 돼서 매장 구성의 흐름을 이해해야 해요. 누차에 걸쳐서 말씀드리지만 저는 고기를 주는 사람이 아니라 고기 잡는 법을 알려주는 사람이어야 해요."

"네, 감사합니다."

박종술씨는 언제나 생글거리는 얼굴로 준서의 얘기를 경청했다. 준서는 그런 박종술씨가 여간 대견한 것이 아니었다.

'저 정도의 열정이라면 머지않아 성공을 거둘 수 있겠는데!'

내심 기대도 컸다. 꼬박 3개월간의 준비 끝에 드디어 박종술씨의 매장이 오픈을 했다. 오픈 첫날 엄청나게 많은 손님들이 찾아왔다. 하루 종일 얼굴이 벌개져서 피자를 구워내던 박종술씨는 잔뜩 들떠서 준서를 바라봤다.

"선생님 대박인데요. 오늘 정말 손님 많이 왔어요."

"대박이라고 할 수 없습니다. 오늘 오신 고객들은 대부분 창업지원센터 비즈니스 스쿨 동기들과 사장님의 지인들이었어요. 진정한 고객은 20%도 안 됐어요."

"에이, 뭘 그렇게 걱정하세요. 두고 보세요. 곧 엄청나게 몰려올 거여요."

박종술씨의 바람과 달리 고객은 오픈 첫날을 기점으로 점점 줄어들더니 1개월이 되자 1/4로 줄어들었다. 초조해진 박종술씨는 직접 거리로 나가서 전단지를 뿌렸다. 준서는 다양한 방법으로 박종술씨의 매장을 프로모션했다. 매장의 주 고객층으로 세팅된 30~40대 여성 중 깔끔하고 예쁜 아주머니를 모델로 삼아 사진을 찍었다. 화덕피자를 먹으며 환하게 웃는 얼굴을 넣어 전단지를 만들었다. 전단지를 살포하는 한편 블로거 포스팅도 잊지 않았다. 그러나 손님은 좀처럼 늘지 않았다. 오픈 두 달이 지났다. 눈에 띄게 수척해진 박종술씨는 광대뼈까지 내려온 다크 서클을 감추지도 못한 채 손톱을 물어뜯곤 했다.

"선생님, 어떡하죠? 이론적으로 아무리 공부를 했어도 막상 현실로 닥치니까 정말 초조해지는데요."

"초조해 하지 마세요. 피제리아가 우리 T시에서는 다소 앞선 아이템일겁니다."

"그럼 메뉴를 좀 바꿔볼까요?"

"안 됩니다. 지금 메뉴를 바꾸는 것은 매우 위험한 일입니다. 조금만 더 느긋하게 기다리세요. 손톱 물어뜯는 버릇부터 좀 고치세요. 비위생적으로 보이잖아요? 그리고 사장님이 그렇게 초조해하면 직원들은 더욱 흔들리게 됩니다. 직원들이 흔들리면 고객들은 더욱 멀어지게 돼요. 지금 필요한 것은 끈기입니다."

"네, 알겠습니다."

준서에게서 야단을 들은 박종술씨는 며칠 동안은 정신을 차린 듯 열심히 일을 했다. 그러나 고객이 생각했던 것만큼 늘어나지 않자 다시 의욕을 잃었는지 매장을 늦게 열고 제멋대로 매장 문을 일찍 닫기도 했다. 걱정이 된 준서가 여러 가지로 코치를 해도 그때뿐이었다. 5월 11일, 그날은 토요일 저녁이었다. 그날도 박종술씨는 매장 문을 일찍 닫고 사라져버렸다. 준서는 수소문 끝에 그를 시내의 모 주점에서 찾아냈다. 박종술씨는 커다란 덩치에 걸맞지 않게 축 쳐진 모습으로 혼자서 소주잔을 기울이고 있었다.

"박사장님, 도대체 왜 이러세요. 고객은 반드시 늘어납니다. 제발 끈기를 가지고 최선을 다하세요."

"아니어요. 아무래도 저는 안 되는 놈인가 봐요. 어릴 때부터 지지리도 복이 없었으니……. 잘 될 턱이 있겠어요? 처음부터 하지 말았어야 했나봐요."

땅이라도 꺼질 듯이 내품는 박종술씨의 한 숨 속에 술 냄새가 진동을 했다. 벌써 여러 병을 마신 모양이었다.

"박사장님, 겨우 이거밖에 안 됩니까? 이제 조금만 더 버티면 되는데……."

준서는 퀭한 박종술씨의 눈 속에서 초점을 잃고 흔들리는 눈동자를 봤다. 그는 준서의 눈을 똑바로 보지도 못한 채 혼잣말처럼 중얼거렸다.

"그냥 저를 내버려 두세요."

그때였다. 어디선가 나타난 노인이 박종술씨의 멱살을 잡더니 주점 밖으로 끌고 나갔다. 커다란 덩치의 박종술씨는 비쩍 마른 노인의 손에 잡힌 채 너무도 순순히 끌려 나갔다. 순식간에 벌어진 일이라 준서는 제대로 말리지도 못한 채 노인의 뒤를 따라 나왔다.

"너 뭐하는 놈이야? 이렇게 술이나 퍼 먹는다고 문제가 해결되겠냐?”

　노인은 박종술씨의 멱살을 잡고 흔들다가 길거리에 내동댕이쳤다. 길바닥에 쓰러진 박종술씨는 일어날 기미를 보이지 않더니 땅바닥에 엎드린 채 소리죽여 울기 시작했다. 노인은 시골에서 농사를 짓고 있는 박종술씨의 큰 형이었다. 가정 형편이 어려워서 초등학교를 졸업하자마자 막내 동생인 박종술씨를 공부시키느라 당신은 시골에서 농사를 지어야했다. 오랜 세월 오직 동생하나만을 바라보며 뒷바라지 해온 분이었다.

　“이놈아, 내가 그동안은 네가 하자는 대로 무엇이든 지켜봤다. 그런데 이게 뭐냐? 이런 꼴을 보자고 내가 그 험한 세월을 참고 산 줄 아냐? 사남매 중에 달랑 너 하나 대학에 보냈더니 도대체 이게 무슨 꼴이냐? 이런 꼴 보이려거든 차라리 나랑 어디 가서 죽자. 죽어.”

　노인은 엎드린 채 흐느끼고 있는 박종술씨의 넓은 등을 손바닥으로 사정없이 내리쳤다. 주름진 노인의 눈에서 눈물이 줄줄 흘러내렸다.

　다음날 박종술씨는 언제 그랬냐는 듯이 열심히 일을 했다. 누구보다 일찍 출근해서 매장 주변을 깨끗이 쓸고 유리창도 닦았다. 주변 상인들을 보면 먼저 인사를 하고 피자를 구워서 맛을 보여드렸다. 준서는 T지역의 아파트 부녀회장과 여고 동창회장 등 중년의 여성리더들로 매장 에디터를 구성했다. 피제리아의 피자가 미국식 피자와 무엇이 다른지 가르치고 맛보게 했다. 매장 콘셉트를 스토리로 만들어서 개인 블로그에 포스팅 하는 분에게는 소정의 특혜를 드렸다. ‘4인 가족 식사권&화덕피자 무한리필' 효과는 조금씩 나타나기 시작했다. 오픈 3개월이 넘자 그동안 바닥을 기던 매출이 점차 오르기 시작했다.

"박사장님, 고객들을 가급적 회원으로 만드세요. 우선 2,000명의 회원 모집을 목표로 삼으세요."

"2,000명이요?"

"네, 회원 2,000명을 만들면 그 분들이 한 달에 한 번씩만 찾아와줘도 매장은 충분히 운영될 수 있습니다. 우리 매장의 객단가가 15,000원이잖아요. 그럼 15,000원×2,000명=3,000만원, 한 달 매출이 3,000만원이라는 뜻입니다. 그 정도면 아주 큰 수익은 아니더라도 매장을 유지하는 데는 아무 문제가 없을 겁니다. 회원 가입을 하는 분들에게는 많은 혜택을 드려서 부지런히 회원 가입을 시키세요."

"알겠습니다. 선생님. 이번에 저한테 많이 실망하셨죠?"

"아니어요. 그럴수도 있지요. 아무튼 이번 일을 거울 삼아서 앞으로는 그저 앞만 바라보고 열심히 뛰어야 합니다. 시골에 계신 형님을 봐서라도요. 아시겠죠?"

"네!"

박종술씨는 부끄러운 듯 배시시 웃으며 준서를 바라봤다. 회원 가입자는 한 달만에 600명이 넘었다. 이제는 점심시간이 지났는데도 두 세 테이블씩 고객들이 찾아오기 시작했다. 회원 수가 1,300명을 돌파하자 주말엔 일 매출 150만원을 넘는 날이 많아졌고 평일에는 80~90만원 정도의 매출을 올렸다.

물론 아직은 대박 매장이라고는 할 수 없었지만 준서는 머지않아 박종술씨의 피제리아가 T시의 명물이 될 것임을 확신할 수 있었다. 준서는 박종술씨를 창업지원센터 비즈니스 스쿨 1일 강사로 참여시켰다. 박종술씨는 매장을 운영하다가 도중에 포기하려했었으나 고난의 시간을 잘 견뎌서 지금은 매장이 많이 안정됐다고 고백했다. 교육생들은 아낌없는 박수로 화답해줬다.

이 스토리는 서울 종로구 H화덕피자전문점의 창업사례를 부분적으로 각색한 내용이다.

# 사막을 건너는 힘

다사다난했던 한 해가 또 다시 저물어가고 있다. 12월 31일, 저녁식사를 끝낸 준서는 서재에서 노트북을 꺼내 중앙경제매거진에 보낼 칼럼을 쓰고 있었다. 수연이 따뜻한 허브티를 머그컵에 담아왔다. 수연은 준서에게 새해 선물을 주겠다며 눈을 감아보라고 했다.

"그래? 난 아무 것도 준비하지 못했는데……."

"괜찮아 이제 눈을 감고 손을 이리 줘봐"

준서는 수연이 시키는 대로 눈을 감고 손을 내밀었다. 준서의 손끝에 수연의 따뜻한 배가 만져졌다.

"무슨 뜻이야? 당신 혹시?"

눈을 번쩍 뜬 준서가 수연을 바라봤다.

"응, 맞아, 나 임신했어. 노산이라 걱정이 되긴 하는데 의사선생님이 너무 걱정하지 말래."

"얼마나 됐어?"

"이제 5주째 접어들었어."

"그런데 왜 이제야 말을 하는 거야? 몸은 괜찮은 거야?"

준서는 목이 메어서 더 이상 말을 잇지 못했다.

그해 9월 8일, 준서와 수연은 세상에서 가장 예쁜 공주님을 만났다. 간호사로부터 아기를 받아든 순간, 준서는 마치 지구를 받아든 것만 같았다. 곧이어 제왕절개로 출산을 하느라 아직 마취에서 깨어나지 못한 수연이 퉁퉁 부은 채로 이동침대에 실려 나왔다. 희끗희끗한 귀밑머리며 정수리가 노산의 고통을 말해주는 듯했다. 임신 기간 중에는 염색을 할 수 없었던 탓에 수없이 늘어난 새치 때문에 수연은 실제 나이보다 십년은 더 늙어보였다. 수연의 양 눈가에는 눈물이 흐르고 있었다. 무의식중임에도 수연은 출산의 고통과 기쁨이 눈물이 되어 흐르는 모양이었다. 아이의 이름은 민경이라 정했다.

"여보, 고생 많았어, 그리고 정말 고마워."

수연이 마취에서 깨나자마자 준서는 수연의 손발을 부드럽게 주무르며 말했다.

"나도 당신한테 고마워."

수연은 붓기가 빠지지 않은 얼굴로 준서를 바라봤다.

"내가 뭘 한 게 있다고."

"음, 그동안 잘 참고 내 곁에 있어준 것도 고맙고, 여기로 같이 내려

와 준 것도 고맙고, 그동안 내가 엄청 까탈을 부렸음에도 잘 참아준 것
도 고맙고."

"하하 알긴 아네? 어휴 서울에서 내려올 때만 해도 난 정말 숨을 못
쉴 지경이었어."

"알아, 고마워. 그리고 당신한테는 그동안 한 번도 말을 하진 않았지
만 이곳에서 당신이 사람들을 돕는 것을 보고 당신이 존경스러워졌어.
사실은 그래서 더욱 더 애를 낳고 싶어졌던 거야. 존경받는 아빠의 모
습을 보여주고 싶었거든."

준서는 뜨거워진 가슴으로 수연의 부은 손을 잡았다.

출산은 얼마나 위대한 일인가? 쓰러져가는 기업을 회생하고 사람들
에게 삶의 용기를 주는 것도 소중한 일이지만 그 보다 훨씬 거룩하고
가치 있는 일을 오늘 수연은 쉰하나라는 결코 적지 않는 나이에 해낸
것이다. 준서는 수연이 정말 고맙고 자랑스러웠다.

민경이 태어난 지 사흘째가 되던 날 오후, 노크와 함께 병실 문이 살
짝 열렸다. 준서와 수연은 동시에 문 쪽을 바라봤다. 석주가 커다란 과
일 바구니를 들고 병실 문을 들어섰다. 그 뒤를 따라서 자그마한 윤화
가 배시시 웃으며 따라 들어왔다.

"어머머, 이게 누구야? 윤화야! 정말 오랜만이다. 어떻게 된 거야?
그동안 왜 통 연락이 안 된 거니?"

"헤헤 미안해 언니. 그리고 축하해."

준서는 석주를 끌고 병실 밖으로 나왔다.

"어떻게 된 거야? 니들 다시 합친 거니?"

"네, 그렇게 됐어요."

석주는 머리를 긁적이며 멋쩍게 웃었다.

"두 달 전에 둘째가 심하게 아팠어요. 폐렴이었는데 저는 중국 상해로 출장을 가 있어서 어머니가 급한 마음에 아이 엄마한테 연락을 했어요. 그 뒤로 아이 때문에 자주 만나다보니까 그냥 그렇게 됐어요."

"아무튼 잘 했다. 정말 잘 했어."

"그나저나 대단하세요. 그 연세에 아이를 다 낳으시고."

"허허허 그러게 말야."

석주와 준서는 환한 웃음으로 병실 복도를 가득 채웠다.

민경은 신생아실에서 우유를 배불리 먹고 새근새근 잠이 들어 있었다. 유난히 살결이 희고 머리숱이 많은 아기를 바라보며 준서는 속삭였다.

'아가, 인생이란 사막을 걷는 것이란다. 싫든 좋든 누구나 건너가야만 해. 너도 이제 살다보면 느끼겠지만 세상은 좋은 일 보다는 괴롭고 힘든 일이 훨씬 더 많단다. 한 가지 문제를 해결하고 나면 또 다른 문제들이 우리를 끊임없이 기다리고 있지. 그럼에도 불구하고 인생은 꽤 살만하단다. 왜냐하면 인생이라는 그 외롭고 힘든 사막을 걸어갈 때, 하나님께서 우리에게 오아시스를 주셨기 때문이야. 가족이라는 오아시스, 친구라는 오아시스, 동료와 이웃이라는 오아시스 말이야. 민경아, 이제부터 아빠가 너의 오아시스가 돼 줄게.'

준서의 마음을 읽었는지 민경은 잠에서 깨어나 우렁차게 울기 시작했다.



인생에 정답은 없다. 다만 모범답안이 있을 뿐이다. 마르크스 아우렐리우스는 인간은 무엇을 사랑하는가에 따라서 그의 운명이 결정된다고 말했다. 나는 무엇을 사랑하고 있는가? 어떤 것에 관심을 가지고 있는가? 5년 뒤, 10년 뒤의 내 모습은 지금 내가 어떤 책을 읽고 있고 누구를 만나고 있는가에 의해서 결정되는 것이다.

준서와 T시의 스토리는 지금도 계속되고 있다. 지금부터는 본격적으로 외식업 창업&경영 성공포인트를 구체적으로 파고들 것이다. 다소 중복되는 내용도 있다. 그것은 그만큼 중요한 것이기 때문에 강조하기 위한 것이다. 처음엔 좀 쉽게, 뒤로 갈수록 깊이 있게 파고들 수 있도록 구성했다.

# 외식업 창업&경영을 위한 성공 포인트

## – 금쪽같은 창업&경영 실무 노트

인간은 누구나 사명을 가지고 이땅에 태어난다. 먼저 나의 사명은 무엇인가를 알아내야 한다. 그 사명을 모토로 창업정신을 수립한 다음에 창업을 하라. 자신의 사명과 창업정신을 가볍게 여기는 사람은 결코 성공할 수 없다. 2부는 창업을 준비하거나 경영에 어려움을 겪고 있는 분들께 지침이 될 만한 경영, 마케팅, 조직관리, 인재, 상권과 입지 등을 분석한 금쪽같은 운영 자료들을 정리해보았다. 1부의 스토리텔링을 충실하게 읽고 나서 운영 자료를 공부하길 바란다.

# 전문음식점 성공 포인트

전문음식점 창업의 핵심 요소라 할 수 있는 10가지 포인트를 짚어본다. 외식업 창업에 대한 자신의 적성은 물론, 상권과 타깃, 메뉴 개발, 인테리어, 그리고 고객 및 운영관리에 대한 것들을 디테일하게 점검할 수 있다.

## 먼저 내 적성부터 살펴라

서비스업, 그중에서도 외식업을 하려면 이것이 내 적성에 맞는지부터 확인해야 한다. 서비스업에 맞지 않는 사람은 아무리 노력을 해도 좋은 결과를 기대하기가 어렵다. 특히 감정의 기복이 심하고 끈기가 부족한 사람은 가급적 서비스업을 하지 않는 것이 좋다. 외식업은 머리회전이 빠른 사람보다 머리회전은 리더라도 끈기가 있는 사람이 성공할 가능성이 높다. 좋을 때는 한 없이 좋다가도 조금 기분 나쁜 일이 있으면 금방 얼굴이 붉으락푸르락 하는 사람이 있다. 그런 사람은 서비스업에 맞지 않는 사람이다. 서비스 정신이 아무리 뛰어나고 교육을 철저히 받은 사람이라 해도 컨디션에 따라서 기복이 심한 사람이라면 자신의 진로를 심각하게 고민해 봐야한다.

인간은 항상 기분이 좋을 수만은 없다. 내 감정을 냉철하게 컨트롤할 자신이 없으면 아예 다른 업종을 찾는 편이 좋을 것이다. **서비스업**

의 가장 기본이 되는 정신은 '변함없음'이다. 내가 궂은 일이 있든 좋은 일이 있든 고객을 향한 태도는 언제나 변함이 없어야 한다. 그 편차가 없으면 없을수록 서비스업에 맞는 사람인 것이다.

'성격이야 차차 고쳐가면서 노력하면 되겠지.'

이렇게 생각하고 외식업에 뛰어드는 사람들도 있다. 그러나 막상 일을 시작하고 나서는 오래지않아 후회하는 경우가 많다. 자금력이 넉넉해서 대형레스토랑을 장만하고 실력 있는 점장을 고용하는 경우라면 성격은 그다지 중요하지 않을 수도 있다. 그렇지만 내가 전적으로 매장을 관리해야 한다면 적성이란 결코 무시할 수 없는 조건이다.

## 상권과 타깃

반경 0.5~1.5km내의 잠재 고객들을 철저히 분석하라. 연령별 인구수, 성별, 경제력, 1주일에 외식을 어느 정도 하는가? 주로 어떤 메뉴를 좋아하는 가? 한 달에 몇 회 외식을 즐기는가? 1회 외식에는 얼마의 돈을 지출하는가? 이 모든 것을 종합해서 주 고객을 설정한 다음 주 고객에 맞는 콘셉트를 정해야 한다.

1차 상권은 도로와도 밀접한 관련이 있다. 6차선을 넘는 도로는 거리에 상관없이 상권이 분리된 것으로 봐야 한다. 1차 상권은 매출에 직접적인 영향을 주는 상권이다. 1차 상권 고객들은 오픈 후 1개월 내로 내 매장에 한번쯤 방문할 가능성이 높은 고객이다.

2차 상권은 반경 2km내를 일컫는다. 오픈 후 3개월 내로는 방문할 가능성이 높은 고객들이다. 3차 상권은 2차 상권 밖의 모든 상권을 지칭한다. 입소문이 얼마나 많이 나느냐에 따라서 방문 여부가 결정된다. 내가 생각하는 아이템은 어떤 상권에 적합할까? 이것을 알려면 먼저 상권의 특징부터 살펴봐야 한다.

상권은 일반적으로 3단계로 나뉜다. **1차 상권은 흩어지는 상권이다.** 흔히 주택가 근처의 상권을 말한다. 대중식당과 호프집이 산재해 있어서 1차로 식사를 한 다음 가볍게 2차에 가서 맥주 몇 잔 마시고 흩어지는 곳이다. 그야말로 동네 상권이다. 이런 곳에 매장을 오픈하는 사람은 늘 한결같은 성격에 친교성도 높아야 성공할 수 있다. 동네 상권에서 인심을 잃으면 끝장이다. **2차 상권은 정체된 상권을 말한다.** 오피스텔가가 이에 해당한다. 대중식당과 호프집, 커피숍 등이 적당히 밀집되어 있는 상권이다. 회식이나 단체고객들이 식사를 하고 호프집에서 가볍게 2차를 한 다음, 커피나 디저트를 먹든 노래방에서 마무리를 하고 흩어지는 곳이다.

**3차 상권은 모이는 상권이다.** 흔히 강남역이나 명동과 같이 교통이 편리하고 모든 것이 갖춰진 상권을 말한다. 대중식당과 커피숍, 식후에 가볍게 한잔 할 수 있는 호프집과 클럽, 대형 노래방도 있고 해장국집과 찜질방까지 갖춰진 그야말로 멀티 대형상권이 이에 해당된다. 당연히 이런 상권은 권리금도 상당하고 임대료도 고액이다. 초보 창업자는 대형 상권을 피하는 것이 좋다. 경험이 부족한 사람이 고정비가 높은 대형 상권에서 창업을 하면 부담이 커서 조금만 힘들어도 오래 버티기가 어렵기 때문이다.

참고로 **외식업을 창업하는 사람이라면 기본적으로 알아둬야 할 법칙이 있다. 5. 3. 2. 8. 12 법칙이다.** 이 숫자를 더하면 5+3+2+8+12=30이다. 30일간 영업을 해서 그중 5일간의 매출로는 인건비를 지급하고 3일간의 매출로는 임대료를, 2일간의 매출로는 관리비를 지급한다. 8일간의 매출은 나의 순이익이 되어야 하며 12일간의 매출이 원재료비에 해당된다. 반드시 그래야만 한다는 것은 아니지만 대체로 위와 같은 원칙에서 크게 벗어나지 않는다. 그러므로 내가 임차한 매장의 임대료 임대보증금은 연 10%의 금리로 계산해서 포함시켜야 한다가 월 300만원이라면 적어도 하루 매출액은 100만원이 되어야 한다.

월 인건비가 1,000만원이면 하루 매출은 200만원을 넘어야 한다. 만일 하루 매출이 200만원이 되지 못한다면 인건비를 500만 원 이하로 낮추거나 매출을 올리기 위해서 분발해야 한다. 매장이 내 소유의 건물이라면 임대료 3은 세이브된다. 당연히 3일치 매출은 내 순 이익으로 편입할 수 있다. 그러나 현명한 사람이라면 3일치 매출을 전부 순이익으로 하기 보다는 그 중 일부를 원재료에 넣어서 경쟁력을 높일 것이다. 물론 이 수치는 매장이 정상적으로 포지셔닝됐을 때를 기준으로 산출한 것이다.

## 콘셉트에 맞는 메뉴&인테리어

주 고객들이 좋아할 만한 메뉴를 골라 전문점 형태로 콘셉트를 잡아야 한다. 이것저것 취급하는 것은 금물이다. 어느 한 분야에 전문성을 가진 특화 음식점으로 고객에게 어필해야 한다. 전체의 70%를 전문 메뉴로 나머지 30%는 주 메뉴와 맞는 사이드 메뉴 몇 가지를 가지고 승부를 걸어야 한다. 어떤 일이 있더라도 이 소신이 바뀌지 않아야 한다. 입지가 먼저냐 메뉴 결정이 먼저냐를 가지고 고민하는 사람이 있는데 그럴 필요는 없다. 콘셉트에 맞는 입지와 메뉴를 함께 결정하는 것이 가장 좋으나 자신감이 있는 메뉴 콘셉트가 있다면 그 메뉴가 어필 될 만한 입지를 찾아 나서는 것도 나쁘지 않다.

흔히 메뉴는 고 관여상품인가 저 관여상품인가로 구분한다. **고 관여상품이란 고객의 관여도가 높은, 가격도 만만치 않은 상품을 말한다.** 예를 들어서 고급 한정식이나 일식, 양식과 같은 메뉴는 고 관여상품이라고 봐야 한다. 고 관여상품은 주차장만 확보되면 입지가 좋지 않아도 상관없다. 오히려 대로변은 피하는 것이 좋다. 반대로 **저 관여상품이란 고객의 관여도가 적은 저가상품을 말한다.**

예를 들어서 패스트푸드나 김밥, 칼국수와 같은 대중음식은 편리한 입지에 깔끔하기만 하면 어느 정도의 영업이 보장되는 저 관여 상품이다. 인테리어도 주 고객Main Target이 좋아하는 이미지로 설정돼야 한다. 이것은 매우 중요한 요소이다. 급하게 마음먹지 말고 차근차근 여유를 갖고 준비해야 한다. 시작은 반이다. 그리고 그 반은 곧 성공으로 가는 길이며 그 길은 콘셉트 잡기에서 결정이 난다.

## 메뉴 개발 노하우

외식업을 운영하는 분들의 고민 중 하나가 바로 메뉴 개발이다. 메뉴 개발만 전문적으로 컨설팅해주는 업체도 있지만 문제는 비용이 만만치 않다는 점이다. 지금부터 메뉴 개발에 대해 살펴보도록 하자.

기존 메뉴로는 매출 향상에 어려움이 따른다면 신 메뉴를 개발해서 신규 고객을 창출해 내야 한다. 물론 그 전에 철저한 사전조사가 필요하다. 또한 아무리 잘되는 메뉴라 해도 시간이 지나면 고객은 식상하게 생각한다. 지금 대박메뉴가 영원할 거라는 생각은 버려야 한다. 메인 메뉴와 사이드 메뉴에서 보완해야 할 것은 반드시 있다. 그렇다고 맛을 자꾸 바꾸라는 뜻은 아니다. 앞서 언급했지만 고객은 마치 나비와 같다. 언제든 나보다 더 향기를 풍기는 매장이 생기면 미련없이 떠나버린다. 그러므로 끊임없이 메뉴를 개발해야 한다.

**세상은 공평한 것이다. 부자에게든 거지에게든 똑같이 24시간이 주어졌다. 부자들은 24시간 중에서 잠자는 시간을 아껴가며 열정을 불살라 자신의 무기를 개발할 줄 아는 사람들이다.** 반면 거지들은 24시간 중 대부분의 시간을 허비하며 불평불만을 일삼는 사람들이다. **외식업은 에너지의 싸움이다. 얼마나 많은 에너지를 내 매장으로 끌어들일 수 있느냐가 승패를 가름한다.** 내 매장에 좋은 에너지를 끌어들이려면 먼저 내가 열정을 품어야 한다. 열정을 가지고 메뉴를 개발하라. 누구든

머지않아 대박메뉴를 개발해 낼 수 있을 것이다.


a. 잘 되는 매장대박매장에 가서 벤치마킹을 하라. 끊임없이 먹어보고 분석하라.

모방은 창조의 어머니라는 말도 있다. 요리 프로그램에서 대박매장에 관한 방송을 하면 챙겨두고 보면서 분석하도록 하라. 가급적 직접 찾아가서 먹어보고 어떤 재료를 써서 맛을 내고 있는가를 끊임없이 먹어보고 알아내도록 하라.


b. 일단 개발해낸 모든 메뉴는 반드시 레시피를 만들어 두라.

우리 매장의 매출을 A, B, C 분석해서 C에 해당하는 메뉴는 과감하게 교체하도록 하라. 메뉴의 A,B,C 분석법은 외식업 경영포인트 209쪽에 소개되어 있다 레시피를 작성해서 맛의 민감한 포인트를 잡아내야 한다. 어떤 재료를 얼마나 섞었을 때 일어나는 맛의 변화를 잡아내려면 먼저 정확한 레시피가 필요하다.


c. 술, 담배를 끊어라.

메뉴 개발을 하는 사람은 반드시 술과 담배를 멀리해야 한다. 미뢰 미각세포는 알코올과 니코틴에 매우 취약하다. 그리고 맛을 볼 때는 반드시 미지근한 물을 준비해 두었다가 입을 헹구면서 맛을 보도록 하라.

### d. 발상의 전환을 하라

일본의 이토신고가 쓴 『오토코마에 두부』라는 책이 있다. 밥상의 부재료에 불과한 두부에 '오토코마에 두부남자다운 두부, 사나이다운 두부'라는 이름을 붙였다. 게다가 맛도 기가 막히게 만들어냈다. 이렇게 남다른 콘셉트로 기존의 상식을 엎어버리고 엄청난 양의 두부를 판매하는 데 성공했다. 이것은 발상의 전환이 이끌어낸 통쾌한 전략의 승리이다.

현대 사회는 한 가지 분야만을 고집해서는 통하지 않는 세상이 됐다. 이공계를 공부하는 사람은 반드시 인문학을 공부해야 하며 인문학을 공부하는 사람 또한 이공계의 메커니즘을 이해할 수 있어야 한다. 이것이 바로 통섭의 원리이며 콜라보레이션Collaboration이라 할 수 있다.

하라 도너츠는 비지로 만든 도너츠로 대 히트를 친 매장이다. 누구나 할 수 있는 똑같은 방식에서 벗어나라. 나만의 방식으로 생각하고 개발하라. 고민하라. 열정을 품고 도전하라. 발명은 천재들만의 전유물이 아니다. 한국의 된장을 넣어 만든 자장면으로 히트를 친 작은 가게 사장님의 얘기도 있다. 순간 화력 500℃ 이상의 짚으로 초벌구이를 한 삼겹살로 히트를 친 사장님도 있다. 순대에 당면과 찹쌀을 넣는 대신에 잘 말린 시래기를 넣어서 대박을 친 작은 가게 사장님도 있다. 그들이 뛰어난 것은 끊임없이 연구하고 개발을 했다는 점이다. 그 열정이 그들을 뛰어나게 만들었다. 맛도 없는 외식업체를 차려서 고객들로부터 돈을 받는 사람을 나는 사기꾼이라고 생각한다. 맛에 자신이 없는 사람은 처음부터 외식업을 하지 말아야 한다. 그런 사람은 결코 성공할 수도 없고 성공해서도 안 된다. 할 수 있다는 신념을 품고 도전하라. 어차피 시작한 외식업이라면 확실하게 성공하는 모습을 보여주자.

### e. 메뉴 개발 시 주의해야 할 점

· 대중적일 것

아무리 획기적인 메뉴를 개발했다 해도 그것이 대중적이지 않은 것이라면 위험한 선택일 수 있다. 시장은 냉정한 것이다. 일반 고객의 86%는 새로운 것을 선택하는 것에 대해 신중하다. 상위 14%에 해당하는 사람이노베이터, 얼리어답터들만 새로운 것에 도전을 한다. 설령 내가 개발한 신 메뉴가 운 좋게 그 사람들의 눈에 띄었다고 해도 일반 대중86%에게 알려지기까지는 상당한 시간대략 3년이 필요하다. 그러므로 대중적이면서도 신선한 아이템을 찾아야 성공의 확률을 높일 수 있다.

· 식자재 구입에 용의할 것

아무리 좋은 아이템이라 해도 원재료를 구하기가 어려운 것이라면 다시 생각해야 한다. 재료를 더 이상 구할 수가 없다면 매장 문을 닫아야 할 수도 있기 때문이다.

· 기본을 잃지 말 것

시간을 쪼개서라도 기본적인 조리법을 공부해 두는 것이 좋다. 할 수만 있다면 자기 분야에 대한 전문 자격증을 취득하는 것도 좋다. 조리에 대한 깊은 이해와 통섭의 원리가 적절히 숙성되어야 비로소 대박 메뉴가 탄생하는 것이다. 열정만 가지고 되는 것이 아니다. 열정과 냉철한 이성지식으로 승부를 걸어야 한다. 끊임없이 몰입하라. 다양한 상상을 하라. 실험정신을 잃지 말라. 인생은 결국 커다란 욕조 안에 들어 있는 물성공. 행복을 내 그릇으로 한 숟가락씩 옮기는 과정이다. 눈앞의 이익보다는 길게 내다보고 도전하라. 결국은 성실한 열정을 품은 자가 승리하게 마련이다.

## Purple Ocean 전략

누구나 할 수 있는 천편일률적인 메뉴나 콘셉트로는 성공을 장담할 수가 없다. 똑똑해진 소비자고객의 니즈를 정확하게 분석해서 나만의 성공 전략, 콘셉트를 만들어야 한다. 그렇다고 지나치게 생소한 콘셉트는 너무 위험하다. 생소한 콘셉트를 일반인들이 인정하고 받아들이는 데까지는 실로 엄청난 시간과 에너지가 소비되기 때문이다.

누구나 알 수 있는 메뉴를 조금 변형해서 독특한 맛으로 느끼게 한다든지 색다른 서비스방식으로 제공해서 신선한 충격을 주는 것이 훨씬 효과적이다. 사업에 블루오션은 아예 없다고 봐야 한다. 지금은 비록 블루오션이라해도 곧 추격자들에 의해 레드오션으로 전락할 가능성이 높기 때문이다. 그러니 아예 처음부터 레드오션 속에서 나만의 차별화 전략을 짜는 것이 성공 가능성을 높일 수 있다.

죽 전문점으로 성공을 거둔 '본죽'의 경우를 보라. 죽이라는 대중적으로 친밀한 아이템을 외식시장에 접목시킴으로써 마켓쉐어를 선점했기 때문에 수많은 아류가 생겼음에도 꿋꿋하게 성공을 거둘 수 있게 된 것이다. 이밖에도 레드오션에서 퍼플오션으로 전환해서 성공을 거둔 아이템은 곳곳에 있다. 평범한 백반집을 밥카페로 포지셔닝한 곳도 있고, 지저분한 곱창&막창집을 깔끔한 카페로 재 탄생시켜서 성공한 케이스도 있다. 학교 앞 분식집의 저가 메뉴를 카페&프리미엄화해서 프랜차이즈로 대박을 터트린 케이스도 있다.

## 몸으로 말을 하는 사람들

메뉴는 당연히 사장이 자신 있게 요리할 수 있어야 한다. 요리를 할 수 있는 것은 물론 가급적 주 메뉴는 다른 사람의 손에 맡기지 않는 것이 좋다. 어쩔 수없이 사람을 쓰더라도 메인 요리는 주인이 할 수 있어야 한다. 자신이 요리할 수 있으면서 사람을 쓰는 것과 그렇지 못한 것과는 엄청난 차이가 난다.

주방장이 사정이 생겨서 빠졌을 때 새로운 주방장을 고용하고 교육시키는 과정을 적어도 10일은 봐야 한다. 주방장이 없이도 최소한 열흘 정도는 버틸 수 있는 실력을 갖춰야 한다는 뜻이다. 혹시 메인 요리를 직접 만들 자신이 없는가? 그렇다면 지금부터라도 철저히 배워두도록 하라.

## 고객은 알고 있다

외식업을 처음 시작할 때는 누구든 최고의 재료, 신선하고 좋은 재료만을 쓰겠다고 마음을 먹는다. 그러나 막상 장사가 잘 되지 않으면 중간에 타협을 하고 만다. A급 재료를 쓰던 것을 슬그머니 B급으로 바꾸고 주방장도 실력 있는 A급에서 급여 부담이 적은 B급으로 바꾼다. 오픈 시간도 제멋대로이다. 핑계거리만 있으면 임의로 문을 닫는다.

처음에는 크게 표시가 나지 않는 것처럼 느껴진다. 그러나 고객은 귀신처럼 알아채고 발걸음을 돌린다. 초조해진 경영자는 재료비와 관리비를 더욱 아끼려고 고객이 남긴 잔반까지 재활용한다. 당연히 고객은 아예 발길을 끊어버린다. 이것이 망하는 사람들이 걸어가는 한결같은 공식이다. **성공하는 외식경영자는 다르다. 그들은 한결같이 누가 알아주든 말든 자신과의 약속을 지킨다. 비록 손해를 보는 한이 있더라도 고집스럽게 좋은 재료만을 엄선해서 사용한다. 몸이 아파도 매장은 쉬지 않는다. 그것은 고객과의 약속이기 때문이다. 비록 힘이 들더라도 한 번 마음먹은 것을 반드시 지킨다. 결국 이 정신이 고객을 감동시키는 것이다.** 감동된 고객은 또 다른 고객을 데리고 오고 또 다른 고객은 더 많은 고객을 데리고 온다. 마치 충성스러운 다단계처럼 그렇게 번성점이 되는 것이다.

일본과 한국, 중국과 홍콩에 이르기까지 성공하는 외식업소를 조사해본 결과, 100% 이 원칙을 지키고 있었다. 장사가 안 돼서 재료가 버려지는 것을 아깝게 생각 말라. 지금은 비록 아깝더라도 포기하지 말라. 신선하고 좋은 재료만을 엄선해야 고객은 비로소 감동을 하는 것이다. 또한 일부 단골들이 다른 메뉴를 추천한다고 해서 처음 콘셉트로 잡았던 메뉴를 변경하지 말라. 기본이 흐트러지면 결국은 실패의 길로 접어들게 된다. 어떤 일이 있더라도 결코 타협하지 말라. 전문음식점은 우선 맛으로 고객이 감동을 해야 입소문이 나고, 입소문이 나야 장사가 잘 되는 것이다. 잊지 말라. 고객은 결코 속일 수가 없다.

## 고객 감동에 모든 것을 걸라

외식업으로 성공을 하려면 적어도 2,000명 이상의 팬을 확보해야 한다. 그 중 20%를 충성고객화해야 매장을 안정적으로 운영할 수 있다. 한국의 외식업은 이미 포화상태를 넘어 폭발지경에 이르렀다. 인구 75명 당 외식업소가 1개꼴이다. 즉, 75명의 고객이 매일같이 찾아와 준다고 해도 적자를 볼 수밖에 없는 산술적 계산이 나온다. 미국의 경우엔 약 560명당 외식매장이 한 개에 불과하다.

결국 한국에서 외식업으로 성공을 거두는 방법은 하나뿐이다. 동종업태에서 살아남으려면 다른 경쟁업소 27개를 무너뜨려야 한다. 27:1이라는 경쟁률에서 이기려면 고객으로부터 선택을 받을 수 있어야 한다. 고객으로부터 선택을 받으려면 어떻게 해야 할까?

당연히 서비스가 좋아야 한다. 지금 당장 거울을 보아라. 혹시 당신은 뚱한 표정으로 생전 웃지도 않으면서 고객이 만족하길 바라고 있지는 않는가? 내가 만든 음식을 먹고 행복해하는 고객을 보면 나도 행복해질 수가 있는가? 고객을 진심으로 아끼고 사랑하는 마음으로 접대할 자신이 있는가를 묻고 있는 것이다. 만일 그렇지 않다면 외식업은 처음부터 하지 않는 것이 좋다.

## 빈혈에 걸리지 않게 하라

아무리 훌륭한 서비스 정신으로 무장을 해도 매장을 운영할 자금이 없으면 말짱 도루묵이 된다. 길게는 3년간, 적어도 1년간은 고객이 없어도 버틸 수 있는 배짱과 여유자금이 있어야 한다. 그리고 아낌없이 퍼 주어야 한다. 음식 한 그릇을 팔면 얼마가 남고 손익분기점은 얼마라는 것과 매장관리 기법은 분명히 알아둬야 한다. 그러나 그런 것들을 일일이 신경 쓰며 영업을 하면 고객들은 금방 그 속을 읽게 된다.그러니 얼마가 남았는지를 신경을 쓸 시간이 있으면 어떻게 하면 고객을 만족시킬 수 있을까? 어떻게 하면 고객을 감동시킬 수 있을까? 그런 것들을 집중적으로 생각하라.

이익과 손해가 신경 쓰일 정도로 영업이 시원찮을 때는 오히려 그런 것들을  신경 쓰지 말고 무조건 고객 만족만을 위해 전심전력을 기울여라. 영업이 잘 되면 그 때부터 이익에 신경을 쓰고 철저하게 관리를 하도록 하라.

## 연출가가 되라

나는 가끔씩 요리를 공연에 비유하곤 한다. 배우들은 오랜 시간 연습을 한다. 숙련된 배우들이 하나의 스토리를 집중적으로 연마해서 공연을 하면 관객은 감동을 하지 않을 수가 없다. 요리도 이러한 배우들의 공연과 다를 바가 없다. 좋은 재료를 가지고 오랜 기간 갈고 닦은 숙련된 조리사에 의해 만들어진 요리는 고객을 감동시키기에 이미 충분하다. 그런데 조리사와 재료 못지않게 중요한 것이 있다. 그것은 바로 연출력이다.

실력 있는 배우들의 연기력이 무대 위에서 빛을 발하고 관객을 감동시키려면 밸런스가 맞아야 한다. 배우들이 호흡과 밸런스를 이끌어 내는 것이 연출가의 역량이다. 외식업도 마찬가지이다. 내가 아무리 훌륭한 재료를 쓰고 최고의 조리사를 고용한다고 해도 고객이 그것을 알아주는 데는 상당한 노력과 시간이 소요된다. 그 시간을 단축시키는 방법이 곧 연출력이다. 먼저 내 매장이 전문가가 포진된 외식업소라는 이미지를 고객에게 각인시키도록 하라.

옛말에 백문이 불여일견百聞而 不如一見이라는 말이 있다. 맛있다는 말을 백번 듣는 것보다 눈으로 직접 맛있는 음식이 조리되는 과정을 보여주게 되면 고객은 이미 먹어보지 않아도 마음 속으로 '맛있겠다.'는 믿음을 갖는다. 멋진 매장, 맛있는 매장이라는 것을 겉으로 드러내는 연출력이 필요한 이유가 바로 거기에 있다. 매장 콘셉트를 결정할 때 이

점을 충분히 고려해서 주방 동선을 만들도록 하라.

# 외식업 마케팅 포인트

작은 가게에서 다양하게 마케팅을 적용할 수 있는 여러 가지 방법들을 소개한다. 인터넷을 활용하는 방법과 오프라인에서 고객의 시선을 끌 수 있는 차별화된 방법들이 있다.


## 포스팅

블로거들이 매장의 분위기나 메뉴의 호불호를 자신의 블로그에 게재하는 것으로써 상당한 효과를 기대할 수 있다. 파워블로거들의 파워는 실로 엄청나서 그들이 포스팅해서 대박이 난 매장은 상당수에 이른다. 블로거들이 선호하는 매장은 따로 있다.

**첫째, 매장의 분위기가 독특해야 한다.**

**둘째, 맛이 좋아야 한다.**

**셋째 친절하고 세련된 서비스가 필요하다.**

확실하고 분명한 콘셉트와 함께 메뉴와 서비스 등 매장 세팅이 갖춰져 있지 않은 상태에서 성급하게 포스팅했다가 큰 데미지를 입는 매장도 있다. 모든 세팅이 끝났으면 파워블로거에게 편지를 써라. 파워블로거를 연결해주는 업체도 있다. 그런데 그런 업체를 통한 블로거들은 진정한 파워블로거가 아닌 경우가 많다. 직접 인터넷에서 내 매장 콘셉

트에 맞는 포스팅을 해줄 파워블로거를 찾아라. 그리고 그에게 편지를 써라. 최소한 50번 이상은 거절당할 것을 각오하고 도전하라. 요즘엔 페이스북이나 트위터, 카카오스토리 등 모바일 포스팅이 더욱 활성화되고 있다. 오픈 후 6개월이 지나면 네이버의 윙스푼맛집www.wingspoon.com에 포스팅될 수 있도록 준비하라. 윙스푼의 위력은 상당하다. 그 만큼 역풍도 만만치 않으니 매장 관리에 각별히 주의해야 한다. 윙스푼은 전적으로 고객들의 반응과 추천에 의해서만 포스팅되는 시스템이다.

## 이벤트

고객에게 고가의 상품을 증정하거나 연예인을 초청해서 매장의 지명도를 높이고 일시에 매출 향상을 꾀하는 방법이다. 이 방법은 효과는 좋으나 상당한 자금이 소요되기 때문에 기획단계에서부터 치밀하게 세팅해야 한다. 그밖에도 고객의 흥미를 유발하는 이색적인 이벤트로는 다음과 같은 것이 있다.

'비 오는 날 이성 친구를 업고 오는 커플에게는 생맥주 무한리필' 가정의 달 5월에 '70세 이상 부모님 모시고 오는 가족에게는 햄버그스테이크 2인 분이 공짜', 매장 내에서 특정 시간프러포즈 타임에 '일어서서 큰소리로 사랑을 고백하는 커플에게는 와인 한 병 증정' 더위가 기승을 부리는 여름시즌에 이열치열 행사엄청나게 매운 음식을 5분 안에 다 먹으면 푸짐한 경품 증정를 행하는 등 조금만 고민해보면 내 매장에 맞는 다양한 이벤트를 찾을 수 있을 것이다.

## 전단지 배포

작은 가게에서 가장 흔하게 이용하는 홍보 방법이다. 이 방법은 너무 식상해서 웬만해서는 고객들의 반응을 이끌어내기가 어렵다. 실제로 전단지 10만장을 뿌리면 그 전단지를 보는 사람은 그 중에서 5%에 불과하며 그중에서 매장을 방문하는 고객은 1%도 되지 않는다는 통계도 있다.

그렇다면 전단지는 만들지도 말고 뿌리지도 말아야 할까? 그렇지는 않다. 우선 차별화된 전단지를 만들 필요가 있다. 너나할 것 없이 천편일률적으로 디자인된 전단지를 피하고 독특하고 차별화된 전단지를 만들도록 하라. 예를 들어서 발렌타인데이에 커다란 초콜릿 모양의 전단지를 만드는 것이다. 양 끝을 접어 감싼 모양의 전단지 안에는 실제 초콜릿을 넣고 그 안에 매장 홍보 문구를 넣는 것이다. 화이트 데이나 로즈데이, 빼빼로데이에도 모양을 조금 바꿔서 다양하게 활용할 수 있다.

사람들이 호감을 갖는 사진을 활용하는 것도 좋은 방법이다. 통계적으로 절대다수의 사람들은 아기의 사진과 동물의 사진 아름다운 여성이나 남성의 사진에 호감을 갖는 것으로 나타났다. 이것을 3BBaby, Beast, Beauty효과라고 한다. TV광고의 대부분이 예쁘고 귀여운 아이를 모델로 삼거나 귀여운 강아지가 들어간 모델, 또는 아름다운 여성을 모델로 삼는 이유가 거기에 있다. 따라서 전단지를 만들 때도 3B를 활용해서 제작하면 훨씬 효과적이다. 전단지를 살포하는 방법은 직원이나 스텝들이 직접 살포하거나 신문에 삽지로 넣는 방법도 있다. 통계적으로 신문 삽지는 거의 효과가 없는 것으로 나타났다. 내 매장의 주 타깃이 여성 고객이라면 말쑥하게 차려입은 훈남들을 고용하라. 여성 고객들이 많은 거리나 미용실 근처에서 깜짝 이벤트를 실시하면 상당한 효과를 거둘 수 있다.

## 소셜커머스

쿠팡이나 위메프 같은 소셜커머스 업체를 활용해서 평소 가격의 40%에서 많게는 60%까지 할인하여 고객을 유치하고 매출을 극대화시키는 마케팅 방법이다. 나는 가급적 이 방법은 권하고 싶지 않다. 득보다는 실이 훨씬 많기 때문이다. 그 보다는 시식행사를 하거나 발품을 팔며 직접 홍보하는 편이 훨씬 효과적이다.

## 에디터

우리 주변에는 오피니언 리더들이 많이 있다. 아주머니나 학생들 중에서도 사람들에게 영향을 주는 스니저입소문을 내 주는 자들이 있다. 그들에게 매장의 메뉴 에디터를 제안하라. 1개월 간 에디터로서 자신의 블로그나 SNS에 매장의 메뉴사진을 3회 이상 포스팅 해주면 '온가족 무료 식사권+도서상품권 증정' 등 다양한 혜택을 제공해서 입 소문자를 양성하는 것도 매우 효과적이다. 아예 대학생 아르바이트를 고용해서 매장 SNS 계정을 만든 다음 1일 2시간씩 지속적으로 관리하게 하는 것도 하나의 방법이 될 수 있다.

## 고객을 끄는 마케팅 노하우

### 1) 시선을 끌라흥미 유발

스타벅스는 이화점 출점 후 6개월간 지하철 홍보를 계속했다. 정장을 말끔하게 차려입은 훈남들에게 스타벅스 커피를 들고 지하철 플랫폼을 왔다 갔다 하게 한 것이다. 말쑥한 옷차림의 꽃미남들이 테이크아웃용 커피를 들고 다니는 모습은 여성들의 이목을 집중시키기에 충분했다. 스타벅스는 여성들의 이목이 집중되자 곧 무료 시음 행사를 개최해 기존의 싸구려 커피와는 차별화된 맛을 선보였다. 커피는 원두를 어떤 온도에서 얼마나 로스팅 하느냐에 의해 그 맛이 천차만별로 갈리게 된다. 또 원두 자체를 얼마나 좋은 것을 쓰느냐에 따라서도 확연하게 달라진다. 맛과 향에 민감한 여성들은 단박에 스타벅스의 고급 커피를 선호하게 됐다.

사람들의 이목을 집중시키는 홍보수단으로 '사인 스피닝'이라는 것도 있다. 사인 스피닝이란 아찔한 묘기로 사람들의 이목을 집중시키는 익스트림 스포츠의 일종인데. 이것을 마케팅 수단으로 활용한 것이다. 화살표 모양의 사인보드에 매장의 홍보 문구를 게재하여 현란하게 돌리거나 던져서 사람들의 이목을 집중시키는 방법이다. 주로 사람들의 왕래가 많은 길에서 현란한 묘기로 단시간에 메시지를 전달한다. 요즘엔 이를 대행해주는 업체들도 속속 생겨나고 있다.

### 2) 시식행사를 적극 활용하라

경기도 P시에서 닭 강정 전문점을 운영하는 H씨는 주민들이 모이는 곳이면 어디든지 달려가서 시식행사를 벌인다. 한 번 행사를 하는데 들어가는 돈은 대략 25만원 정도다. 그 돈이 아깝지 않은 것은 아니지만 파급효과가 크기 때문에 꾸준히 실행하고 있다. '한국 사람은 공짜라면 양잿물도 큰 그릇으로 먹는다.'는 우스갯소리도 있지 않은가? 공짜를 싫어하는 사람이 어디 있으랴. 과감하고 통 큰 시식행사는 반드시 투자금 이상의 효과를 기대할 수 있다.

### 3) 전단지&사은품 활용 노하우

배달전문점은 일반 외식업소와는 다르게 홍보물의 효과가 크다. D시에서 족발집을 운영하는 K씨 부부는 판촉물 효과를 톡톡히 보고 있다. 맛있는 족발 그림이 새겨진 판촉물을 아파트와 주변 상가에 부착하고 나면 최소 이틀간은 평소 매출의 140%가 상승하곤 한다. 족발을 좋아하는 사람은 맛있게 생긴 족발 그림만 봐도 뇌에서 끊임없이 족발을 먹으라는 명령을 보낸다고 한다. 대부분은 충동을 억제하지 못해서 결국 주문 전화를 걸게 되는 것이다.

그러므로 효과를 의심하지 말고 끊임없이 홍보해야 한다. 기왕 뿌리는 사은품이라면 독특하고 활용도가 높은 것을 선별해서 뿌려야 한다.

내 매장을 방문할 메인 타깃의 눈높이에 맞춰야 하는 것은 당연한 일이다. 조그만 컵에 열대어 한 쌍을 넣어서 매장 홍보물로 주는 돈까츠 전문점도 있다. 매장을 방문하는 커플 고객의 즉석사진을 찍어서 벽걸이로 만든 다음, 일정기간 동안 전시하다가 고객이 다시 방문했을 때 전해주는 커피숍도 있다. 커플들에게 추억을 선사하고 매장 이름이 새겨진 벽걸이를 찾으러 다시 오게 만듦으로써 매출을 올리는 일석이조의 전략이다.

## 4) 스타마케팅

경영난에 시달리던 미국의 한 출판사에 새 편집장이 부임했다. 편집장은 아무리 좋은 책을 만들어도 이것을 독자들에게 알리지 않으면 팔리지 않는다는 사실을 누구보다도 잘 알고 있었다. 그는 새로 만든 책 한 권을 당시 대통령이었던 조지부시에게 보내 서평을 부탁했다. 정무에 바쁜 조지부시는 책을 거들떠 보지도 않았다. 편집장은 끊임없이 서평을 부탁하는 편지를 썼다. 무려 50통의 편지를 받은 조지부시는 편집장의 끈기에 지쳐서 간단하게 'Good'이라고만 써서 출판사로 보냈다. 며칠 후 미국의 유력 일간지 1면에는 다음과 같은 광고가 실렸다. '조지부시가 극찬한 책' 당연히 책은 날개 돋친 듯 팔려나갔다. 이 소식을 들은 부시는 배가 아팠다. 편집장은 두 번째 책이 나오자마자 또 부시에게 보내 서평을 부탁했다. 언짢아진 부시는 이번엔 'Worst'라고

써 보냈다. 며칠 후 주요 일간지엔 다음과 같은 광고가 실렸다. '조지 부시가 악평한 책' 이번에도 책은 엄청난 반향을 일으키며 팔려나갔다.

편집장은 세 번째로 만든 책도 조지부시에게 보내 서평을 부탁했다. 화가 단단히 난 조지부시는 무려 100통의 편지를 받고도 아무런 답장을 하지 않았다. 그러자 신문에는 다음과 같은 광고가 실렸다. '조지 부시도 감히 평가하지 못한 책' 이 책도 베스트셀러가 됐다. 이것이 스타마케팅이다. 발상의 전환을 하면 누구라도 기발한 스타마케팅을 펼칠 수 있다.

그 밖에도 마케팅 방법은 무궁무진하다. 남들이 하는 대로 무턱대고 따라하지만 말고 나만의 마케팅 방법을 연구하라. 고객이 내 매장을 방문하도록 유도하는 초도 마케팅도 중요하지만 한 번 방문한 고객들이 재방문을 하고 그들이 충성고객이 되게 만드는 것이 더 중요하다. **마케팅에 왕도는 없다. 외식 경영에도 왕도는 없다. 오로지 고객을 재밌게 해 주겠다는 생각, 고객을 감동하게 만들겠다는 생각을 끊임없이 하다보면 어느 새 내 매장은 유명매장이 돼 있을 것이다.** 생각하라. 그리고 전심으로 몰입하라. 지혜는 간절히 구하는 자에게 주시는 하나님의 선물이다.

# 디저트 카페 성공 포인트 &
# 명품 매장 만들기

달콤한 디저트 카페의 주 고객은 여성이다. 당연히 여성들의 마음을 사로잡을 수 있어야 성공할 수 있다. 여성 고객의 마음을 사로잡는 다양한 노하우를 살펴보자.

## 애인 같은 매장 만들기

카페를 찾는 대다수의 고객은 단순히 커피를 마시기 위해서라기보다는 카페가 제공하는 공간을 즐기기 위해서라고 볼 수 있다. 이것은 단순히 사람을 만나서 대화를 하는 공간적 개념을 뛰어넘어 이제는 카페가 가지고 있는 독특한 문화적 매력을 더욱 중요하게 생각한다는 뜻이다. 그러므로 카페로 성공을 거두기 위해서는 고객의 입장에서 카페가 편안한 쉼터이며 애인처럼 느껴지게 해야 한다. 그렇다면 도대체 어떻게 해야 고객의 마음에 내 매장이 편안한 쉼터가 될 수 있을까? 이것은 매장 운영자가 끊임없이 고민해야 할 숙제이다.

첫째, 직원들이나 다른 고객의 눈치를 보지 않고 고객이 마음 놓고 쉴 수 있는 최소한의 공간좌석, 동선, 이웃 테이블과의 간격이 확보돼 있는가?

둘째, BGM배경음악이나 직원들의 표정, 매장의 디자인, 메뉴의 매력 등이 고객의 마음을 사로잡을 준비가 돼 있는가?

아무리 빼어난 미모의 애인도 3년 이상 만나면 지겨워지게 마련이다. 그렇다고 거금을 들여서 시공한 매장 인테리어를 3년에 한 번씩 바꿀 수는 없는 노릇이다. 그래서 소품과 조경을 활용할 필요가 있다. 주요 인테리어와 설비는 그대로 두더라도 작은 소품과 조명, 조경을 바꿔줌으로써 고객으로 하여금 친밀함과 신선함을 동시에 느끼게 해주는 것이다. 주 고객이 좋아하는 매장 분위기를 만들기 위해 인테리어, 음악, 직원 복장, 서비스 방법을 철저하게 준비하고 그들이 식상해 하지 않도록 끊임없이 준비하라.

예를 들어서 3, 40대 여성들이 주로 찾는 카페가 되려면 가사 없는 재즈를 선곡하는 것이 좋다. 따뜻한 느낌의 조명과 내부 재료를 사용한 인테리어는 필수이다. 매장 콘셉트를 설정하기 전에 반드시 도쿄의 에비수나 지유가오카, 홍대 앞과 신사동의 가로수길에 있는 세련된 카페들을 두루 다니며 눈높이를 높여둬야 한다. 요즘은 홍콩의 매장들이 Hot한 세계적 트랜드를 재빠르게 적용하고 있다. 외국을 두루 다니며 견문을 넓히는 것이 부담스럽다면 최소한 외국 인테리어&디자인 잡지를 구독하는 것도 하나의 방법이다. 국내 인테리어&디자인 잡지 중에는 에이앤씨의 'bob'가 속이 꽉 찬 잡지라고 할 수 있다. 안목을 높이기 위해서는 과감하게 투자해야 한다. 이런 것에 투자할 돈을 아까워한다면 결코 성공의 열매를 얻을 수 없을 것이다.

## 맛과 향, 문화가 있는 명소

디저트는 한 때 레스토랑의 메인요리를 돕는 조연의 자리에서 이제는 당당하게 주역이 됐다. 디저트는 유행의 최첨단과 클래식한 요소가 절묘하게 조화를 이뤄야만 성공을 거둘 수가 있다. 일본은 자타가 공인하는 디저트의 왕국이다. 롯뽕기六本木의 미드타운 내에 있는 디저트 전문매장들이나 지유카오카自由が丘에 있는 포레스트 테마파크, 긴자銀座의 키르훼봉을 다녀보면 눈에 띄는 좋은 디저트 정보를 구할 수 있을 것이다.

한국의 디저트 명가로는 마포구 서교동에 위치한 비 스위트 온Be Sweet On의 크레이프 수제트와 타르트 타탱, 신사동 가로수길에 있는 디저트리의 디저트 코스, W.e더블유이/west n east의 호떡 팬케이크 세트, 홍대 앞 카페 마마스의 리코타치즈 샐러드 등이 상당한 수준에 도달한 디저트다. 또한 압구정동 갤러리아 웨스트명품관 지하에 있는 고메이494를 들러 다양한 디저트와 음료를 살펴보는 것도 도움이 된다.

디저트는 생크림과 우유의 비율이 생명이다. 대부분의 요리가 그렇지만 특히 디저트는 주요 식재료에 따라 똑 같은 사람이 만들어도 그 맛이 확연히 달라진다. 하나에서부터 열까지 철저하게 준비하고 연구해서 내 매장만의 맛과 멋을 찾아내야만 한다. 매장의 향에도 주의해야 하는데 커피를 자주 볶아주고 한 번 내린 커피 찌꺼기도 버리지 말고 모아서 말려두었다가 화분이나 바닥, 구석에 두어 탈취재로 활용토록 하라.

디저트 카페는 커피와 디저트를 파는 곳이다. 그런데 그보다 더 중요하게 팔아야 할 것이 있다. 바로 분위기 즉, 문화적 감성을 팔아야 한다. 바리스타의 세련된 옷차림과 태도, 혹은 친근한 미소, 어떠한 경우에도 고객을 편안하게 만들어주는 분위기, 그런 것들이 무엇보다도 중요한 세일즈 포인트인 것이다. 고객이 불편하게 느끼는 요소는 과감하게 제거해야 한다.고객은 어떤 경우에 만족감을 느끼는가? 자신이 지불한 대가보다 더 많은 혜택을 누렸다는 느낌이 들 때 고객은 만족한다. 어찌 보면 당연한 얘기이다. 그렇다고 5,000원을 받고 6,000원어치를 대접할 수는 없는 노릇이다. 5,000원을 받을 거라면 원가 1,500원~1,800원 어치의 상품을 제공하고 나머지는 다른 것으로 고객 만족도를 높여야 한다. 그것은 편안함이 될 수도 있고 친절함이 될 수도 있으며 멋진 분위기가 될 수도 있다.

카페의 화장실은 세상에서 가장 깨끗하고 세련된 느낌이 들게 만들어야 한다. 카페의 생명은 매장이 아니라 화장실이다. 여성들은 특히 화장실에 민감하다. 현대 외식업의 포인트는 여성마케팅이다. 여성으로 하여금 여성으로 태어난 것에 대해 자부심을 느낄 정도로 여성을 배려하고 여성만을 위한 세련되고 독창적인 화장실 문화를 만들어내라. 화장실이 독특하고 세련된 카페는 금방 입소문이 난다. 그래서 매장보다 중요한 것이 화장실인 것이다. 좀 심하게 얘기해서 화장실에 가면 나오고 싶지 않을 정도로 안락하고 세련되게 디자인하고 관리에도 각별히 신경을 써야 한다. 여성용과 다르게 남성용 소변기에서는 조금만 관리를 소홀히 해도 악취가 올라온다. 남성용 소변기에는 제빙기에서 수시로 얼음을 퍼서 담아놓으면 악취해소에 도움이 된다.

## 명품 매장의 조건

### 1) 좋은 에너지Good Energy가 흐르게 하라

인간은 에너지 덩어리로 만들어져 있다. 성경에서는 이것을 생기生氣라고 표현한다. 기氣는 곧 에너지Energy이다. 우리가 낯선 곳에서 식사를 할 경우 매장을 고르는 기준은 무엇일까? 대부분의 사람들은 고객이 많은 곳을 선택한다. 고객이 많은 곳은 우선 맛이 있을 거라는 기대감과 재료 회전이 원활하기 때문이다.

그런데 뉴로 마케팅에 의하면 우리는 의식적으로 매장을 선택하는 것이 아니라 무의식 속에서 이미 내려진 오더에 따라 행동을 할 뿐이라고 한다. 즉, 고민 끝에 매장을 선택하는 것처럼 보여도 사실은 뇌에서 이미 내린 명령에 의해 잠시 갈등을 하다가 실행하는 경우가 대부분이라는 것이다.

좋은 에너지는 고객을 불러오는 원동력이 된다. 고객이 많으면 더 큰 에너지가 매장 안에 쌓인다. 좋은 에너지는 또 다른 고객을 유인하는 강한 끌림 현상을 불러온다. 자석의 N극과 S극이 서로 잡아당기려 하는 것처럼 본능의 이끌림에 의해서 우리는 매장을 선택하게 되는 것이다. 명품 매장이 되기 위한 첫째 조건은 매장에 좋은 에너지가 흐르게 하는 것이다. 그럼 어떻게 해야 좋은 에너지가 흐르게 할 수 있을까?

매장에 근무하는 사람들이 긍정적인 생각을 품고 활기차게 움직이면 된다. 매장에 활기가 넘치게 하려면 강력한 시스템을 만들어서 그것을 꾸준히 실천하게 해야 한다. 급여 외로 인센티브성과급를 지급하는 것도 하나의 방법이다. 작은 금액이라도 성과급인센티브을 수령할 수 있으면 그것도 훌륭한 동기부여가 될 수 있다. 목표 매출을 정하고 그것을 초과할 때 지급하는 방법과 원재료비를 절감하면 지급할 수도 있다. 직원들은 작은 동기만으로도 의욕이 넘치기도 하고 꺾일 수도 있다. 유능한 경영자는 직원들에게 모티베이션을 제공하는 사람이다. 직원들은 매장의 매출을 상승시키기 위해서 노력하고 원재료비를 절감하려 애쓰다보면 집중력을 갖게 된다. 집중력이 높아지면 자연히 매장은 활력이 넘친다. 활력은 곧 좋은 에너지Good Energy이다. 좋은 에너지는 고객들을 끌어오는 강력한 수단이다.

이런 선순환 구조는 돈으로 환산할 수 없는 중요한 것이다. 명문 팀은 최적의 전술 전략을 꾸준히 연마하고 그것을 실전에 적용하는 과정을 통해서 만들어지는 것이다. 명품 매장도 하루아침에 탄생하지 않는다. 먼저 리더가 장기적인 전략을 세우고 직원들을 긍정적인 마인드로 훈련시킨 다음, 고객들을 응대하고 적응하는 과정을 통해서 서서히 만들어지는 것이다. 매장에 인센티브제도를 적용하는 것도 쉽지만은 않은 일이다. 처음부터 의도한대로 된다는 보장도 없다. 그렇지만 실행해봐야 한다. 그 과정을 통해서 인재는 서서히 길러지는 것이다.

아래 표는 일반적인 외식업체의 인센티브 안이다. 이것은 비교적 규모가 있는 매장을 위해서 만든 것이니만큼 각자 자신의 규모에 맞게 조절해서 적용하는 것이 좋을 것이다.

## 매장 인센티브 평가 시스템

### ● 평가 방법

손익 평가 · 모니터 평가 · S.V수퍼바이저 평가 항목을 포인트화 해서 그 결과를 합산, 인센티브를 지급한다.

득점내역

| 평가 방법 | 득점 |
| --- | --- |
| 손익 평가 | 110P |
| 모니터 평가 | 40P |
| S.V 평가 | 15P |
|  | total 165P |

### ● 업적연동의 구조

손익 평가 110포인트, 모니터 평가 40포인트, SV 평가 15포인트, 최대 165포인트로 정한다. (아래표 참조) 예) 1포인트를 10,000원으로 설정할 경우 최고 포인트인 165P를 획득하면 165P × 10,000원= 1,650,000원의 인센티브를 점장에게 지급하면 된다. 점장은 인센티브로 받은 1,650,000을 동료 직원들에게 재량껏 배분하고 그 결과를 경영자에게 보고하도록 한다.

[배분방법 예) 아래표 참조]

성과금 배분 보고서 예

| 직책 | 비율 | 금액 |
| --- | --- | --- |
| 점장 | 50% | **825,000** |
| 직원 | 20% | 330,000 |
| 스텝 | 10% | 165,000 |
| 스텝 | 5% | 82,500 |
| 스텝 | 5% | 82,500 |
| 스텝 | 5% | 82,500 |
| 계 | 100% | 1,650,000 |

## ● 손익 평가의 구조

매출 평가 · 비용 평가 · 이익 평가로 구성된다.

매출 예산비 · 비용 예산비 · 이익 예산비를 근거로 모두가 합의하여 목표수치를 설정한다.

그 수치를 클리어하면 포인트를 획득할 수 있는 제도.

● 매출 평가의 구조

실제매출이 예산매출 대비 달성되는 포인트만큼 득점으로 인정한다.

예산 매출 대비

| 평가기준 | 득점 |
| --- | --- |
| 110% 이상 | 40P |
| 108% | 35P |
| 106% | 30P |
| 104% | 25P |
| 102% | 20P |
| 100% | 15P |
| 99% | 10P |
| 98% | 5P |
| 97% | 2P |
| 96% | 1P |
| 95% 이하 | 0P |

위 표를 보면 예산 매출액을 100% 달성하면 15P의 점수를 주고 그 이상과 이하로 나눠 포인트를 계산하도록 돼 있다. 예산 매출액을 −5%이하로 달성할 경우 부여되는 점수는 없다. 삭감되는 점수도 없지만 매출이 떨어질만한 외부요인이 없었다면 인사고과에 반영된다는 사실을 인지시켜야 한다.

주의 : 매출 예산은 반드시 본사 관리책임자와 매장 점장이 합의하여 결정하는 것이 좋다.

## ● 비용 평가의 구조

비용은 예산 설정보다도 적을수록 더 많은 포인트를 획득할 수 있다. 실제 매출 구성비와 확정 예산 매출 구성비를 비교하여 수치를 산출한다.

예를 들어서 아래 표처럼 예산구성비와 비교해서 98%로 절감한 경우 10포인트를 획득한다. 확정예산보다 비용이 많이 발생하는 경우에는 −로 포인트를 차감하기로 한다.

예산 비용 대비

| 평가기준 | 득점 |
| --- | --- |
| 95% 이하 | 20P |
| 97% | 15P |
| 98% | 10P |
| 100% | 5P |
| 101% | 0P |
| 103% | −2P |
| 105% 이상 | −5P |

## ● 이익 평가의 구조

이익은 예산의 이익구성비보다도 실제의 이익구성비가 높으면 포인트를 획득하는 것이 가능하다. 실제 매출구성비와 확정 예산매출구성비를 비교해서 수치를 산출한다.

**이익 대비**

| 평가기준 | 득점 |
| --- | --- |
| 115% 이상 | 50P |
| 110% | 45P |
| 107% | 40P |
| 105% | 35P |
| 103% | 30P |
| 100% | 25P |
| 98% | 20P |
| 96% | 10P |
| 94% | 5 |
| 92% | 0P |
| 90% 이하 | −5P |

여기에서 주의해야 하는 것은 확정 예산과 실제 예산의 이익구성비율의 비교치가 90%이하가 되는 경우는 매상, 이익, 모니터, S.V의 평가가 아무리 고득점을 획득하고 있어도 합계가 0포인트가 되어 버린다. 즉, 인센티브는 없고 고정급만 지급된다.

예) A 매장 평가표

| | 예상 매출 | | 실제 매출 | | | |
|---|---|---|---|---|---|---|
| | 금액 | 구성비 | 금액 | 구성비 | 예산비 | control |
| 매    출 | 13,600,000 | 100% | 14,000,000 | 100% | 103% | 3% |
| 원 료 비 | 4,746,031 | 34.9% | 4,839,031 | 34.6% | | |
| 매출총이익 | 8,853,969 | 65.1% | 9,160,969 | 65.4% | 101% | 1% |
| 인 건 비 | 3,800,000 | 27.9% | 3,792,623 | 27.1% | | |
| 원재료+인건비 | 8,546,031 | 62.8% | 8,631,654 | 61.7% | 98% | 2% |
| 제 경 비 | 1,360,000 | 10.0% | 1,450,000 | 10.4% | | |
| 원+인+경비 | 9,906,031 | 72.8% | 10,081,654 | 72.0% | 99% | 1% |
| 매출관리가능이익 | 3,693,969 | 27.2% | 3,918,346 | 28.0% | 103% | 3% |

## ● 모니터 평가의 구조

미스테리샤퍼에 조사를 의뢰하고, 그 결과에 매겨진 점수를 근거로 A · B · C · D · E로 랭크를 나누어 평가하는 방법이다.

미스테리샤퍼가 고객의 시접에서 상품 · 서비스 · 분위기를 종합적으로 판단하고, 점수를 매긴 리포트 분석을 의뢰회사에 제출한다.

모니터  평가

| 평가기준 | 평가 | 득점 |
|---|---|---|
| 100점~91점 | A | 40P |
| 90점~81점 | B | 20P |
| 80점~71점 | C | 10P |
| 70점~61점 | D | 1P |
| 60점 이하 | E | 0P |

### ● S.V 평가의 구조

자사의 수퍼바이저가 정기적으로 각 매장을 방문해서 Q.S.C를 종합

적으로 판단. 체크항목을 수치화하고 평가에 반영시킨다.

> 주의 : 모니터 평가와 S.V 평가가 평균치 보다 높은 매장을 1년 간 평가해서
> TOP를 차지한 매장의 경우 해외 연수와 같은 혜택을 주도록 한다. 반
> 대로 모니터 평가와 S.V 평가가 평균치 보다 낮은 매장의 점장은 본
> 사의 강도 높은 연수 프로그램을 이수하도록 한다.

S.V 평가

| 평가기준 | 평가 | 득점 |
| --- | --- | --- |
| 100점~91점 | A | 15P |
| 90점~81점 | B | 10P |
| 80점~71점 | C | 5P |
| 70점~61점 | D | 1P |
| 60점 이하 | E | 0P |

## 2) 즐길 거리를 제공하라

고객이 외식업체를 찾는 이유는 무엇일까? 가장 일차원적인 이유는 허기를 채우기 위해서다. 그런 단순한 이유를 제외하고는? 당연히 즐기기 위해서다. 즉, 고객이 '즐길 거리'를 풍성하게 제공하는 매장이 명품 매장이 될 수 있다는 얘기다. 내 매장이 명품 매장이 되기 위해서 나는 고객에게 어떤 즐길 거리를 제공할 수 있을까? 그것을 끊임없이 연구할 수 있는 사람이 명품 매장으로 성공을 거두게 된다. 색다른 분위기를 제공함으로써 고객에게 즐길 거리를 제공할 수도 있다. 탁월한 맛으로 즐길 거리를 제공할 수도 있을 것이다. 내 가족에게서도 느끼지 못했던 부드럽고 친절한 서비스 매니로 고객의 마음을 사로잡는 것도 훌륭한 즐길 거리이다.

## 3) Movement를 만들어라

이것은 고객 심리학에 기초한 매우 중요하고 절대적인 요소로써 Movement는 품목에 따라서 많게는 매출의 50~60%를 좌우하기도 하는 요소이기 때문이다. Movement는 다른 말로 '연출'이라 표현할 수도 있다.

여기 똑같은 매장 A와 B가 있다. 매장 형태도 취급하는 상품도 똑같다. 그런데 A매장 상품은 잘 팔리는데 B매장 상품은 잘 팔리지 않는다. 월 평균 매출액도 160%나 차이가 난다. 도대체 이유가 무엇일까? 직원들의 판매력 차이일까? 조사해보니 그런 것도 아니었다. 고민에 빠진 B매장 점주는 준서에게 원인분석을 의뢰했다. 준서는 1주일간의 시간을 두고 원인분석에 착수했다. 매일 매장 앞을 서성이기도 하고 고객으로 가장해 A와 B매장의 상품을 직접 구입해 보기도 했다. 특별한 이유는 보이지 않았다. A매장 못지않게 B매장 직원들도 친절했으며 매장도 매우 청결했다.

그런데 준서의 눈에 처음부터 거슬리는 부분이 있었다. A매장 직원들은 각자의 업무를 실행하느라 고객의 입·출입에 그다지 신경을 쓰지 않는 반면 B매장 직원들은 거의 전 직원들이 할 일을 미리 끝내놓고 반듯한 자세로 서서 입구 쪽을 주시했다. 마치 고객이 들어오기만을 애타게 기다리는 느낌이었다. 이 모습은 입구 쪽에서 바라보면 무척 부담스럽게 느껴졌다. 준서는 B매장 직원들에게 비록 할 일이 없더라도 끊임없이 무언가를 하고 있는 것처럼 부지런히 움직여 주기를 주문했다. 절대로 뻣뻣이 서서 입구 쪽을 쳐다보지 않게 했다. 고객의 입·출입에 신경을 쓰지 않는 척해야 하는 이유도 알려줬다. 고객이 다가와서 말을 걸면 그때서 고객과 눈을 맞추고 친절한 미소로 응대하도록 했다. 그러자 신기하게도 매출이 오르기 시작했다.

상품을 구입하려는 사람은 누구나 경계심이 있기 마련이다. 특히 처음 매장을 찾는 고객들은 경계심이 더욱 심하다. 그런데 직원들이 고객의 일거수일투족을 감시라도 하듯 쳐다보면 아직 마음의 결정을 내리지 못한 고객은 직원들과 눈을 맞추는 순간 그 자리를 피하고 싶어지는 법이다.

또 한 가지, 모든 매장은 전문점으로써의 포스가 느껴지게 연출돼야 한다. 비록 전문가가 없다하더라도 전문가다운 포스가 느껴지도록 설계 되고 연출해야 하는 것이다. 고객은 자신의 선택에 후회가 없기를 바라는 사람들이다.

예를 들어서 화덕피자전문점이라면 당연히 멋진 화덕이 있어야 하고 화덕피자 장인다운 사람이 유니폼을 입고 화려한 퍼포먼스를 해 줘야한다. 그래야 맛있을 거라는 기대를 갖게 되지 않겠는가? 이제 외식업체는 맛으로만 승부하던 시대는 지났다. 맛은 가장 기본 중의 기본이다. 맛이 있어야 퍼포먼스도 통하는 법이다. 물론 맛만 있어도 승산은 충분히 있다. 그러나 그것을 고객들이 알고 입소문이 나서 매장이 활성화되기 까지는 엄청난 시간과 에너지가 소비돼야 한다. 그 시간과 에너지를 절약할 수 있는 것이 곧 전문점으로 보여 지는 요소, Movement 연출인 것이다.

좋은 에너지는 우리가 무엇인가에 몰두해서 일을 할 때 생긴다. 좋은 에너지는 곧 좋은 고객을 불러들이는 효과가 있다. 가만히 있으면 에너지는 곧 가라앉는다. 우리 몸의 에너지가 끊임없이 활동하게 하라. 할 일이 없으면 유리창을 닦는 시늉이라도 해야 한다. 인간은 누구에게 매력을 느끼는가? 바로 자신의 일에 집중하는 사람분위기에게 매료된다.

# 프랜차이즈 가맹점 운영 노하우

초보자에게 비교적 편리하다고 하는 프랜차이즈 가맹사업에 대해 알아보고, 가맹점 계약 시 반드시 주의해야 할 점들과 꼼꼼히 따져봐야 할 사항들을 소개하고 있다.

프랜차이즈Franchise 사업은 가맹본부Franchiser의 상호, 영업방법, 상품 등 일체의 노하우를 가맹점franchisee이 사용하면서 그에 상응하는 로열티를 가맹본부에 지급하는 일체의 상행위를 말한다. 한국의 기업형 프랜차이즈의 효시는 1979년에 설립한 롯데리아 소공점이다. 이는 본고장 미국보다 약 130년이나 뒤진 기록이다. 그럼에도 불구하고 한국의 프랜차이즈는 현재 약 3,200개의 가맹사업본부가 활동을 하고 있다. 웬만큼 사업을 해본 사람들은 흔히 말하곤 한다.

'사기꾼들이 가장 득실거리는 곳은 유통사업이다.'

나는 유통사업 못지않게 사기꾼들이 많은 곳이 프랜차이즈 시장이라고 보고 있다. 프랜차이즈 가맹사업을 할 경우에는 각별한 주의가 요구된다. 프랜차이즈 사업은 본사의 노하우를 활용할 수 있기 때문에 리스크가 적고 경험이 부족한 사람들도 쉽게 창업을 할 수 있다는 장점이 있다. 반면 본사에 어떤 형태로든 로열티를 지불해야 하며 메뉴구성과 마케팅에 제약이 따르기 때문에 자율성이 떨어진다는 단점이 있다. 프랜차이즈사업의 성공여부는 얼마나 좋은 본사와 손을 잡느냐에 달려있다고 해도 과언이 아니다.

좋은 가맹본부를 구별하는 것은 지극히 객관적인 자료를 토대로 알아보는 수밖에 없다. 언론에 노출된 광고나 성공사례기사는 참고로만 하고 전적으로 믿지 않는 것이 좋다. 특히 계약을 서두르거나 계약금을 요구하는 업체는 피하는 것이 상책이다. 소위 오더맨계약을 하고 계약금을 받아오면 일정액을 수수료로 받아 챙기는 브로커들의 감언이설에 속아서 낭패를 보는 사람들이 많으니 각별히 주의해야 한다. 무엇보다도 본사가 상품력, 브랜드파워, 서비스 시스템이 얼마나 잘 갖춰져 있는가를 면밀히 살펴봐야 한다.

정부는 2008년 8월부터 프랜차이즈 가맹점을 보호하기 위해서 모든 본점의 정보공개를 의무화했다. 공정위홈페이지franchise.ftc.go. kr에 들어가면 각 본점들의 정보공개서를 볼 수 있다. 정보공개서에 나와 있는 재무상태매출액, 영업이익, 부채비율 등와 영업권영업지역, 아이템, 기타 가맹점의 영업권리 보호 방법 등을 면밀히 살펴보고 신중하게 결정을 하도록 하라. 이제부터 우수 프랜차이즈 본사를 구별하는 방법을 좀 더 구체적으로 살펴보자.

## 1) 정보공개서를 활용하라

### a. 회사의 연혁을 살펴보라

대표자를 포함한 주요 임원들이 프랜차이즈 본점을 운영한 경력이 충분한가? 회사의 연혁은 얼마나 되는가? 이제 막 시작을 해서 아직 경영지표를 수치화하지 못한 회사라면 리스크가 크다. 최소한 2년이상의 구체적인 경영 수치가 드러난 회사라야 믿을 수 있다.

### b. 가맹사업자의 부담

가맹비, 가맹보증금, 인테리어비, 물품 보증금, 광고비, 오픈지원, 교육비 등 가맹사업자가 져야 할 부담은 무엇인지 구체적으로 따져보고 동종업계의 타사와도 비교해서 결정하는 것이 좋다.

### c. 교육 내용

프랜차이즈 본사로써 얼마만큼의 양질의 노하우를 전수 받는지 충분히 살펴보는 것이 필요하다. 전수창업 프랜차이즈의 경우는 라이센스 자체를 판매하는 것이기 때문에 상대적으로 고액의 로열티를 지불하는 대신 메뉴, 영업 방법, 상표 등 본사가 가지고 있는 거반의 노하우를 전수받게 돼있다. 기타 프랜차이즈의 경우에도 본사로부터 교육받는 부분이 어느 정도인지를 면밀히 살펴볼 필요가 있다.

## 2) 프랜차이즈 본사의 노하우&경쟁력을 분석하라

### a. 과열경쟁 품목이거나 반짝 아이템은 아닌가?

이것은 매우 중요한 것이다. 우리나라 사람들은 남이 잘 된다고 하면 쉽게 유행을 따라가거나 물불을 가리지 않고 뛰어들어 시장이 금방 과열되는 경향이 있다. 유행을 따라가는 아이템은 리스크가 지나치게 크다. 진입장벽이 낮은 아이템은 너도나도 뛰어들기 때문에 각별히 주의해야 한다.

b. 성장성을 체크하라.

프랜차이즈 가맹점 사업은 적어도 10년 정도는 무난히 지속할 수 있는 아이템을 골라야 한다. 1,2년 간 반짝하고 사라질 아이템을 믿고 투자했다가는 쪽박을 찰 수도 있기 때문이다.

## 3) 계약서 작성 노하우

모든 것을 잘 살펴보고 마음에 든다면 이제 계약을 해야 한다. 계약서 하나 잘 못 쓰면 엄청난 손실을 초래할 수 있다. 계약서는 본래 내쪽에서 작성하는 것이 좋다. '갑'과 '을'의 차이는 엄청난 것이다. 그러나 프랜차이즈 가맹사업을 할 경우에는 무조건 본사가 '갑'이기 때문에 시간을 가지고 계약서를 꼼꼼하게 검토해야 한다.

모호한 문장으로 작성된 계약서는 알아보기 편하게 고쳐달라고 하라. 정 자신이 없으면 법적자문을 받고서 계약을 하라. 마지막 도장을 찍을 때는 절대로 서둘지 말라. 체면 따위는 염두에도 두지 말라. 단 한 순간의 계약이 수십 년 공든 탑을 무너뜨릴 수 있음을 기억하라. 인간은 끊임없이 변하는 존재다. 처음엔 믿을 만한 사람이었던 사람도 시간이 지나면 전혀 상상하지 못했던 모습으로 변하는 것이 세월과 돈의 힘이다. 믿을 만한 사람의 소개라고 해서 대충 계약서를 작성했다가 훗날에 얼굴을 붉히는 일은 수도 없이 많다.

계약서란 '상대방과 아직 좋은 관계에 있을 때 써두어서 나쁜 관계가 될 때를 대비하는 것'이다. 물론 나쁜 관계가 되지만 않는다면 더할 나위 없을 테지만 사람은 변하게 마련이다. 친 인척, 형제사이라 해도 계약서는 반드시 꼼꼼하고 분명하게 검토해서 작성하도록 하라.

### 4) 가재는 게 편이다

가맹점을 할 요량이라면 현재 가맹점 영업을 하고 있는 사람의 얘기를 들어볼 필요가 있다. 본점과는 아무런 상관이 없는 곳, 직영점이 아닌 가맹점 중에서 최소한 5군데 이상을 찾아다니면서 가맹점 주들의 의견을 경청하라. '가재는 게 편이다' 약자는 약자의 편에 서서 얘기를 해주게 마련이다. 지나치게 부정적이거나 긍정적이지 않은 가맹점주의 말을 중심으로 최종 판단을 하는 것이 좋다.

# 외식업 경영 포인트

외식업 경영에 빠트릴 수 없는 점포 경영분석과 사업계획서 작성, A급 매장을 만들기 위한 세부적인 조건들을 알려주고 있다. 또한 끊임없이 고객을 끄는 노하우를 찾아냄으로써 성공적인 외식업 경영을 이룰 수 있는 방법들을 소개하고 있다.

## 경영 공식

요식업과 외식업의 차이는 무엇일까? 둘 다 음식사업을 하는 것은 같다. 요식업과 외식업의 차이는 시스템이다. 매출에서 지출을 뺀 나머지가 수익이라는 것은 누구나 알고 있는 상식이다. 여기서 더 나아가면 다양한 경영관리 방법을 접목시킬 수 있다. 객 단가, 객 회전율, 객수 신장율, 매출 신장율, 효율적인 인건비 관리법, 예상매출액 등 알면 알수록 복잡하고 다양한 관리기법들이 있다. 외식업을 경영하는 경우 알아두면 유용한 관리기법 몇 가지를 소개하겠다.

a. 객 단가 = 총 매출 ÷ 객수

b. 객 회전율 = 객수 ÷ (좌석수 × 영업일수)

런치타임 객회전율 = 11:00~2:00까지의 객수 ÷ (좌석수 × 영업일수)

디너타임 객회전율 = 17:00~20:00까지의 객수 ÷ (좌석수 × 영업일수)

c. 요리가 차지하는 비율 = (요리매출 ÷ 총매출) × 100

d. 음료가 차지하는 비율 = (음료매출÷총매출)×100

e. 런치쉐어 = (런치타임 매출÷총매출)×100

f. 디너쉐어 = (디너타임 매출÷총매출)×100

g. A.B.C 분석 = 전체 매출을 100으로 잡고 매출액의 70%까지는 A, 그 다음 90%까지를 B, 나머지를 C로 분류한다.

h. 톱상품쉐어 = (톱상품매출÷총매출)×100

i. 객수 신장율 = 객수÷전년도 같은 달 객수

j. 매출 신장율 = 총매출÷전년도 같은달 총매출

k. 객 단가 신장율 = 객단가÷전년도 같은 달 객 단가

l. 평당매출 = 총매출÷평수

m. 평균 인건비 = 총인건비÷환산인원

n. 원료비율 = (원료비÷총매출)×100

o. 인건비율 = (인건비÷총매출)×100

p. 제경비율 = (제경비÷총매출)×100

다음 표는 A패밀리 레스토랑의 3월 매출이다. 다음 표의 자료를 토대로 외식관리 공식에 맞춰서 실제 관리를 해보도록 하자. 편의상 소수점과 단 단위 기표는 생략했다.

A매장의 총 테이블 수는 총 25개, 좌석수 100개, 홀 평수는 50평이다.

## 예산 비용 대비

|  | 2012년 3월 | 2013년 3월 | 비고 |
|---|---|---|---|
| 매출 | 27,000,000 | 30,000,000 |  |
| 객수 | 1,150 | 1,220 |  |
| 런치매출 | 7,800,000 | 8,200,000 |  |
| 런치객수 | 320 | 400 |  |
| 디너매출 | 19,200,000 | 21,800,000 |  |
| 디너객수 | 830 | 820 |  |
| 요리매출 | 23,900,000 | 26,500,000 |  |
| 음료매출 | 3,100,000 | 3,500,000 |  |
| 인건비 | 11,000,000 | 11,820,000 |  |
| 원재료비 | 9,800,000 | 10,600,000 |  |
| 제경비 | 1,050,000 | 1,300,000 |  |
| 총 인원 | 10(스텝포함) | 10(스텝포함) |  |

위 매장의 2013년 3월 객 단가는 얼마인가?

$30,000,000 \div 1220 = 24,590$원이다.

참고로 2012년 3월 객단가는 $27,000,000 \div 1,150 = 23,478$원이었다.

객 회전율은?

$1220 \div (100 \times 30) = 0.406$ 일 평균 4회전을 조금 넘긴 것이다.

런치타임 객 회전율은?

$400 \div (100 \times 30) = 0.133$

디너타임 객회전율 $= 820 \div (100 \times 30) = 0.273$

총 매출 중 요리가 차지하는 비율은?

26,500,000÷30,000,000)×100=88.3%이다.

음료가 차지하는 비율은?

(3,500,000÷30,000,000)×100=11.7%이다.

전체 매출 중 런치매출이 차지하는 비중은?

(8,200,000÷30,000,000)×100=27.4%

디너쉐어는? 21,800,000÷30,000,000)×100=72.6%이다.

A.B.C 분석은 전체 매출을 100으로 잡고 매출액의 70%까지를 차지하는 톱 상품 등급에 해당하는 상품 군을 A, 그 다음 90%까지를 B, 나머지를 C로 분류한다. 요즘엔 포스시스템에서 자동으로 정산할 수 있다.

톱 상품 쉐어는?

전체 매출에서 톱 상품 매출을 뽑아 총매출로 나누고 그 값을×100 하면 된다. 톱 상품 매출은 위의 A.B.C 분석법 중 A상품만을 말한다.

객수 신장율은?

1,220÷1,050=1.161이다. 즉 116% 성장했음을 알 수 있다.

매출 신장율은?

30,000,000÷27,000,000=1.111  즉 111% 성장했다.

객 단가 신장율은?

24,590÷23,478=1,047이다. 104% 성장했다.

평당 매출은 얼마인가? 30,000,000÷50=600,000원이다.

그렇다면 평균 인건비는 얼마인가? 11,820,000÷10=1,182,000원이다.

원료비율은 얼마나 되나?

(10,600,000÷30,000,000)×100=35.3이다. 원재료비가 35%를 넘고 있다. 일반적인 외식기업의 원재료비 목표 비중은 30% 이내이다.

인건비율은?

(11,820,000÷30,000,000)×100=0.394 39.4%나 된다. 20% 이하로 낮춰야 한다. 정 직원 비율을 낮추고 바쁠 때만 스텝을 고용해서 인건비율을 낮출 수 있다.

관리비를 포함한 제경비율은 얼마나 되는가?

(1,300,000÷30,000,000)×100=0.043 즉 4.3%임을 알 수 있다. 제 경비율은 양호한 편이다. 총 매출에서 인건비와 원재료비, 제 경비를 공제하면 A매장의 순 이익은 ₩6,280,000이다. 일반적으로 총 매출이 ₩30,000,000인 경우 순 이익은 ₩8,000,000이 되는 것이 정상이다.

위 공식을 통째로 암기하든 적어두고 대입해서 계산을 하든 적절히 활용할 줄 알면 어디서든 외식경영자로서 부끄럽지 않은 수준은 될 것이다.

## 분석하고 준비하라

고전과 인문학, 역사서를 읽고 매일 신문 칼럼과 경제지를 구독하도록 한다. 요즘 가장 인기있는 드라마와 대중가요, 개그콘서트를 꿰고 있어야 한다. 수시로 젊은이들과 격의 없는 대화를 시도해야 한다. 9할 이상은 경청에 초점을 맞추는 것을 잊지 말라. 시대의 트랜드를 읽는데 왕도는 없다. 무조건 많이 읽고, 많이 보고, 많이 생각해야 한다. 창업의 나무에 너무 급하게 오르려고 하지 말라. 급하게 오르면 반드시 추락하게 된다. 준비하고 또 준비하라. 분석하고 또 분석하라. '이정도면 충분하다'는 확신이 섰는가?

그렇다면 마지막으로 한 번만 더 준비하라. 누구나 나는 충분히 준비가 됐다고, 이정도면 충분하다고 생각하는 시점이 있다. 그러나 그 시점이라는 것은 지극히 주관적인 것이다. 모든 것에는 시기가 필요하다. 도입기, 성장기, 성숙기, 쇠퇴기… 도입기에는 많은 시행착오와 성장통이 따르게 마련이다. 농부가 수확을 거두기 위해 땅을 갈고 씨를 뿌리고 김을 매야 하듯, 우리의 꿈도 그것을 이루기 위해서는 적절한 시기와 준비과정이 필요한 것이다. 준비가 됐고 기회가 왔다는 확신이 들면 과감하게 밀어붙여라. 이 단계에서 잊지 말아야 할 것이 있다. 매일 거울을 보고 스스로를 축복하라. '너는 반드시 성공할 것이다. 너로 인해서 많은 사람들이 행복해 할 것이다.' 반드시 하루에 10번 이상 실행하라. 성공의 첫 단추를 무사히 꿰게 될 것이다. 다음의 기관에서는 예비창업자들을 위한 창업 강좌를 진행하고 있다. 지나칠 정도로 준비하라. 성공은 꼼꼼하고 준비가 잘 된 사람에게 찾아온다.

a. 소상공인진흥원(www.sbdc.or.kr) : 예비창업자를 위한 5단계 패키지 창업 교육, 창업관련 사이버 강좌, 기존 사업자 경영교육을 실시하고 있다.

b. 중소기업청(www.smba.go.kr) : 창업과 경영에 필요한 제반 절차 및 실무내용을 소상공인 지원센터를 통해 교육하고 있다.

c. 한국프랜차이즈협회(www.ikfa.or.kr) : 예비창업자를 대상으로 프랜차이즈 창업아카데미를 운영하고 있다.

d. 창업진흥원(www.kobia.or.kr) : 좋은 아이템을 가진 대학생들에게 창업보육센터를 제공하고 있다.


## 사업계획서 작성요령

사업은 절실함만큼만 성장하게 돼 있다. 실패하면 어떤 결과로 이어질 것인지 분명하게 인식하고 절실한 마음으로 계획을 세우도록 하라. 실패하면 배를 가를 각오를 가지고 사업 준비를 하라. 세상에 못 이룰 것은 없을 것이다. 어떤 일이 있더라도 포기하지 않을 자신이 있는가? 한 치 앞을 내다볼 수 없는 것이 인생이다. 현실이 아무리 어둡고 남루하다해도 결코 좌절하거나 포기하지 말라. 준비를 철저히 했고 성공의 확신을 가지고 시작했다면 비록 마음먹은 대로 되지 않더라도 끝까지 포기하지 말아야 한다. 내가 아무리 준비를 철저히 했다고 해도 막상 오픈을 하고 나면 많은 문제점이 쏟아져 나오게 마련이다.

사업계획서를 작성해보고 조목조목 준비상황을 체크해 보는 것이 성공 창업의 필수 항목이라 할 수 있다. 사업계획서를 작성할 때는 소요비용보다 120% 높게 사업비를 잡아서 그 중 20%는 예비비로 가지고 가는 것이 좋다. 자금은 인체의 혈액과도 같다. 혈액이 고갈되면 빈혈로 인해 쓰러지고 만다. 기업도 마찬가지이다. 투자자금 대비 20%의 예비비를 만들어 두고, 언제든 위급할 때는 손을 벌리면 차용할 수 있는 여유자금도 준비해 둬야한다. 아무리 성공에 확신이 있다 해도 자금계획은 철저하게 수립해 두고 시작하는 것이 좋다.

## 실전 손익분기점(Break Even Point) 작성법

기업 운영의 필요비용은 다음과 같이 변동비와 고정비로 나눌 수 있다. 변동비는 원재료비, 광고비 등과 같이 매출에 따라 변동되는 비용을 말하는 것이다. 고정비는 급여, 복리후생비, 임차료 등 매출과 관계없이 고정적으로 지급해야 하는 비용을 말한다. 손익분기점을 계산하려면 먼저 고정비와 변동비를 뽑아놓고 다음 계산식에 대입해서 계산하면 된다. 손익분기점의 계산법을 활용하는 방법은 제조업과 서비스업이 다소 다르다. 여기서는 작은 가게외식업 위주로 소개하겠다.

공헌이익 = 매출액 − 변동비

변동비율 = 변동비 / 매출액

공헌이익률 = 1 − 변동비율

손익분기점 = 고정비 / 공헌이익률

이제 실전으로 들어가서 B매장의 5월 매출을 기준으로 손익분기점 계산을 해보자. B매장의 경우 5월 직원 인건비는 5,600,000원이다. 원재료비는 10,500,000원이다. 광고비(전단지 등을 살포한 금액)는 1,000,000원이다. 임대료와 관리비는 총 3,800,000원이다. 매출액은 36,000,000원이다. 이제 B매장의 손익분기점을 계산해보자.

B매장의 경우 손익분기점은 13,811,342원이다.

변동비 = 원재료비 10,500,000원 + 광고비 1,000,000원 = ₩ 11,500,000

고정비 = 인건비 5,600,000원 + 임대료와 관리비 3,800,000원

= ₩ 9,400,000

36,000,000(매출액) − 11,500,000(변동비) = 24,500,000(공헌이익)

11,500,000(변동비) / 36,000,000(매출액) = 0.3194(변동비율)

1 − 0.3194(변동비율) = 0.6806(공헌이익률)

9,400,000(고정비) / 0.6806(공헌이익률) = 13,811,342(손익분기점)

즉, B매장은 13,811,400원 이상의 매출만 올리면 적어도 적자는 보지 않는다는 말이다. 그런데 여기서 빠진 것이 있다. 세금과 각종 공과금 및 잡비 등이다. 그런 것을 감안한다면 B매장의 경우 15,000,000원 이상의 매출을 올려야 적자를 면한다고 볼 수 있다.

## 우공이산愚公移山으로 나아가라

두뇌회전이 빠르고 똑똑한 사람이 외식업을 하면 성공할 것이라고 생각한다. 외식업도 사업이니까 멍청한 것보다는 똑똑한 것이 유리할 수도 있다. 그런데 꼭 그렇지만도 않다. 외식업은 오히려 조금은 고지식하고 소처럼 우직하며 정직한 사람이 성공할 가능성이 높다. 두뇌회전이 빠르고 계산이 정확한 사람이 성공할 것 같지만 그런 사람은 오히려 실패할 가능성이 높다.

외식업의 생명은 끈기이다. 물속의 바위에 이끼가 끼면 그 이끼를 뜯어먹고 사는 생물들이 바위에 붙는다. 생물들을 먹으려고 물고기들도 모여든다. 그런데 바위를 자꾸만 뒤집고 흔들어대면 생물들은 붙지 않는다. 그나마 붙어있던 생물들도 떨어져나간다. 당연히 물고기들은 모이지 않게 된다. 외식업도 마찬가지이다. 한 번 콘셉트를 잡았으면 끝까지 흔들리지 않고 나아가야 한다. 오픈을 해서 3,4개월이 지나도록 고객이 늘지 않으면 누구나 초조해지게 마련이다.

'이 길이 아닌가? 콘셉트가 잘못됐나? 메뉴를 바꿔볼까?'

자꾸만 의구심이 생긴다. 그래서 좀 더 나아보이는 쪽으로 자꾸만 방향을 튼다. 그렇게 하면 고객은 결코 붙질 않는다. 확신을 가진 콘셉트로 창업했으면 3년간은 그 자리에서 진득하게 버틸 줄 알아야 한다. 외식업으로 성공을 거둔 전 세계의 모든 오너들이 그런 과정을 거쳤다. 자신의 판단을 의심하고 변덕을 부린 사람들은 한결같이 실패했다. 조금은 느리더라도 자신의 길을 묵묵히 최선을 다해서 끈기 있게 걸어가는 사람이 성공을 거둘 수 있다. 자기 마음대로 오픈시간을 조정하거나 아프다고 매장 문을 닫아버리는 사람은 결코 외식업으로 성공할 수 없다. 외식업은 대표적인 접객 사업이다. 당연히 고객과의 약속을 지키려는 노력이 최우선돼야 한다.

우공이산愚公移山이라는 사자성어는 외식업을 창업하려는 사람에게 가장 어울리는 단어다. 게으르거나 귀가 얇은 사람은 결코 외식업으로는 성공하지 못한다. 게으른 습관을 도저히 바꿀 수 없다면 외식 창업은 시작하지 않는 것이 좋다. 게으르거나 변덕이 심한 사람이 외식업으로 성공을 했다는 전례는 동서고금을 막론하고 찾아볼 수가 없다. 물론 처음 콘셉트를 잡을 때는 여러 가지 시도를 해야 한다. 주변 분들의 조언을 소중히 여기고 전문가들의 의견도 충분히 경청해야 한다. 그것은 목표를 잡기 위한 조정과정이라고 봐야 한다.

그러나 일단 목표가 잡히면 무서울 정도의 집중력과 끈기를 가지고 무소의 뿔처럼 나아가야 한다. 중단은 없다. 변경도 없다. 그 누가 뭐라고 조언을 해도 귀를 막아버려라. 그리고 한 우물을 파라. 혼을 바쳐야 한다. 그렇게만 하면 승리는 반드시 내 것이 될 것이다.

## A급 매장 만들기

잘 되는 매장은 다 이유가 있다. 그 이유를 분석하고 내 것으로 소화시키려는 노력은 기업 성장에 매우 중요하다. 기업은 달리는 자전거와 같다. 멈추는 순간 쓰러지거나 후발업체에 의해 도태되고 만다. 오너는 멀리 내다보고 전략을 세워서 직원들이 열심히 능력을 발휘할 수 있도록 멍석을 깔아주는 사람이어야 한다. 전략을 세우려면 통찰력을 키워야 한다. 통찰력은 하루아침에 만들어지는 것이 아니다. 끊임없이 벤치마킹을 하고 정보를 수집하며 지위고하를 막론하고 터놓고 토론을 하는 과정을 통해서 길러지는 것이다. 전 세계의 유명 레스토랑 오너들은 한결같이 그런 노력을 게을리 하지 않고 있다. 성공하는 매장에는 공통점이 있다. 지금부터 그들의 접객 요령과 경영 방식, 인테리어와 서비스 시스템을 좀 더 자세히 살펴보자.

외식업으로 성공하는 길은 생각보다 힘들다. 간혹 별다른 준비 없이 창업을 했는데 대박을 냈다는 경영자들도 있다. 그것은 그야말로 소가 뒷걸음질을 치다가 쥐를 밟은 격이다. 그렇다고 외식업으로 성공하기가 마냥 어려운 것만은 아니다. 알고 보면 간단하다. 문제는 그 간단한 비법을 아무나 실행하지 못한다는데 있다. 대부분의 외식업소들이 그저 현상유지나 하는 것에 만족하거나 버티지 못하고 매장 문을 닫는다. 고객의 마음을 사로잡지 못하기 때문이다. 그럼 어떻게 해야 고객의 마음을 사로잡을 수 있을까? '가격은 삼류로 서비스는 일류로'하면 된다.

## 1) 실전 접객 포인트

### a. 일정한 맛을 지켜라

맛은 항상 일정해야 한다. 솜씨가 있는 사람이 눈대중으로 뚝딱 만드는 음식은 만드는 사람의 컨디션과 그날의 날씨에 따라서 미묘한 차이가 날 수 있다. 0.01g 까지 계측할 수 있는 전자저울과 계량컵, 계량스푼을 구입하여 양념의 양, 주재료와 부재료의 양을 정확하게 계량해서 레시피를 작성하라. 언제나 일정한 맛을 제공하는 것이 무엇보다 중요한 외식업의 성공요소임을 잊지 말라.

### b. 무조건 퍼줘라

서초동에서 갈빗집을 운영하는 황사장은 잔소리꾼이다. 어찌나 잔소리가 심한지 버티는 종업원이 없을 지경이다. 대부분의 종업원들은 자기가 싫으면 떠나고 만다. 그런데 새로 온 주방장은 달랐다. 사장이 "야 임마! 재료 좀 아껴 써!"라고 잔소리를 할 때마다 거꾸로 갈비탕에 갈비를 듬뿍 담아주었다. '이 자식! 어디 한 번 망해봐라!' 주방장의 심보가 작렬한 것이다.

그런데 어찌된 일인지 망하라는 가게에는 고객이 점점 많아지기 시작했다. 양도 많고 맛도 끝내준다는 소문이 꼬리에 꼬리를 물어 고객들이 줄을 서게 된 것이다. 이 이야기는 외식업계에서 전설처럼 전해오는 실화이다. '맛있는 음식을 미친 듯이 퍼준다.' 이렇게 하면 분명 고객이 주인을 향해 말을 할 것이다

"사장님! 이렇게 막 퍼줘도 남는 게 있어요?"

고객으로부터 이런 걱정을 들을 때까지 퍼줄 수 있어야 한다. 단지 음식의 양만 많이 주라는 것이 아니다. 음식과 서비스 모두 질적인 것의 만족도도 높아야 한다. 맛없는 음식을 많이 퍼주면 그것은 고문에 불과하다. 그래서 손이 작은 사람, 인색한 사람은 결코 외식업에서 성공할 수 없다. 아깝게 생각하지 말고 막 퍼줘야 하는데 원가 생각하고 이익금을 머릿속으로 계산하는 사람은 절대 퍼줄 수 없다. 당장 이익이 되지 않더라도 '고객에게 기쁨을 주는 것이 곧 나의 기쁨으로 받아들일 수 있는 사람'이라야 외식업에서 성공할 수 있다.

### c. 밑밥을 던져라

고급 음식점이 아닌 대중음식점에 포커스를 맞춘 경우라면 반드시 사람들을 많이 끌게 해야 한다. 물고기를 낚으려면 밑밥을 잘 써야 하듯, 메뉴 중에 고객의 시선을 끌만한 것을 한두 개 준비하는 것이 좋다. 가격과 질적인 면에서 고객이 감동할만한 메뉴를 만들어내야 한다. 그야말로 재료비도 겨우 건질만한 메뉴를 만들어 내는 것이다. 그것으로 고객들이 모여들게 하는 것이다. 잡어雜魚들이 모이면 덩달아 큰 물고기들도 몰려들게 되어있다. 돈은 큰 물고기로부터 벌면 된다.

### d. 예약제를 활용하라

큰 물고기좋은 고객들은 예약을 하게 하라. 비록 예약이 되어있지 않더라도 반드시 중요한 고객을 위해 한두 개의 자리(방)는 비워두어야 한다. 바깥에 일반 고객들이 줄을 서고 있더라도 그 방은 내주면 안 된다. "죄송합니다. 자리가 없네요! 다음엔 꼭 미리 예약을 하세요. 혹시라도 갑자기 고객이 와서 예약하기 어려우시면 오시기 전에 꼭 전화 한 통화 주세요. 사장님을 위해서라면 어떤 수를 써서라도 방을 비워 놓을게요." 주인으로부터 이런 대접을 받으면 누구든 기분이 좋아진다. 잘 되는 가게는 좋은 고객이 얼마나 많이, 자주 오느냐에 의해 결정된다. 좋은 고객을 내 매장의 팬이 되게 하라.

e. 완벽한 서비스를 추구하라

아무리 바쁘더라도 고객이 재촉하더라도 완벽한 세팅이 되지 않은 테이블에 고객을 앉히지 말아야 한다. 테이블 치우는 모습이나 그릇이 서로 부딪히는 소리는 고객의 마음을 불안하게 만든다. 앞선 고객이 남기고 간 잔반은 큰 그릇에 무조건 버리도록 하라. 고객이 믿고 먹을 수 있는 위생적이고 깔끔한 분위기를 제공하기 위해서다. 반찬은 조금씩 자주 제공하는 것이 좋다.

## 2) 내 매장을 왕국으로

'고객은 왕이다'라는 말이 있다. 이 말의 원조는 일본에서 나온 '오갸꾸 사마와 가미사마お客様は神様 고객은 신이다라는 말이다. 고객을 신이나 왕처럼 모셔야 한다는 것은 당시로서는 대단히 고차원적인 서비스 개념이었다. 그러나 이제는 바뀌어져야 한다. 고객이 왕이 되는 것이 아니라 매장이 왕국이 되어야 한다. 좀 더 정확하게 말하자면 '매장은

왕국이고 고객은 그 왕국을 찾아온 귀빈이 되어야 한다.' 물론 경영자를 포함한 전 스텝들은 왕국을 지키는 품격 있는 집사가 되어야 한다. 우리 왕국을 찾아온 고객을 성심성의껏 접대 한다는 생각으로 임하라는 뜻이다.

왕국과 스텝들이 품격과 멋이 있으면 고객도 왕국을 우습게보지 않는다. '매장은 격조 높은 맛과 분위기로 귀빈을 극진히 보살피고 크게 만족한 고객이 사방으로 다니며 자랑하게 만들라.' 이런 왕국을 만들 수만 있다면 외식사업은 반드시 성공을 거둘 수 있다. 그렇다고 경영자가 왕처럼 거들먹거리라는 뜻은 아니다. 왕국은 있되 왕이 없는, 늘 겸손하고 친절한 시종들만 있는 편안한 왕국이 되어야 한다.

### 3) 데이트를 하라

외식사업은 마치 연인과 데이트를 하는 것처럼 경영하는 것이 좋다. 아리따운 애인을 찾아나서는 청년처럼, 고객이 자꾸만 찾아가고 싶은 매장이 돼야한다는 뜻이다. 생각해보라. 세상에 널리고 널린 게 외식업소다. 조금만 눈을 돌려보면 갖가지 메뉴에 기라성 같은 대형 외식업소들이 고객을 유혹하고 있다. 그럼에도 불구하고 내가 운영하는 매장을 찾아와주는 고객은 나의 애인인 셈이다. 나의 애인이 궂은 날이든 좋은 날이든 가리지 않고 한결같은 마음으로 찾아오게 만들려면 내게 그만한 매력이 있어야 한다.

그렇다고 고객과 실제 연애를 하라는 뜻은 아니다. 고객과의 사적인 접촉은 결코 도움이 되지 못한다. 스텝은 매장의 일부분이다. 그러므로 고객과 사적으로 만나는 것은 매장 이미지에 치명적인 손상을 줄 수 있다.

**내 매장이 독특하고 아늑하며 매력 있는 매장이 되기 위해서는 다른 곳에는 없는 개성을 만들어야 한다. 창업정신, 맛, 인테리어, 스텝들의 매너 등이 절묘한 밸런스를 유지하고 있는 매장에서 고객은 묘한 매력을 느낄 수 있다.** 어딘지 부자연스럽거나 어색한 느낌이 들면 매정하게 발길을 끊는 것 또한 고객의 생리다. 간단하게 끼니를 때우는 패스트푸드점이라면 유동인구가 많은 곳에 깔끔하고 세련되게 인테리어를 꾸미기만 해도 좋다. 그러나 경쟁력 있는 외식사업장을 만들고 싶으면 고객에게 전달하고자하는 콘셉트가 분명하게 있어야 한다.

### 4) 매스컴 활용 노하우

외식업 성공의 키key는 입소문이다. 고객들이 먹어보고 여기저기 추천하게 만드는 것이 가장 확실한 마케팅 전략이다. 뭐니 뭐니 해도 가장 효과적이고 위력적인 입소문은 매스컴을 타는 것이다. 현대 사회는 미디어의 세계다. 그 중에서도 T.V의 위력은 실로 대단하다. 그래서 외식업을 운영하는 사람들은 너도나도 T.V에 나오기 위해 갖은 방법을 동원하는 것이다.

매스컴을 활용하는 방법이 좋은 것은 알지만 특별한 연줄이 없거나 막대한 광고비를 지불할 능력이 없을 때는 어떻게 해야 할까? 매스컴을 타는 방법에는 몇 가지 원칙이 있다. 이 원칙을 잘 활용하면 내 매장도 매스컴을 탈 수 있다.

a. 광고는 절대 하지마라

신문이나 T.V에 광고를 내는 것은 투자비용 대비 그 효과가 미약하므로 하지 않는 것이 좋다. 또 광고를 내는 매장을 취재하는 방송사는 어디에도 없다. 그런 매장을 취재하겠다는 언론사가 있기는 하다. 그것은 기사효과를 거의 기대하기 힘든 삼류 언론사들이다. 보나마나 돈이나 뜯어낼 요량으로 접근했을 가능성이 매우 높다.

광고는 절대 하지마라. 반드시 기사로 취급하도록 해야 한다. 유력 일간지나 T.V에 기사 몇 줄 나가는 것이 수천 만 원을 들여서 광고를 하는 것 보다 훨씬 효과적이다.

b. 정보의 흐름을 읽어라

매스컴에도 레벨이 존재한다. 지방의 시원찮은 잡지사나 일간지에서 다룬 내용은 웬만해서는 중앙지에서 다루지 않는 것이 원칙이다. 한 마디로 모양새가 좋지 않기 때문이다. 이왕이면 영향력이 있는 중앙지를 타는 것에 목표를 두고 준비하도록 하자. 명심하라. 물은 반드시 아래로 흐르는 법이다. 정보의 흐름도 마찬가지이다. 중앙에서 지방으로 흐르는 것이 원칙이다.

c. 꺼리가 있어야 한다

매스컴을 타려면 외식업 관련 담당기자나 편집자의 눈에 띄는 독특한 이슈가 있어야 한다. 이슈는 만들면 된다. 이를테면 독특한 맛, 캐릭터, 경영 방침, 감동 스토리, 인테리어 등에서 눈에 튀는 전략을 세우면 된다.

### d. 가늘고 길게 가라

어찌어찌해서 매스컴을 한번 탔다 해도 시간이 흐르면 고객의 기억에서 곧 잊혀 지게 된다. 그러므로 한꺼번에 많은 언론에서 취급하는 것 보다 조금씩 자주 언론에 등장하는 것이 좋다.

예를 들어서 독특한 맛으로 매스컴에 한 번 소개가 됐으면 다음에는 수익의 일부를 투자해서 전 스텝들과 함께 봉사활동을 하는 것이다. 시간은 좀 걸리겠지만 이런 것은 매스컴에서 다루기 좋아하는 이슈가 된다. 설령 매스컴에서 다뤄주지 않더라도 봉사는 일석이조의 효과를 거둘 수 있다. 스텝들에게 귀중한 사명감을 심어줄 수 있고 고객들에게도 좋은 이미지를 줄 수 있기 때문이다.

### e. 정보를 흘려라

어느 정도 이슈화 될 '꺼리'가 준비되었으면 이번에는 방송사에 근무하는 사람들을 슬쩍 불러 자연스럽게 식사를 하며 근황을 전하는 것도 하나의 방법이다. 취재부에 근무하는 사람이 아니라도 상관없다. 방송사도 하나의 회사이기 때문에 회사 내에서 하나 둘 입소문이 나기 시작하면 취재부에 그 소문이 들어가게 되어있다. 시간이 소요되더라도 조급해말며 모든 것은 물 흐르듯 자연스럽게 진행하는 것이 좋다.

f. 매스컴과 평행선을 유지하라

매스컴에서 몇 번 다뤄주고 유명세를 타게 되면 그쪽 사람들과 어느 정도의 친분이 쌓이게 된다. 그렇게 되면 대부분의 사람들은 그들과 더욱 친해지기 위해 갖은 노력을 기울인다. 그런데 이미 시청자나 독자들에게 제공된 정보는 다시 돌아보지 않는 것이 매스컴의 생리인 것을 잊지 말아야 한다. 한 마디로 헛물을 켜는 셈이다. 매스컴 관계자들에게 정성과 예의를 다하되 그 이상은 가까이 하지 않는 게 좋다. 언제나 변함없이 겸손하면서도 당당하고 예의 바른 모습을 유지하라.

## 5) 안될 때는 당당하게, 잘될 때는 더 겸손하게

사람들은 일이 잘 풀리지 않으면 어깨가 처져서 고객 앞에서도 작아지거나 소극적인 모습을 보인다. 그런 모습은 결코 도움이 될 수 없다. 작은 매장을 운영하는 사람이든 큰 사업장을 운영하는 사람이든 경영자는 산과 같아야 한다. 살다보면 비도 오고 구름이 가득 낄 때도 있다. 비가 오거나 구름이 낄 때는 산의 모습이 잘 보이지 않는다. 그렇다고 산이 없어진 건가?

그렇지 않다 산은 항상 그 자리에 있다. 구름이 걷히고 비가 그치면 산은 이전보다 훨씬 또렷하게 보인다. 어려운 때일수록 작은 것에 일희일비하지 말고 든든하게 버티고 서 있어야 한다. 비록 무너질 때 무너지더라도 최후의 순간까지 의연함을 유지하는 것이 중요하다. 잘 되지 않을 때는 그 원인을 빨리 분석해서 단점을 보완하라. 쉽게 포기하지 않는 자세가 그 무엇보다 중요하다. 반대로 잘될 때는 겸손함을 잃지 않도록 더욱 신경을 써야 한다.

부천에서 동태찜 전문매장을 운영하는 P사장은 VJ특공대에 매장이 한 번 소개되자 졸지에 유명인이 되었다. 고객이 구름처럼 밀려들기 시작했다. 더불어 돈도 주체할 수 없을 만큼 벌리기 시작했다. 그러자 그는 어깨에 잔뜩 힘이 들어가서 손수 만들던 요리를 다른 사람에게 맡기고 여기저기 지역 행사에 VIP 행세를 했다. 매장 경영을 등한시 한 것이다. 그러자 고객은 썰물처럼 빠져나가기 시작했다. 요즘 그는 땅을 치며 뒤 늦은 후회를 하고 있다.

그러나 이미 기회는 사라지고 만 것이다. 한 번 고객들로부터 외면당한 곳은 좀처럼 회복하기 어렵다. 차라리 새로 창업을 하는 편이 훨씬 빠르다. 겸손함을 잊어서는 안 된다. 지금의 인기와 매장이 번성하게 된 것도 순전히 고객의 도움인 것을 잊지 말자. 깊은 산에는 나무도 많고 물도 많다. 온갖 새들과 짐승들이 기대어 산다. 고객들은 별의 별 사람들이 많다. 슬픔과 기쁨을 가진 고객들이 다가와 편안히 기댈 수 있는 매장, 모든 것을 품을 수 있는 큰 산이 되어야 한다. 어떤 경우에도 그 모습 그대로 자신의 자리를 지키는 것이 중요한 것이다.

## 6) 스텝 선발 노하우

**다음은 스텝을 선발할 때 면접에서 참고할 만한 사항이다.**

- 눈치가 빠르고 상냥하며 부지런해 보이는 사람은 홀 서빙으로 안성맞춤이다.
- 눈동자가 안정적이며 잘 웃는 사람은 어느 부서나 좋다.
- 눈썹이 가지런한 사람은 자라온 환경과 성품이 부드럽다.
   - 눈썹 뼈가 돌출되었거나 흉터가 있는 사람은 어느 부서든 좋지 않다.
- 머리 모양과 손톱 모양이 항상 깔끔하게 정돈되어 있는 사람을 써라.
- 말씨가 느리지도 지나치게 빠르지도 않은 사람을 써라.

**다음은 스텝 채용시 참고할 만한 사항이다.**

- 반드시 1주일 이상 수습기간을 두고 채용하라.
- 견디기 어려운 일까지 시켜봐서 끈기를 테스트해보라.
- 하고자 하는 성의와 성실한 자세를 높이 사라.
- 열심히 하는 직원에게는 다른 매장보다 많은 급료를 지급하라.

외식업소에 근무하는 것을 평생직장으로 여기는 사람은 거의 없다. 그저 잠깐 아르바이트를 하는 임시직장으로 생각하는 정도다. 그만큼 이직률도 높고 스텝 구하기도 어렵다. 직원들이 평생직장으로 여기고 충성할 수 있도록 만드는 것이 포인트다. 어떻게 하면 좋은 직원을 오래 근무하게 할 수 있는가를 늘 고민해야 한다. 직원 구하기가 어렵다고 아무나 쓰는 것은 삼가야 한다. 그것은 바로 서비스의 질로 이어지기 때문이다.

## 7) 어제와 오늘을 구분하라

사람들은 크고 작은 일에서 성공하게 되면 쉽게 그 일을 잊지 못한다. 과거의 명성에 집착하고 노력을 게을리 하게 되면 곧 후발주자에게 그 자리를 내어주게 되는 것이 철칙인 것을 잊지 말아야 한다.

우리나라에서 가장 큰 삼계탕 집을 운영하는 S사장님은 언제 봐도 참 겸손하신 분이다. 그는 항상 노력하는 사람으로도 유명하다. 그는 한꺼번에 700명의 고객들이 들어올 수 있는 대형매장을 전국에 다섯 개나 운영하는 오너이다. 그러나 그는 지금도 종업원들과 함께 고객의 구두를 닦아주고 고객이 돌아갈 때는 문을 열어주며 깍듯하게 인사를 한다. 그것은 그가 처음 다섯 평의 삼계탕 집을 운영할 때부터 변함없이 지켜온 방식이다. 또 맛있는 집이 생겼다는 정보를 들으면 반드시 찾아가서 먹어보고 배울 점을 찾는다. 어제의 영광은 그저 어제의 것이다. 빨리 잊고 새로운 내일을 준비해야 한다. 고객은 흐르는 강물과도 같다. 스치고 흘러가면 다시 오지 않는다. 그 강물이 고일 수 있도록 매장 준비를 철저히 해야 한다. 매장 준비가 잘 되어있고 매력이 있는 매장이라야 강물은 오래도록 그 곳을 떠나지 않는 법이다.

## 8) 외식 서비스 노하우

요즘 고객만족과 고객감동이라는 말을 많이 쓰고 있다. 고객만족과 고객감동의 차이는 무엇일까? 고객은 자신이 예상했던 만큼의 서비스가 충족되면 만족을 한다. 고객감동은 자신의 예상을 뛰어넘는 서비스를 받았을 때 일어나는 현상이다. 자신이 전혀 예상치 못했던 서비스를 받거나 세심한 배려를 받을 때 고객은 감동을 하는 것이다.

오래 전 일본의 유명백화점에서 있었던 일이다. 12월 17일 오후 5시 경, 백화점 지하 명품 식품관으로 허름한 차림의 20대 여성이 들어왔다. 그 여성은 청포도를 구입하고 싶다고 했다. 당시에는 한 겨울에 청포도를 구하기가 어려웠다. 백화점 식품관에서는 부유층을 대상으로 고급 오동나무 상자에 청포도를 담아 우리 돈 50만원에 한정판매하고 있었다. 여성 고객이 가진 돈은 고작 7만원뿐이었다. 그녀의 어머니는 말기 암환자였는데 며칠 전부터 청포도가 먹고 싶어 했다. 엄마의 마지막 소원을 들어주고 싶었던 딸은 가진 돈을 탈탈 털어서 백화점까지 온 것이다. 그러나 턱없이 비싼 청포도 가격에 그녀는 힘없이 발걸음을 돌려야만 했다. 그때 여성의 사연을 듣고 마음이 아팠던 한 여직원이 오동나무 상자를 뜯고 청포도를 잘라내어 7만원어치를 팔았다. 다음 날 여직원은 그 일 때문에 상사로부터 크게 꾸지람을 듣고 2년 전에 일했던 주차요원 부서로 밀려나고 말았다. 이듬 해 2월 요미우리신문 사회면에는 다음과 같은 사연이 실렸다.

'그 청포도 때문에 어머니께서는 마지막 임종을 행복하게 맞이하고 하늘나라로 떠날 수 있었어요. 그때 제게 따뜻하게 배려해주신 ○○○ 백화점 여직원님께 진심으로 감사의 인사를 올립니다.'

그 사연은 겨우내 얼어붙었던 일본사회를 따뜻하게 만들었다. 덕분에 백화점 매출은 240%나 상승했다. 그때까지 주차요원으로 설움을 받던 여직원은 서비스 매니저로 승진할 수 있었다.

그 여직원은 천편일률적인 서비스 매뉴얼을 깨고 자신의 불이익을 감수하면서까지 고객의 아픔을 공유하려 했다. 그렇기 때문에 사람들은 감동을 한 것이다. 고객이 원하는 메뉴에 대해 오더를 받고 적절한 시간 안에 요리를 가져다주는 것은 외식업에 있어서 가장 기초적인 서비스 형태이다. 물론 이런 기초적인 것도 지키지 못하는 외식업체도 있다. 고객을 한 없이 기다리게 하거나 잘못된 오더로 주문하지도 않은 요리가 제공됐음에도 사과조차 제대로 하지 않는 매장도 있다. 외식업에서 최고의 서비스란 무엇일까? '고객의 오감을 만족시킬 수 있는 서비스'를 제공하는 것이다. 그럼 어떻게 해야 고객의 오감을 만족시킬 수 있을까?

a. 고객의 심리를 파악하라

먼저 고객의 심리를 파악할 수 있어야 한다. 심리학자도 아닌데 어떻게 다른 사람의 심리를 파악할 수 있을까? 물론 쉬운 일은 아니다. 그러나 어느 정도의 경험과 관심만 있다면 누구나 가능한 일이다.

평소에 내가 좋아하는 연예인이 내 매장에 방문했다고 치자. 그러면 당연히 나는 그의 일거수일투족이 신경 쓰일 것이다. 그가 컵을 만지면 물을 마시고 싶어 한다는 것을 알 수 있고 매장을 두리번거리면 무언가를 찾거나 부탁할 것이 있을 거라는 짐작을 할 수 있다. 그가 나를 부르기 전에 재빨리 다가가서 그가 원하는 것을 들어줄 수도 있다. 관심만 있으면 누구든 그의 필요를 채워줄 수 있는 것이다.

앉는 자세로도 고객의 성향을 어느 정도는 파악할 수 있다. 의자의 앞쪽에 엉덩이를 붙이고 테이블 쪽으로 몸을 기울여 앉는 사람은 성격이 급한 사람이다. 당연히 주문한 요리가 빨리 나와야 만족한다. 이런 사람은 식사도 급하게 하는 편이다. 반대로 의자 깊숙이 엉덩이를 붙이고 앉는 사람은 신중하고 소심한 성격일 가능성이 높다. 아주 세심한 배려에 큰 감동을 받는 타입이다.

경험이 쌓이다보면 고객의 눈빛만 봐도 알 수 있는 것들이 많이 있다. 중요한 것은 고객을 머리로 파악하려 하지 말고 가슴으로 이해하려는 자세이다. 할 수만 있다면 우리는 고객이 즐거워 할 때 같이 즐거워하고 고객이 슬퍼할 때는 함께 슬퍼할 수 있어야 한다. 우리는 어떤 인간을 믿을 수 있는가? 그 사람이 내 예측 범위 내의 사람이라야 믿을 수가 있다. 그의 심리, 그가 절대로 나를 해칠 사람이 아니라는 믿음이 있을 때 우리는 상대방을 믿게 된다. 인간은 자신의 심리상태를 공감해주는 사람을 믿고 싶은 본능이 있다. 그러므로 고객으로부터 신뢰받기 위해서는 늘 변함없는 태도와 고객의 심리에 공감할 줄 아는 사람이 되도록 노력해야 한다. 그렇다고 해결사가 되려고 애쓰지는 말라. 그저 공감해주기만 하면 된다. 그것만으로도 충분하다.

b. 존중받는 느낌이 들게 하라

준서는 일본의 오모테산도表參道, 도쿄 메트로 지하철 하라주쿠(原宿)와 오모테

산도를 연결하는 번화가이다에 단골로 다니던 디저트카페가 있다. 준서는 지인과 함께 그 카페에 들러 약간의 디저트와 커피를 주문했다. 그런데 스텝이 실수를 해서 엉뚱한 디저트가 나왔다. 그때 직원이었던 이마이숙#군이 밝은 목소리로 사과를 하고 최초 주문했던 디저트로 바꿔줬다. 카페를 나올 때 계산을 하려하자 이마이군은 돈을 받지 않았다. '직원의 실수로 잠시나마 불편하게 해드린 것에 대한 보상'이라고 했다. 비록 얼마 되지 않는 돈이었지만 준서는 기분이 참 좋았다. 일주일 후 준서가 그 매장을 다시 방문했을 때 이마이군은 준서를 알아보고 반갑게 인사했다. 딱 한 번, 그것도 일주일 전에  방문했었는데 그는 준서를 기억하고 있었던 것이다. 준서가 그 카페의 단골이 된 것은 어쩌면 당연한 것이다.

**우리는 누구나 존중받고 싶어 한다. 자신이 특별한 존재로서 존중받는다는 느낌을 받을 때 우리는 누구나 행복해진다.** 이마이군은 매장 스텝이 저지른 사소한 실수를 잘 무마함은 물론 그것을 통해서 단골 고객을 만들어냈다. 실수는 누구나 저지를 수 있다. **현명한 사람은 실수를 실수로 끝내지 않고 그것을 통해서 무엇이든 얻어낼 수 있는 사람이다.**

c. 심리적 거리를 유지하라

사람은 누구나 심리적 안정감을 확보하기 위해 어느 정도의 공간을 필요로 한다. 이것을 심리적 거리Body zone라고 하는데 보통은 120cm 정도를 필요로 한다. 대체로 어린아이보다 어른의 심리적 거리감이 넓게 형성되며 여성보다도 남성이 더 넓게 형성된다. 그래서 남성들은 화장실에서 소변을 볼 때 갑자기 낯선 사람이 옆자리로 다가오면 경계심 때문에 쉽게 소변을 못 보게 된다.

매장에 들어온 고객에게 친밀감을 표시한답시고 지나치게 바짝 다가서면 고객은 당연히 불편해진다. 그렇다고 멀찌감치 떨어져서 고객을 응대하는 것도 좋지 못하다. 심리적 거리감은 친밀해질수록 좁아져서 연인이나 부부인 경우엔 매우 가까워진다. 고객도 마찬가지이다. 여성 고객의 경우엔 남성고객보다 조금 더 가까이 다가가서 부드럽게 서비스하는 것이 좋다. 물론 상대에 따라서 적절히 조절할 수 있어야 한다. 대체로 나이가 많은 할머니들은 대화를 나누면서 가까이 다가가 친밀감을 표시하는 것을 좋아하는 편이다. 매장을 자주 방문하는 단골 고객이라면 당연히 좀 더 다가가서 친밀감을 표시하는 것이 좋다. 첫 번째 방문했을 때나 수십 차례 방문해서 안면이 있음에도 불구하고 똑 같은 거리에서 오더만 받고 돌아서는 것은 좋지 못하다.

그렇지만 고객과는 반드시 지켜야 할 거리라는 것이 존재한다. **유능한 직원은 단골이라도 분위기를 봐서 가까이 가기도 하고 적당히 거리를 유지할 줄 아는 사람이다.** 달은 보름달이 됐다가도 초승달이 되기도 한다. 여성의 마음도 이와 같다. 특히 남성은 여성의 심리 파악에 미숙한 경우가 많다. 여성들은 상대의 입장을 배려해서 속으로는 불편하더라도 괜찮은 척 연기를 하는 경우가 많다. 그것을 착각하고 상대가 좋아하는 줄로만 알고 주책없이 다가갔다가는 좋은 고객을 잃게 되는 경우가 생기고 만다. 고객의 변화에 민감하게 반응하고 대처할 수 있도록 늘 관심을 갖고 심리적 거리를 유지해야 하는 이유가 거기에 있다.

## d. 권한위임Empower을 하라

대부분의 경영자가 C.SCustomer Satisfaction에는 투자를 해도 E.SEmployed Satisfaction는 신경을 쓰지 않는다. 고객만족Customer Satisfaction은 두말할 필요 없이 중요한 일이다. 그러나 그 못지않게 중요한 것이 직원만족Employed Satisfaction이다. 직장에서 만족하지 못한 직원은 고객을 만족시킬 수 없다. 직원을 만족시키려면 어떻게 해야 할까?

직원들로 하여금 주인 의식을 갖게 하면 된다. 직원이 주인의식을 갖고 고객 응대에 최선을 다하려면 그만한 권한이 있어야 한다. 문제가 발생했을 때 경영자에게 일일이 물어보고 결정을 하면 고객응대에 효율적이지 못하다. 문제가 발생하면 즉각 처리할 수 있는 권한을 줘야 직원들은 책임감을 갖고 고객응대에 최선을 다하게 된다. 간혹 권한을 함부로 남용하는 직원들도 있다. 대부분의 경영자들이 그런 점을 두려워한다. 물론 그런 일이 벌어질 수도 있다. 그럼에도 불구하고 잃는 것보다는 얻는 것이 훨씬 많다. 절대 다수의 직원들은 자신에게 부여된 권한을 남용하기 보다는 더욱 최선을 다하려 한다.

중국에서 훠궈전문점으로 신화를 쏘아올린 하이디라오를 보라. 장용사장은 직원들에게 막강한 권한을 부여했다. 전 직원에게 서비스처리 권한을 준 것이다. 고객이 불만을 표시할 경우에는 음식 값을 받지 않아도 된다. 이 점을 악용해서 음식 값을 현금으로 받아 챙기고는 서비스 처리를 했다고 보고하는 비양심적인 직원들도 있었다. 그러나 그런 직원은 전체의 0.5%에 불과했다. 대부분의 직원들은 자신에게 주어진 권한을 남용하지 않고 충성을 다해 고객을 섬겼다. 직원들의 서비스는 고객들의 전폭적인 신뢰로 이어져서 하이디라오는 결국 명실상부 중국 최고의 훠궈전문 외식업소로 자리매김했다. 이것은 직원들을 신뢰하고 과감하게 권한을 위임해준 장용사장의 결단 덕분이다. '대륙을 달군 훠궈 신화 하이디라오' 이 책은 외식업을 경영하는 사람이라면 반드시 읽어보기를 권한다.

국내 외식업소 중에도 독특한 경영방침을 고수하는 업체가 있다. 팬도로시Pan dorothy의 장인수 대표와 임은빈 이사는 직원들과 함께 꿈꾸기를 즐겨하는 분들이다. 그들은 어버이날에 일일이 손 편지를 써서 직원들의 부모님께 선물을 하기도 하고 매월 1권 이상의 양서를 직원들에게 증정한다. 직원들은 책을 읽고 서평을 낸 뒤 정기적으로 토론회를 갖는다. 1년에 한 번씩은 직원들과 함께 해외 봉사활동 계획을 짜고 직원들의 개인적인 꿈까지도 아낌없이 지원하고자 애쓰고 있다. 팬도로시는 지난 2012년 겨울에는 강원도 홍천으로 힐링 캠프를 다녀왔다. '나의 장점 100가지 작성해서 발표하기. 개인적인 1년 계획과 5년 계획, 10년 계획을 작성해서 발표하기' 직원들은 스스로의 장점을 써내려가면서 그동안 묻어두었던 스스로의 가치와 소중함을 깨달았다. 발표에 동참한 동료 직원들의 응원과 격려를 통해 자존감을 회복하는 귀한 시간을 갖게 됐다.

팬도로시는 대학을 중심으로 커피전문점을 운영하는 중소기업이다. 누구보다 좋은 재료를 쓰면서도 배고픈 학생들을 위해서 마진폭을 줄여 영업을 하는 참으로 양심적인 기업이다. 앞으로 우리나라에 팬도로시와 같은 좋은 기업들이 많이 생겨나길 바라는 마음 간절하다.

### e. 친절과 굴종을 구분하라

간혹 고객 중에는 말도 안 되는 요구로 매장 분위기를 흐리는 분도 있다. 커다란 목소리로 욕을 퍼부음으로써 주위를 소란스럽게 하거나 다른 곳에서 언짢아진 기분을 엄한 곳에서 푸는 사람도 있다. 우리는 언제까지라도 그들의 무례한 요구를 참아야 하는가?

대답은 간단하다. 서비스는 서비스를 받을 자격을 갖춘 사람에게만 베푸는 것이다. 무조건 고객에게 굴종하는 것은 옳지 못하다. 그렇다고 고객과 맞서 싸울 수도 없는 노릇이다. 그러면 어떻게 해야 할까?

T시의 한 카페에서 실제로 있었던 일이다.

한 여성 고객이 애플파이를 테이크아웃해서 가져갔다. 이튿날 오후 그 고객은 이미 상해버린 애플파이를 다시 가져와서 교환해달라고 했다. 집에서 혼자 먹을 요량으로 사갔는데 친구들과 갑자기 약속이 잡혀서 먹지 못한 채 장시간 상온에 둔 것이 원인이었다. 매장 직원은 고객의 요구를 단박에 거절했다. 고객의 실수로 발생한 일이기 때문에 회사 규정상 교환은 불가하다는 입장을 고수한 것이다. 화가 난 여성 고객은 큰 소리로 악담을 퍼부으며 가지고 간 파이박스를 매장 바닥에 내동댕이치고 돌아갔다. 당연히 매장 분위기는 순식간에 얼어붙어버렸다. 당신이라면 어떻게 했겠는가?

직원 입장에서야 회사의 규정상 교환해주지 않은 것은 당연한 조치라고 볼 수 있다. 그렇다고 무조건 바꿔줬어야 옳았을까?

서비스에 정답은 없다. 그렇지만 모범답안은 있을 수 있다. 준서는 매장 직원에게 다음과 같이 조치하도록 당부했다.

'고객님, 이것은 엄연히 고객님의 실수로 벌어진 일이기 때문에 회사 규정상 바꿔드릴 수는 없습니다. 그러나 고객님의 기분은 충분히 이해할 수 있어요. 자, 이렇게 해드릴게요. 제가 제 돈으로라도 사서 교환해드릴게요. 그 대신 다음에도 꼭 저희 매장을 애용해 주셔요.'

직원이 자기 돈으로라도 사서 교환을 해드린다고 한다. 일반적인 고객이라면 이쯤에서 포기하고 돌아설 것이다. 그렇게까지 성의를 보이는 직원의 마음 씀씀이가 고마워서라도 그렇게 할 것이다. 얼굴이 두꺼운 고객이라면 직원의 호의를 넙죽 받을 것이다. 그러나 그 고객은 회사의 규정을 알게 됐고 직원의 개인 부담으로 상품교환을 해 준 것을 알게 됐기 때문에 이후 그런 억지는 부리지 않을 것이다. 물론 직원의 돈으로 교환을 해준다는 것은 선의의 거짓말이다.

**서빙을 하는 사람은 전문가로서 품격을 갖추고 있어야 한다. 그래야 상대가 함부로 대하지 않는다.** 복장과 용모를 단정히 하고 표정은 온화하면서도 자신감 있게 처신하라. 고객의 질문에 즉각 응답할 수 있도록 매장에 관한 모든 지식을 갖춰야함은 물론이다. 친절함을 바탕으로 전문가다운 카리스마도 갖춰야 한다는 뜻이다.

### f. 진심의 파워와 호흡의 흐름

**'직원을 충성고객이 되게 하라'는 말이 있다. 가장 가까운 곳에 있는 내 매장의 직원부터 열성팬이 되게 하라는 뜻이다.** 그러려면 당연히 직원들의 신뢰를 살 수 있어야 한다. 맛, 청결도, 재료의 신선함에서 직원들의 신뢰를 얻는다면 그들은 진심에서 우러나온 자부심과 친절로 고객들을 응대할 수 있다. 자신감 있게 메뉴를 추천하고 매장을 홍보한다. 이것은 마케팅 차원에서도 매우 중요한 요소이다. 이웃 매장사람들도 내 매장의 팬이 되게 해야 한다. 가까운 곳에 있는 사람에게서도 인정받지 못한 매장이 어떻게 멀리 떨어진 고객의 마음을 살 수가 있겠는가?

화가 잔뜩 난 고객을 응대할 때도 마찬가지이다. 진심어린 표정으로 고객의 감정에 공감하면 대부분 큰 소란 없이 수습된다. 인간은 감정적 동물이다. 감정적으로 뾰족해 있을 때 누군가 자신의 감정을 억누르려 들면 더욱 예민해지는 법이다. 아이들을 키워본 사람들은 알 수 있을 것이다. 형제간에 싸움이 벌어졌다. 힘에서 밀린 동생은 씩씩거리며 '형아 미워!'라고 소리를 쳤다. 이것을 본 부모는 '형을 미워하면 안 돼!'라며 동생을 야단쳤다. 이렇게 하면 안 된다. 아이의 감정을 있는 그대로 인정해 주는 것이 우선돼야 한다.

'그래, 형이 너에게 그렇게 해서 형이 밉겠구나! 엄마는 너를 이해해. 엄마라도 형아가 미웠을 거야!'

아이는 자기의 감정을 이해해주는 부모로 인해 금방 누그러져서 형과도 사이좋게 지낸다. 검도의 달인은 상대의 호흡을 읽을 줄 아는 사람이다. 상대가 거칠게 호흡을 내뿜으며 공격을 할 때는 방어만하다가 호흡이 변하는 순간을 놓치지 않고 공격을 해서 상대를 제압한다.

흥분한 고객을 상대할 때도 마찬가지다. 어떤 이유로든지 화가 난 고객과 대화를 할 때는 우선 고객의 호흡을 읽어야 한다. 잔뜩 화가 나서 거칠게 호흡을 내뿜는 고객과는 맞서지 말고 경청을 하라. 진심어린 표정으로 고객의 감정을 인정해주다가 고객의 감정이 가라앉은 다음 이성적으로 설득을 하라. 중요한 것은 테크닉이 아니라 진심어린 표정과 눈빛이다.

'저는 고객님의 입장을 충분히 이해합니다. 얼마나 속이 상하셨어요.'

말뿐만이 아닌 진심어린 표정으로 고객을 바라보며 고객의 감정에 동의해줄 때 호랑이 같던 고객은 순한 양으로 변하는 것이다. 진심은 진심으로 통하는 법이다.

g. 표정 연습을 시켜라

우리가 처음 보는 상대방의 첫인상을 결정하는 데는 불과 3초밖에 걸리지 않는다고 한다. 첫인상이 좋았던 사람은 다소의 실수를 해도 용납 받는 경우가 많으나 첫인상이 나빴던 사람은 회복하기가 쉽지 않다. 그만큼 첫인상은 중요한 것이다. 미국 UCLA대학의 앨버트 멜러비언 교수의 연구 분석에 의하면 첫인상 다음으로 그 사람에 대해 파악할 때 중요하게 생각하는 비율은 그 사람이 주장하는 이야기의 내용 7%, 목소리의 크기, 음색, 빠르기, 높낮이가 38%, 눈빛, 몸짓, 복장 등 제스쳐와 외모가 55%를 차지하는 것으로 나타났다. 이 이론에 근거하자면 사람과 사람이 만나 대화를 할 때는 전달하려는 전문적인 지식보다 그 사람의 목소리와 몸짓 태도가 더욱 중요하다는 것을 알 수 있다. 좋은 이미지를 가진 사람은 모든 면에서 플러스 점수를 받는다.

타고난 인상도 무시할 순 없지만 후천적으로 노력을 하면 누구든 좋은 이미지를 만들 수 있다. 평소에 안면 근육을 부드럽게 풀어주고 웃는 연습을 꾸준히 하라. 고객이 없을 때 무표정하게 있다가 고객이 들어오는 순간 웃으려고 하면 어딘지 어색한 표정이 되고 만다. 고객이 없을 때는 의식적으로 입 꼬리를 올리는 연습과 안면근육을 부드럽게 풀어줘야 한다. 좋은 인상은 하루아침에 만들어지는 것이 아니다.

그렇다고 좋은 인상을 가진 사람만 골라서 고용하는 것도 녹록치 않은 일이다. 직원들이 좋은 인상을 가질 수 있도록 시간이 날 때마다 거울을 보게 하고 꾸준히 웃는 연습을 시키도록 하라.

## 9) 고객으로 고객을 낚다

### a. 은어 낚시

영화 '흐르는 강물처럼'을 보면 멋진 송어낚시 장면이 나온다. 주연을 맡았던 브래드피트가 사용한 낚시 기법은 플라이낚시다. 마치 리듬체조를 하듯 아름답게 허공을 춤추는 낚시 줄이 참 인상 깊다. 송어와 비슷한 물고기 중 은어라는 것이 있다. 은어를 낚는 방법 중에는 놀림낚시꿰낚시라는 것이 있다. 살아있는 미끼용 씨은어를 이용해 다른 은어를 낚는 방법이다.

장사를 하는 사람은 여기서 배울 점을 발견할 수 있다. 놀림낚시는 영역을 지키려는 은어의 특성을 활용한 것이지만 좋은 고객은 매장의 매상을 올려주는 것에서 그치지 않고 다른 고객들을 유혹하는 촉매제로 활용할 수 있다.

### b. 멋진 고객은 멋진 홍보물이 될 수 있다.

내 매장에 멋진 고객이 많이 모이면 소문을 듣고 더 좋은 고객들이 모인다. 반대로 지저분한 고객이 많은 곳은 지저분한 고객이 꼬이게 마련이다. 예쁜 꽃밭에 벌 나비가 꼬이고 냄새나는 곳에 파리가 꼬이는 것과 같은 이치다. 그러므로 내 매장을 명품매장으로 만들고 싶으면 매장은 물론이고 먼저 오너과 직원의 분위기를 명품화 시켜야 한다. 반대로 서민적인 푸근한 매장으로 만들고 싶으면 오너부터 서민적인 옷차림과 태도를 보여야 한다.

c. 집어등 효과

어두운 바다에서 집어등을 보고 물고기들이 모이듯 고객을 매장으로 모이게 하려면 적절한 조명과 분위기가 그럴듯해 보여야 한다. 자리가 없을 경우를 제외하고는 고객을 가급적 오래 붙들어 놓는 것도 집어등을 밝히는 하나의 방법이다. 내 매장을 명품화 하려면 작은 것에 연연하지 말아야 한다. 서비스를 계속 베풀면 당장은 손해가 될 수 있지만 고객은 감동을 받고 또 다른 고객을 끌어오게 된다.

## 10) 이상 징후 감지

### a. 매출 분석

한 달에 한번 이상은 매출을 분석해서 잘 나가는 상품메뉴과 그렇지 못한 상품을 정확하게 파악해야 한다. 앞서 설명했듯이 이것을 A, B, C 분석이라고 한다. 그날그날 매상과 고객 구성, 정보를 컴퓨터에 입력해두면 보다 용이한 경영 분석이 가능하다. 요즘엔 포스 프로그램이 잘 되어 있어서 빠르고 편리하게 경영 분석이 용이해졌다.

### b. 원인 분석

고객들이 많이 남기고 가는 음식은 맛에 문제가 있는 것이다. 고객이 불만을 토로해주는 것은 오히려 감사하게 생각할 일이다. 그러나 절대 다수의 고객들은 접시에 남긴 음식으로 의사표현을 한다. 매출이 부진한 상품은 철저하게 그 원인을 분석하여 대책을 마련해야 한다. 가격,

맛, 주 고객의 변동사항, 상품 구성, 매장 전체의 분위기도 세심하게 검토해야 한다. 미스터리샤퍼모니터링 요원를 고용해서 객관적인 정보를 얻는 것도 경영분석에 도움이 된다.

### c. 대체

매출이 부진한 상품은 신속히 대체 상품을 개발해야 한다. 친절지수에서 마이너스를 받은 직원은 보직 변경을 시켜주든지 강력한 교육을 통해 개선해 나가도록 하라. '아는 사람이니까, 인정에 끌려서 차마 어떻게 할 수 없다'는 생각은 경영을 망치는 지름길이다. 경영자는 외과의사와 같은 마음으로 임해야 한다. 수술환자를 두고 망설이는 것은 용납될 수 없는 일이다.

### d. 잘될 때 더욱 철저하게

안될 때는 모두들 긴장하여 문제점을 찾으려 들지만 잘될 때는 스텝들이 사기가 올라 교만에 빠지는 경우가 많다. 유능한 매니저는 잘될 때부터 이상 징후를 섬세하게 찾아내어 매출 부진으로 이어지지 않게 하는 사람이다.

## 11) 외식업의 기본은 Q.S.C이다

Q는 Quality, S는 Service, C는 Cleanliness를 말한다. 우선 맛이 좋아야 하고 서비스가 일품이어야 하며 청결도 면에서도 나무랄 데가

없어야 한다. 이것이 외식업의 기본 구성이다. 그 위에 콘셉트를 구성하고 콘셉트 안에 메뉴, 디자인, 서비스 방법 등을 구체화 시키면서 매장의 완성도를 높여가는 것이다. 여기에 일반적인 Q.S.C 체크리스트를 올려보았다. 이것은 프랜차이즈 본부에서 각 매장을 체크할 때 쓰던 것이니만큼 매장의 규모에 따라서 조금은 맞지 않을 수도 있다. 각자 자기 매장에 맞게 새롭게 리뉴얼해서 쓰는 것이 좋을 것이다.

## 매장 Q.S.C 체크리스트

| Q 퀄리티 점검 항목 | | 채점 | | 개선해야 할 부분 |
|---|---|---|---|---|
| | | O | X | |
| 상품 관리의 추구 | 1. 메뉴북상의 상품배열이 적당한가? | | | |
| | 2. 상품제공시간은 적당하였는가? | | | |
| | 3. 프리젠테이션은 점포컨셉과 식기에 맞는가? | | | |
| | 4. 상품의 볼륨감, 색채, 상태는? | | | |
| | 5. 식욕을 돋우는 냄새가 나는가? | | | |
| | 6. 실제상품과 메뉴북 사진의 일치 | | | |
| | 7. 따뜻함(혹은 차가움)이 적절하게 유지되는가? | | | |
| | 8. 상품의 맛을 일정하게 유지하고 있는가? | | | |
| | 9. 1인분으로 적당한 양인가? | | | |
| | 10. 시식 후 가격이 타당하다고 생각되는가? | | | |

| S 서비스 점검 항목 | | 채점 | | 개선해야 할 부분 |
|---|---|---|---|---|
| | | O | X | |
| 서비스를 위한 행동력 | 1. 고객의 래점, 출점시 인사는 되고 있는가? | | | |
| | 2. 미소로 정확하게 활기있는 태도로 근무하고 있는가? | | | |
| | 3. 상품에 대하여 정확히 이해하고 있어 설명도 가능한가? | | | |
| | 4. 정확한 계산, 레지 취급법이 이루어지고 있는가? | | | |
| | 5. 중간서비스가 적절하였는가? | | | |
| | 6. 복장, 몸가짐은 적절한가? | | | |
| | 7. 오더를 받는 타이밍이 적절하였는가? | | | |
| | 8. 두발과 손톱, 외모는 청결한가? | | | |
| | 9. 고객에게 집중하고 있는가? | | | |

| C 크린리네스 점검 항목 | | 채점 | | 개선해야 할 부분 |
|---|---|---|---|---|
| | | O | X | |
| **외 부** | 1. 간판의 청결함 | | | |
| | 2. 외장의 청결함 | | | |
| | 3. 현관부근의 청결함 | | | |
| | 4. 주차장의 청결함 | | | |
| | 5. 쓰레기처리장의 청결함 | | | |
| **홀** | 6. 쓰레기 처리의 청결함 | | | |
| | 7. 전등 소품의 청결함 | | | |
| | 8. POP 광고의 레이아웃의 정결함 | | | |
| | 9. 냉난방기의 적정함 | | | |
| | 10. 세팅의 적정함 | | | |
| **카운터 및 샘플 케이스** | 11. 카운터 주변의 정리정돈 | | | |
| | 12. 레지스터의 손질 | | | |
| | 13. 전화, 팩스손질 | | | |
| | 14. 자재, 소모품의 정리정돈 | | | |
| | 15. 샘플케이스의 샘플과 가격표 등의 청결함 | | | |
| **화 장 실** | 16. 바닥은 깨끗한가? | | | |
| | 17. 벽과 천정은 깨끗한가? | | | |
| | 18. 변기청소 상태는? | | | |
| | 19. 타올, 비누, 휴지 등이 충분히 준비되어 있는가? | | | |
| | 20. 악취가 나지는 않는가? | | | |
| **주 방** | 21. 세정기 손질 | | | |
| | 22. 냉동, 냉장고 안팎 손질 | | | |
| | 23. 쓰레기통 손질 | | | |
| | 24. 작업대의 청결 | | | |
| | 25. 가스레인지 및 주방설비 손질 | | | |
| | 26. 바닥, 배수구의 청결함 | | | |
| | 27. 도마, 칼의 손질 | | | |
| | 28. 식 · 자재의 보관 장소는 적절한가? | | | |
| | 29. 선반의 정리정돈 | | | |
| | 30. 식기의 정리정돈 | | | |

## 고객을 끄는 노하우

### 1) 상권과 입지

거듭되는 얘기지만 매장의 입지와 인테리어는 취급하는 품목과 주 고객층에 따라 구분되어져야 한다. 편의점이나 패스트푸드점의 경우 유동인구가 많은 번화가에 본사의 CI Corporate Identity에 맞게 인테리어를 하면 된다. 그렇지만 자기만의 색깔을 내야 하는 외식업체의 경우는 신중하게 결정해야 한다. 특히 소자본을 들여 창업을 해야 하는 경우 분명한 콘셉트가 있어야 한다.

입지에서 가장 중요한 포인트는 당연히 고객이 나의 매장으로 오고 가는 동선이다. 고객이 나의 매장으로 찾아오는 길이 불편하다면 그것은 나쁜 입지에 해당한다. 거창하게 시장조사를 하고 상권분석을 하는 것도 중요하지만 그보다 앞서 고객이 나의 매장으로 찾아오는 길이 복잡하거나 불편하다면 입지 선정에 신중을 기해야 한다. 물론 일부로 고객의 동선을 불편하게 만드는 콘셉트도 있다.

'사랑하는 사람에게 소개시켜주고 싶은 나만의 매장'이라면 그럴 수 있다. '아니! 이런 곳에 이렇게 훌륭한 매장이?' 이렇게 고객을 놀래켜 주고 싶은 매장전략, 바로 반전의 매력을 발하는 매장 콘셉트를 말하는 것이다. 당연히 메뉴 콘셉트도 그에 걸맞게 고관여 상품으로 정해야 한다.

### a. 재즈 바의 경우

재즈 바의 경우에는 재즈 마니아들을 얼마나 끌어들일 수 있는가가 관건이다. 그들은 넓은 도로변에 버젓이 드러나 있는 매장은 오히려 싫어하는 경향이 있다. 사람은 누구나 자기만의 공간을 원하는 습성이 있다.

마니아들은 특히 그런 습성이 강한 사람들이다. 그들은 자신이 몰입되어 있는 분야, 공간에 자부심을 가지며 그것을 통해 얻어지는 만족감을 매우 소중하게 생각한다. 그렇기 때문에 매장의 오너나 책임자가 재즈에 대해 상당한 식견이 있어야 성공할 수 있다. 마니아들은 누군가와 자신들이 가지고 있는 가치관을 공유할 수 있다면 아무리 멀고 허름하다 해도 개의치 않는다.

### b. 향토음식점의 경우

보신탕이나 용봉탕처럼 특수 보양식을 주 메뉴로 취급하는 경우 굳이 교통이 편리한 대도시 한 복판에 거금을 들여서 인테리어를 할 필요가 없다. 오히려 한적한 변두리에 허름한 구옥을 사거나 빌려서 개업하는 것이 좋다. 초기 투자비용을 줄일 수 있는 것은 물론 고객의 입맛을 사로잡을 수 있다면 입소문을 듣고 식도락가들이 몰려들기 때문이다. 초기 투자비용이 저렴한 대신 끈기를 가지고 꾸준하게 영업해야 한다. 입소문만으로 고객이 늘어나기란 참으로 긴 인고의 시간이 필요한 것이다.

## 2) 매장 영업 콘셉트 결정 방법

- 누구에게 (고객의 시간대별, 요일별 이용 동기 파악)
- 어떤 상품을
- 얼마에
- 어떤 분위기에서
- 어떻게 팔 것인가

## 3) 사업 타당성 분석

- 투자 계획
- 매출 계획
- 영업 계획
- 손익 계획

## 4) 후보 매장 조사

- 매장 전면의 길이
- 매장의 형태 (모양)
- 전용면적
- 기둥위치 및 크기
- 천장 높이 (층고)
- 영업시설 장비 반입구
- 전기용량 체크 (용량증설 가능성 타진)
- 층별 위치 (지하층, 반지하층, 1층, 2층)
- 매장의 방향
- 환기 시설

- 주차장

- 상품 배송차량의 진입 및 일시정차 가능 여부

- 출입구 위치 및 출입계단 등의 장애요인

- 전체적인 건물 및 영업시설 노후상태 확인 (시설투자 증감 요인)

- 건물자체의 업종구성 및 건물전체 규모

- 신축건물인 경우는 건축도면 확인 및 건축주 면담

- 설계도면이 있는 경우는 복사자료 입수


## 5) 입지 조사 분석

### a. 입지 형태

- 주거형 입지

- 도심형 입지 (번화가 형)

- 오피스형 입지

- 교외형 입지

- 유원지형 입지 (행락지 형)

- 학원가형 입지

- 유흥가형 입지

- 기타 유형의 입지


### b. 입지의 지리적 위치 조사

- 코너 위치 여부

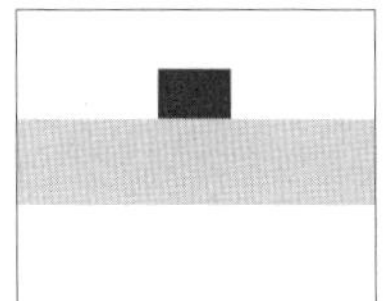


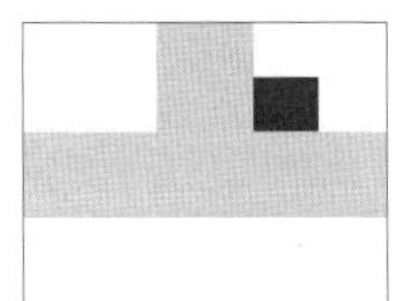


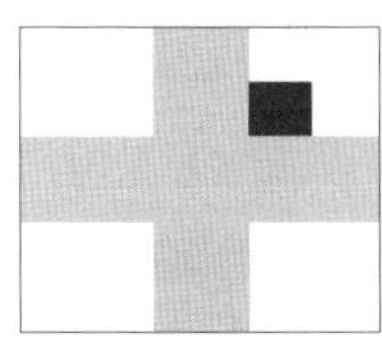

- 시계視界성

  - 오목형, 입지, 볼록형 입지

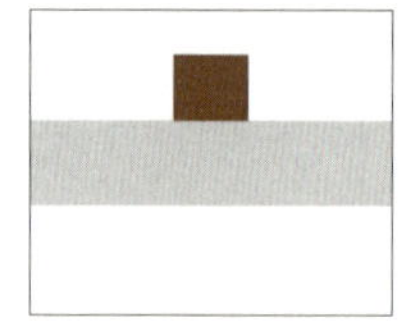 

  - 시계성 장애요인

    주변간판장애, 전면 가로수장애, 주변 건물장애 등

- 접근성

  - 매장 출입의 용이성

    출입구 위치, 출입계단 장애

  - 상권의 접근 용이성

    보행도로, 교통도로

- 홍보성

  - 간판위치 및 크기, 매장위치, 유동인구 규모, 전면길이, 건물전체 규모, 건물의 집객력

- 상권(지역인구)의 외식형태 파악

  - 지역 내 주 외식처 위치 파악

- 상권의 생활동선 파악

  - 주요 외부 유출입동선 (출퇴근, 통학통로, 구매동선)

- 주변 교통시설 현황 조사

  - 버스정류장, 전철역, 횡단보도 (지하도, 육교), 신호등 유무, 교통도로

  - 각 교통시설 이용인구 규모

- 도로상황 조사

  - 보행로 : 도로폭, 차량통행 여부

- 교통도로 : 도로차선, 노변주차 여부, 좌회전 여부, U턴 여부 등
  · 지형, 지세 파악
    - 철도, 도로, 대형담장 (아파트 단지 경계담장 등 ), 언덕, 평지 등

  · 지리적 입지의 발전전망 파악
    - 도로 신설, 전철역 신설, 횡단보도 신설, 교량 신설, 터널 신설 계획 등

## 6) 상권 조사 분석

### a. 통계자료 조사
- 인구, 세대수, 가족 구성원 수, 주거형태 (단독, 아파트.....)

### b. 상권규모 파악
- 고정상권 (주거인구 및 고정출근자 상주인구)
- 유동상권 (비거주 및 비상주인구)
- 주간상권 및 야간상권 파악
- 대형 집객시설의 고정, 유동상권 파악

### c. 통행인구 조사
- 성별, 연령별, 시간대별(아침,점심,저녁), 요일별(평일 · 주말), 통행인구의 통행성격 관찰, 통행인구의 수준 파악

### d. 통행차량 조사
- 차종별, 시간대별

### e. 경합점포 조사
- 위치, 층별위치, 영업시간, 정기휴일, 거리, 면적

- 취급메뉴, 주메뉴, 가격, 직원수, 테이블수, 영업활성정도, 접객서비스 정도
- 점심, 저녁시간대의 고객수, 우리매장과의 경합력 정도
- 경합점 출현 예측

f. 상권 변화 전망
- 주변 상권의 확대 및 축소 전망
- 대형 집객시설 개발 정보
- 주변 건물의 신축 및 철거계획 등

상권조사 반경은 취급업종 및 규모에 따라 상이하지만 대략 0.5~1.5km 정도를 조사함

## 7) 인테리어

외식창업을 할 때는 입지와 인테리어, 주 메뉴를 하나의 주제로 통일시켜서 고객에게 전달할 수 있어야 한다. 인테리어는 고객의 감성을 자극하는 중요한 요소다. 감성적인 만족을 얻은 고객은 돈을 아깝게 생각하지 않는다. 이제 인테리어에 대해 좀 더 구체적으로 살펴보자.

a. 파사드Facade 건물의 외형을 통털어 일컫는 말

거리를 걷는 사람들이 파사드에 시선이 머무는 시간은 고작 0.5초 내외에 불과하다. 따라서 0.5초에 1차적인 승부가 난다고 봐야 한다. 들어오고 싶은 매장, 그만큼 다른 매장과는 차별적이면서도 고객에게 전달하고 싶은 메시지가 한 눈에 잡히도록 만들어야 한다.

- 매장 이름과 간판은 감성적인가?
- 주변 환경과 조화를 이루고 있는가?
- 차별화된 독특함이 있는가?

b. 어프로치|Approach 매장 입구에서 홀까지를 일컫는 말

메뉴가 고급스러울수록 어프로치는 깊고 아늑한 느낌이 들도록 하라. 반대로 대중적인 메뉴를 취급하는 매장일 경우 짧고 밝게 꾸미는 것이 좋다. 고객은 어프로치를 통과하면서 매장의 느낌을 짐작하게 된다.

c. 화장실

매장에서 가장 중요한 부분은 화장실이다. 특히 여성용 화장실은 각별히 신경을 써야 한다. 외식업으로 성공하고 싶은 사람이라면 화장실이 그저 용변이나 보는 곳이라는 생각은 아예 머릿속에서 지워야 한다. 남성들과 달리 여성들은 화장실에서 많은 것을 누리기 때문이다. 양치질을 하고, 화장을 고치기도 하며, 절친한 친구와 비밀 스러운 대화를 나누기도 한다. 이런 곳이 좁거나 지저분하면 여성 고객들의 마음을 사로잡을 생각은 포기해야 한다. 아직도 우리나라 외식업체 중에 남녀 공용 화장실을 그대로 사용하는 곳이 있다. 화장실은 특별한 경우가 아니고서는 가급적 남녀가 분리되어 있어야 하며 깨끗하고 안락한 느낌이 들게 꾸며져야 한다. 이것은 인테리어의 기본이다. 현대 외식업의 성패는 여성 고객에게 달려있다. 여성을 얼마나 소중하게 대접할 수 있느냐에 따라서 매장의 명운이 뒤바뀔 수 있다. 그러므로 매장의 인테리어를

설계할 때, 특히 여성용 화장실의 경우에는 설계를 시작하기 전, 섬세한 여성들의 자문을 받는 것이 좋다.

d. 조경&소품

인테리어는 규모에 따라 적지 않은 부담이 든다. 따라서 쉽게 싫증을 느끼지 않고 가능한 오래 사용할 수 있어야 한다. 조경과 소품은 인테리어를 오래 사용하게 하는데 큰 도움이 된다. 인테리어를 통째로 바꾸기는 부담스럽고 그렇다고 매장 분위기를 식상하지 않게 하기 위해서는 조경, 소품장식물, 테이블보, 커텐 등, 조명으로 계절에 따라 색다른 분위기를 연출시키는 것이 좋다. 특히 조경은 고객에게 안락한 분위기를 연출하는데 많은 도움이 된다.

e. 동선

고객이 매장에 들어와서 자리에 앉기까지의 동선과 종업원이 서빙을 하고 그릇을 치워 가져가는 동선이 가급적 겹치지 않도록 주의해야 한다. 또 식재료를 반입하는 곳과 음식물 쓰레기를 가지고 나가는 동선, 고객이 주문한 음식을 가져가는 동선 등을 충분히 고려해서 좌석과 주방 진출입로를 조정하는 것이 좋다.

좀 더 효과적으로 만들기 위해서는 다양한 방법으로 설계도를 만들어보고 전문가의 조언을 참고하는 것이 좋다.

f. 조명

매장의 조명은 활짝 피어난 꽃처럼 느껴진다. 그것은 마치 아름다운 여인의 미소와도 같다. 활짝 웃는 얼굴에서는 편안함을, 부드러운 미소에서는 신비로움을 느낄 수 있다. 조명은 상품이나 메뉴에 따라서 색온도와 조도를 적절이 맞춰주어야 한다. 메뉴에 따라 조명을 잘 맞춰야 음식 고유의 빛깔이 살아나 먹음직스럽게 느낄 수 있게 된다.

형광등은 전기료는 저렴하나 식욕을 감퇴시킨다. 백열등은 전기료는 비싸지만 식욕을 높여주는 효과가 있다. 외식 매장에서는 형광등과 백열등을 적절히 조화시켜 사용하는 것이 좋다. 색온도가 낮은 백열등이나 할로겐에 조도가 낮은 등을 사용하면 차분하고 따뜻한 분위기를 연출할 수 있다. 색온도가 높고 조도가 낮으면 차갑고 우울한 느낌이 든다. 따라서 색온도가 높은 등과 낮은 등을 대비시키면 신비스러운 느낌을 연출할 수 있다. 조명의 효과는 어떤 인테리어 재료를 썼느냐에 따라 그 느낌이 달라진다. 자연 채광과 마감재 가구에 의해 얼마든지 다른 느낌이 날 수 있으므로 기본적인 조명은 설계단계에서 하되 디테일한 것은 마무리 직전에 현장에서 직접 보면서 조절하는 것이 좋다.

인간은 본능적으로 밝은 곳을 좋아한다. 그것은 마치 활짝 피어난 꽃을 사람들이 좋아하는 이치와 같다. 특히 직원들의 표정은 조명 보다 더 신경써야 할 부분이다. 미소는 가장 중요하고 아름다운 조명이다.

· 한정식, 일식 전문점 – 천정과 벽에 백열등으로 직접 조명 50%, 간접 조명 30%,
　나머지 20%는 팬던트로 테이블을 조명하는 방식을 택하
　는 것이 무난하다.

· 중식 – 테이블 위에 그림자가 생기지 않도록 직접 조명 하는 방식

· 양식 – 직접 조명 + 스포트라이트를 주어 음식에 입체감을 부여하는 방식, 호화
　로운 느낌이 들게 하는 것이 관건이다.

· 패스트푸드, 대형 대중음식점 – 형광램프를 사용한 직접 조명 방식 60% + 간접
　조명 40%, 밝은 분위기를 연출하기 위해 바닥과
　벽에 반사율이 높은 마감재를 사용한다.

· 주점, 카페 – 간접 조명을 90% 이상 사용하고 반사율이 낮은 마감재(카펫, 암갈
　색 타일 등)를 쓴다. 포인트로 삼고 싶은 부분만 밝은 색의 마감재
　를 사용하면 신비감을 더할 수 있다.

· 포인트 – 모든 조명 중 가게의 안쪽을 밝히는 조명이 가장 중요하다. 이곳이 어
　두우면 전체적으로 어두워 보인다.

· 공간을 남겨라 – 매장의 모든 공간을 테이블로 꽉 채우는 것은 숨이 막히는 일이
　다. 손님이 잠깐 앉아서 담소를 나누고 호흡을 고를 수 있는 공
　간을 남겨두는 것이 좋다. 현대미술품이나 조각품을 전시해두
　는 것도 고객을 끄는 센스가 된다.

· 미소는 가장 아름다운 조명이다.

g. 음악

인간은 누구나 소리에 민감하다. 인간 뿐 아니라 살아있는 모든 생명체는 음악리듬의 영향을 받는 것으로 알려졌다. 젖소의 젖을 짤 때 음악을 들려주면 젖의 양과 질이 모두 좋아진다는 연구결과는 익히 아는 바이다. 심지어 식물들도 음악을 들으면 좋은 열매를 맺게 된다고 한다. 모든 동물 중에서도 인간은 음악에 더 많은 영향을 받는 존재다.

음악에 따라 고객의 구매 욕구가 현저한 차이를 보이기도 하고 상쾌해지기도 한다. 음악은 T.P.OTime, Place, Occasion에 맞게 선택해야 한다. 예를 들어서 명품 매장의 경우, 아침 시간에는 비교적 산뜻한 세미클래식 현악을, 점심시간에는 피아노곡이나 오케스트라 연주곡이 흐르게 한다. 저녁 시간에는 관현악 위주의 분위기 있는 곡을 선곡하는 것이 좋다. 패션 매장에서는 경쾌한 재즈를, 레스토랑에서는 세미클래식을, 대중적인 식당에서는 대중음악을 선택하는 것과 같은 이치다. 재즈음악 중에서도 여성은 연주위주의 재즈를, 남성은 보이스가 들어간 음악을 선호하는 경향이 있다. 일반적으로 유통매장에서는 1:9의 비율로 팝과 가요를 섞어 보내는 반면 의류매장에서는 9:1의 비율로 팝을 많이 틀어준다. 이것은 세련된 브랜드 이미지를 살리기 위한 전략이다. 팝, 가요, 클래식 중 외식업체의 기준은 매장 인테리어와 고객 수준, 객 단가 등을 고려해 구성하는 것이 좋다.

대체로 오전에는 비교적 가벼운 음악을, 오후가 될수록 행진곡 풍의 힘찬 음악을, 저녁에는 분위기 있는 음악을 선곡하는 것이 좋다. 패스트푸드점처럼 테이블 회전이 빠르게 일어나야 하는 곳에서는 빠르고 경쾌한 음악을 선곡하는 것이 도움이 된다. 간혹 손님과 다툼이 일어나는 경우도 있다. 이럴 때는 차분한 음악을 선곡하여 흥분된 마음이 가라앉히는 것이 좋다.

이상 인테리어에 대해 간략하게 살펴봤다. 인테리어는 가급적 전문가에게 맡기는 것이 좋다. 하지만 최소한 매장 콘셉트 구성정도는 알고 있어야 전문가와 상의를 해서 더 좋은 결과를 거둘 수 있다.

## 8) Open Process

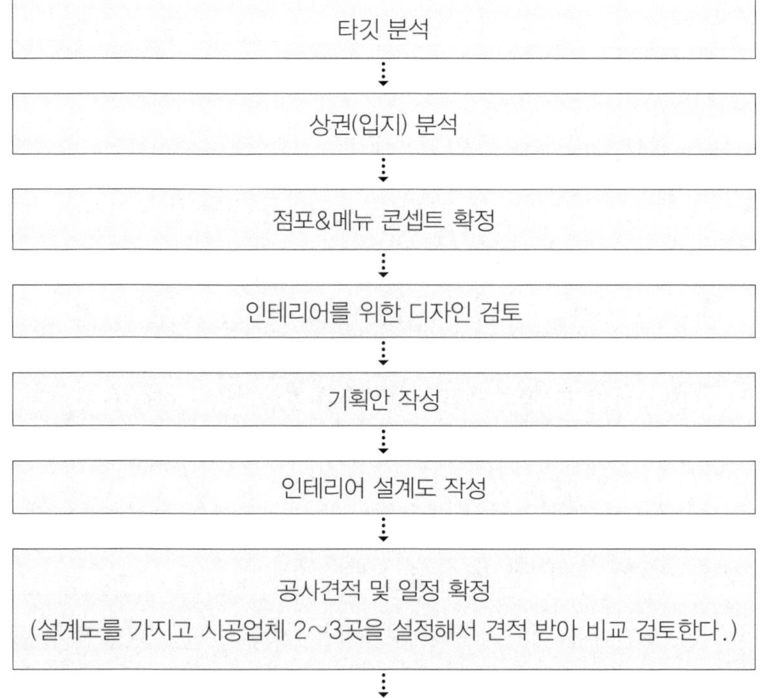

공사업체 선정
(가격, 감성, 시공능력(실적) 등을 복합적으로 검토한 후 결정한다.)

☞ 하자보증 기간 반드시 명기할 것

공사 개시
(관리 감독 반드시 오너가 직접 할 것)

☞ 스텝 모집, 매장 PR시작, 주방&홀 집기류 구입

공사 완료

☞ 마무리를 꼼꼼하게 살펴본 뒤 잔금 지급할 것,

☞ 정식 오픈을 하기 한 달 전부터 워밍업을 해볼 것, 메뉴 점검, 스텝 교육 인지 상태 점검

프레 오픈/ 지인들을 초청해서 메뉴의 완성도와 서빙 동선을 면밀히 체크한다. 적어도 일주일간의 점검이 필요하다.

☞ 스텝 교육 및 점검

그랜드 오픈/ 본격적인 홍보를 통해서 고객들을 맞이한다.

☞ Open후 3개월간은 집중적으로 홍보하고 3개월 뒤부터는 정기적으로 홍보한다. 계절에 따라 이벤트를 실시하는 등 개성만점 홍보 전략을 세워 고객의 머리에서 떠나지 않게 한다.

☞ 외식업은 가능한 초여름에 공사를 마쳐서 워밍업을 해본 뒤, 8월 중순경에 오픈을 하는 것이 좋다. 가을과 연말에 고객이 몰릴 때 매장 이미지를 확실하게 심어줄 수가 있기 때문이다.

# 외식업 성공은 주방에서 시작된다.

## 1) 주방 시스템

기존의 모든 주방 시스템은 아일랜드 식이었다. 요리를 담아내는 작업대를 주방 한 가운데 배치하고 좌측에는 설거지 파트를 우측에는 요리 파트를 배치한 다음 정면에는 완성된 요리를 세팅해서 가져가는 시스템이다. 요리를 접시에 담아내는 작업대가 마치 섬아일랜드처럼 돼 있다고 해서 아일랜드 시스템이라고 부르게 됐다. 주방 직원들은 당연히 이 섬아일랜드을 중심으로 빙글빙글 돌면서 일을 해야 한다. 이것은 호텔 양식당을 중심으로 발전해온 전통적인 시스템이다. 일본을 포함한 대다수의 아시아 국가에서는 이 시스템을 여과 없이 받아들여서 현재까지도 고수하고 있다.

1980년대 후반 미국에서는 새로운 개념의 주방 시스템이 탄생했다. 그것이 바로 백키친Back kitchen 시스템이다. 이 시스템은 미국의 군함에서 탄생한 것이다. 좁은 군함에서 보다 효율적으로 주방 면적을 활용하려다보니 종래의 아일랜드 시스템에서 점점 진화된 것이다. 백키친 시스템은 종래의 아일랜드 시스템과는 달리 요리를 담아내는 작업대를 주방 가운데 배치하지 않는다.

백키친 시스템의 가장 큰 특징은 키친라인을 3단계로 나눠서 포지셔닝 한 것이다. 맨 뒤쪽에는 설거지와 전처리 파트를 둔다. 주로 요리에 미숙한 스텝들이 근무하며 주 요리사를 서버 하는 역할을 한다. 그 다음이 메인 요리파트이다. 메인 요리 파트장 주변에는 손을 뻗으면 언제든 닿을 수 있는 거리에 각종 요리기구들이 세팅돼 있다. 그 다음 파트가 서비스 에어리어이다. 이곳에서는 홀 직원들이 샐러드를 담거나 기타 특별한 노하우 없이 사전 조리된 반찬이나 사이드 메뉴를 접시에 담아서 고객에게 제공하는 곳이다. 숙련된 요리사의 손을 거치지 않아도 되는 일은 스텝이나 홀에서 처리할 수 있게 함으로써 일체의 군더더기를 주방에서 제거한 시스템이다. 이 시스템은 아일랜드 시스템보다 동선을 과학적으로 만들었기 때문에 요리가 빠르게 제공될 수 있다. 주방 인건비도 최소 20% 이상 절감할 수 있다.

물론 처음 세팅하는 비용은 아일랜드 시스템보다 더 많은 금액이 투입된다. 그러나 인건비와 요리가 빨리 제공되는 장점을 고려해보면 런닝코스트로써는 훨씬 저렴하다는 것을 알 수 있다.

### 2) 구성 조건

이상적인 주방 투자비용은 보통 한 달간의 매출을 투자하는 것이다. 내가 취급하는 품목으로 한 달에 3,000만원의 매출을 올릴 계획이라면 주방에 3,000만원을 투자해야 한다는 뜻이다. 주방 면적은 보통 전체 면적에서 25% 내외를 차지한다. 취급하는 메뉴에 따라 주방을 구성하는 요소는 확연히 차이가 난다.

문제는 어떻게 해야 위생적이면서도 동선을 최소화하여 효율적으로 구성할 수 있느냐이다. 이 문제는 주방설비 전문업체와 상의하거나 주방에서 오래도록 일해 온 사람들과 토론하여 결론을 얻는 것이 좋다.

주방 설비는 한 번 들어서면 다시 옮기기가 어렵다. 인테리어 설계를 하는 단계에서부터 이점을 심도 있게 생각해야 한다. 일반적으로 식자재가 들어오면 보관하는 창고가 별도로 있어야 하며 그날 요리될 식자재를 전처리세척, 다듬기 등하면 조리, 배식, 후처리설거지, 음식물 쓰레기처리하는 과정들이 필요하다. 일식 레스토랑의 경우 생선을 손질하는 과정과 초밥을 만들기 위해 필요한 공간 등을 염두에 두고 인테리어 설계를 해야 한다. 불고기 레스토랑의 경우 숯불을 피우고 철판을 닦고 저장하는 장소가 별도로 있어야 한다. 홀에서 잘 보이지 않는 곳이라고 주방을 소홀이 생각했다가는 두고두고 후회하게 될 것이다. 일하는 사람들의 불필요한 동선을 줄여서 좀 더 효율적이고 위생적인 공간이 될 수 있도록 꾸며야 한다.

더불어 작게나마 직원 휴게실을 주방 곁에 만들어 주는 것이 좋다. 직원들이 휴식을 취하고 확실하게 재충전이 돼야 고객을 만족시킬 수 있는 것이다. 주방은 나무로 치면 뿌리와 같다. 뿌리가 약한 나무는 작은 충격에도 넘어지고 만다. 주방은 그 만큼 중요한 곳이다. 필요하다면 몇 번이고 잘 만들어진 주방을 벤치마킹해서 내 것으로 응용하도록 하라.

## 직원 교육&조례

영세한 매장일수록 직원 교육은 엄두도 못 낸다. 그저 하루하루 버티기에도 급급하다. 그러나 발전하는 매장이 되기 위해서는 직원 교육이 절대적으로 필요하다. 직원 없이 경영자 혼자 운영을 하는 경우에는 경영자가 직원을 겸하고 있기 때문에 경영자 자신의 능력 향상에 힘을 쏟아야 한다. 외식경영에 성공하느냐 그렇지 못하느냐는 두 가지로 결정된다고 해도 과언이 아니다.

첫째, 직원의 능력을 향상시킬 수 있는가? 둘째, 신규 고객을 창출할 수 있는가? 신규고객 창출도 알고 보면 직원의 능력이 향상됨에 따라서 자연스럽게 따라오는 결과물이다. 우리가 매장의 규모와 관계없이 직원 교육을 반드시 해야 하는 이유가 거기에 있다.

직원 교육은 너무 거창하게 생각하지 않아도 된다. 물론 형식을 갖추고 멋들어지게 추진하면 더 할 나위 없이 좋겠지만 굳이 그렇게까지 할 필요는 없다. 우선은 영업의 시작이라 할 수 있는 조례부터 살펴보도록 하자. 도쿄의 작은 이자카야居酒屋로 시작해서 전국 체인점을 거느린 이자카야 뎃펜의 교육 방법을 살펴보자. 뎃펜은 아침 조례를 활성화시켜서 센세이션을 일으킨 것으로 유명해진 업체이다. 그동안 한국의 내로라하는 외식전문 업체들이 벤치마킹을 해서 자신의 매장에 적용해 오고 있다. 여기서는 뎃펜의 아침 조례를 중심으로 각 매장에서 적용하기 좋은 아침 조례와 교육방법을 정리해 봤다.

## 1) 조례 방법

### a. 전원 참석 원칙

조례는 사장큰 매장의 경우 매니저이 중심이 되어 매장에서 일하는 전원이 참석해야 한다.

### b. 몸 풀기

시작은 경쾌한 음악에 맞춰서 가볍게 몸을 풀면서 체조를 한다.

가끔은 30초 막춤 경연대회를 열어서 가장 열심히 춤을 춘 직원을 포상하는 것도 좋은 방법이다.

### c. 감사한 것과 자신의 꿈에 대해서 얘기하기

한 명씩 돌아가면서 현재 일하고 있는 내용에 대해서 팀원 및 고객들에게 감사한 내용과 자신의 꿈을 이루기 위해서 실천하고자 하는 것을 공개적으로 발표한다. 매장의 전 직원들은 발표하는 직원을 격려하고 그의 꿈을 박수와 함께 큰 소리로 응원해 준다. 발표 내용은 자신의 꿈이나 감사의 조건들 자신의 장점과 존경하는 인물들 중에서 선택해서 발표하면 된다. 이때 절대로 해서는 안 되는 일이 있다. 아무리 터무니없는 꿈이라 할지라도 동료의 꿈을 비웃어선 안 되는 것이다.

### d. 기도하기

잠시 눈을 감고 기도하는 시간을 갖도록 한다. 종교가 없는 사람은 명상을 해도 좋다. 3년 후 나의 모습과 10년 후 나의 모습을 긍정적으로 그리면서 하나님께 감사하는 기도를 드리는 것이다. 조례를 주관하는 리더는 직원들에게 자기 암시를 할 수 있도록 유도한다. 이를 통해서 직원들은 스스로에게 자긍심을 심어주고 반드시 이루어질 자아실현을 확신하게 된다.

### e. 인사 연습

고객과 동료를 향해 인사 연습을 한다. 한 명이 선창을 하면 모두가 따라서 하는 방식으로 진행한다. 목소리로만 하는 것은 의미가 없다. 반드시 몸을 숙이거나 움직이면서 진행해야 한다. '어서오세요' '감사합니다' '죄송합니다' '잠시만 기다려 주세요' '오래 기다리셨습니다' '감사합니다. 안녕히가세요'

### f. 어제 있었던 일 중 특이사항이나 반성할 사항, 개선해야 할 것이 있으면 서로 나누도록 한다. 오늘 예약 상황을 체크하고 주의해야 할 점, 협력해야 할 점을 공유하도록 한다.

### g. 종료

'오늘도 힘차게 행복하게 일합시다. 파이팅!' 박수치고 모든 조례를 마친다.

기본적인 조례 원칙은 정하되 1개월에 한 번씩은 조금씩 변화를 주는 것이 좋다. 천편일률적인 조례 방식은 자칫 매너리즘에 빠지게 될 수도 있기 때문이다.

## 2) 직원 교육

### a. 효과

직원을 교육시키면 다음과 같은 효과를 거둘 수 있다

고객과의 커뮤니케이션이 증진된다. 경영상의 비전, 공동의 비전, 개인의 비전이 실현된다. 업무 가치관이 높아진다. 자긍심이 높아진다. 팀워크가 향상된다. 경영주의 철학을 공유할 수 있다.

### b. 방법

외부 강사를 초빙해서 진행하는 방법도 있다. 각종 사회단체나 소상공인지원센터와 같은 국가 기관에 의뢰하면 저렴한 비용으로 교육 프로그램을 진행할 수 있다.

대표자나 매니저가 특정업체를 벤치마킹하거나 교육 · 연수를 받은 후 직원들을 교육하는 것도 하나의 방법이다.

### c. 포상

한 번의 칭찬은 수십 번의 지적과 질책보다 효과적이라는 연구 결과도 있다. 그런데 칭찬을 할 때는 구체적으로 해야 한다. 애매한 표현은 안 하느니만 못하다. 예를 들어서 '홍길동씨는 참 멋있어' 이렇게 하기 보다는 '홍길동씨는 고객을 대할 때 짓는 미소가 참 멋져' 이렇게 해야 한다. 우수 직원은 반드시 포상을 해줘야 한다. 좋은 직원을 만들기 위해서는 다음과 같은 점에 주의해야 한다.

● 익명성, 무평가, 무관심을 없애라.

익명성 : 모든 인간은 자신의 가치를 인정받고 싶어 한다. 직장에서는 상사로
부터 인정받을 수 있을 때 최선을 다해 일을 하게 된다.

무평가 : 자신의 일에 대해서 발전과 성과를 정당하게 평가받아야 한다. 자신
의 업무에 대해 성공이나 실패를 평가하는 수단이 없다면 그 사람은
곧 동기를 상실하고 만다.

무관심 : 모든 사람은 자신이 누군가에게 도움이 되길 바란다. 자신의 일이 다
른 사람을 만족시킨다는 사실을 깨닫지 못하는 한 어떤 일을 하든지
즐거움을 느끼지 못하게 된다. 심지어 공무원과 같이 지극히 일상적
인 일을 하는 사람일지라도 자신의 일을 통해서 상사나 민원인에게
도움이 된다는 사실을 알게 될 때 비로소 일할 맛이 나게 된다. 따라
서 상사는 부하직원의 일이 자신과 매장에 얼마나 도움이 되고 있는
지를 가끔 인식시킬 필요가 있다.

● 타인의 삶에 영향을 미칠 수 있게 하라

자살을 하는 유명 연예인들을 보라. 그들은 타인의 삶에 지대한 영향을 끼쳐
왔던 사람들이다. 자부심을 갖고 있던 그들은 어느 순간 자신이 더 이상 다른
사람들에게 좋은 영향을 끼칠 수 없다는 사실을 인식하는 순간 절망하게 된다.

게다가 대중의 인기 마져 잃어버린 쓸모없는 인간이 됐다는 마음에 우울증에
걸리고 결국 극단적 선택을 하게 되는 것이다. 타인에게 좋은 영향을 끼칠 수 있
는 사람은 결코 나쁜 생각을 하지 않는다. 그러므로 경영자는 직원들이 고객이나

동료에게 좋은 영향을 끼칠 수 있는 기회를 만들어줘야 한다.


● 진심이 담긴 관심을 기울여라.

누군가로부터 특히 직장 상사로부터 관심을 받는 직원은 자신의 능력을 200% 발휘할 수 있는 법이다. 직원들과 스스럼없이 대화할 수 있는 시간을 가져라. 적어도 한 달에 두 번 이상은 그런 시간이 필요하다.


● 베스트 직원 표창(포상)을 하라

주간 베스트 직원을 선정해서 가벼운 상품을 시상하라. 이어서 월간과 연간 베스트 직원을 선정해서 시상 내역을 달리하면 매우 효과적이다. 달리는 말은 목표가 있을 때 더 잘 달리는 법이다. 직원들에게도 동기부여가 있어야 한다.

# 불황 속에서
# 승승장구하는 업체

– 숯불구이 레스토랑 사와야카의 성공비결

– 일식 레스토랑 오카사토의 성공비결

– 위기탈출을 위한 자가 진단법


2008년 미국 패밀리레스토랑 베니건스가 파산신청을 했다. 베니건스는 1976년에 설립되어 미국 32개주에 300개가 넘는 매장을 운영하던 중견 패밀리레스토랑이다. 마찬가지로 일본의 패밀리레스토랑들도 파산 직전에 내몰렸다. 선진국 패밀리레스토랑의 몰락은 우리에게 던지는 바가 크다. 베이비부머들은 이미 시니어로 접어들었고 급격히 줄어든 출산율은 매출 부진의 직접적 원인이 되고 있다. 이것은 미국과 일본에서 공통적으로 벌어지고 있는 현상이다. 한국도 머지않아 그 전철을 밟게 되리라는 것이 전문가들의 견해다. 이런 와중에도 꿋꿋하게 성장하고 있는 업체들이 있다. 오늘은 그 중 일본의 2개 업체를 소개한다.

(자료협조 : 일본 O.G.M 컨설팅 외식사업부)

# 사와야카<sup>さわやか</sup>의 성공비결

1) 숯불구이 레스토랑 사와야카

사와야카는 일본 시즈오카현에서 26개의 숯불구이 레스토랑 체인점을 운영하는 업체다. 올해로 27년 된 이 회사는 연간 45억엔한화 450억원의 매출을 올리고 있으며 매년 10% 가까운 매출 신장률을 보이고 있다. 시즈오카현은 후지산이 위치한 곳으로 적은 인구에도 불구하고 26개의 숯불구이 레스토랑 체인점을 성공적으로 운영하고 있다.

일본은 단카이세대1947년~1949년 사이에 태어난 전후 세대라 불리는 베이비부머가 취학 연령에 접어들던 1960년을 전후, 미국식 패밀리 레스토랑이 대거 생겨났다. 사와야카는 이러한 틈새에서 생겨나 해를 거듭할수록 번성하고 있다. 10년 전부터 급격하게 줄어들고 있는 출산율 영향으로 일본의 패밀리 레스토랑은 극심한  경영난을 겪고 있지만, 이런 불황 속에서도 27년째 매년 경이로운 성장을 보이고 있다.

2) 확고한 경영 철학

27년 전 사와야카를 설립하고 운영해온 도미타 시게유키富田重之 사장에게는 다음과 같은 확고한 경영철학이 있다.

· 어머니의 마음으로 서비스를!

아이를 사랑하는 어머니의 자상함과 편안함으로 고객을 배려하고 접대하도록 한다.

· 종업원의 가족들이 자랑스러워하는 일자리

아이들이 학교에서 '우리 엄마는 사와야카에서 일하고 있다'는 것을 자랑하고 싶어 하는 가게가 되도록 한다. 그만큼 밝고 건강한 가게, 종업원들에 대한 복지가 잘 되어 있는 가게가 되도록 한다는 뜻이다.

3) 감동이 있는 가게

· 언덕 위의 우리 집

하루 일과를 마치고 지친 몸으로 돌아올 때 언덕 위에 있는 우리 집을 바라본다. 그때 창문을 통해 새어나오는 따뜻한 불빛은 모든 피로를 사라지게 만든다. 그러한 평안함을 사와야카에서 고객들이 느끼게 하고 싶다. 그래서 사와야카의 인테리어에는 '돌, 금속'과 같이 차가운 느낌이 드는 재료를 일절 쓰지 않는다. 또 천정을 높게 만들어서 편안함과 여유를 주었으며 난로를 설치해 아늑함을 더했다. 외관도 100% 목재를 사용해 만들었으며 캐노피를 사용해 축제적인 분위기를 연출했다.

· 상품의 차별화

사와야카의 대표 브랜드인 '주먹 햄버그스테이크'는 100% 소고기 살로 만들어졌다. 게다가 가격이 저렴하고 맛도 일품이다. 보통 레스토랑에서는 햄버그스테이크를 돼지고기와 소고기 7:3으로 혼합해서 만들고 있다.

4) 변함없는 모습
· 경영자의 경영철학을 직원들과 공유하라

경영자가 아무리 좋은 경영철학과 경영시스템을 갖추고 있다 해도 그것을 실행할 직원들이 없으면 사상누각에 불과하다. 기업의 성패는 경영자와 직원들 간의 경영철학 소통과 공유에 달려있다.

· 손해가 되더라도 약속은 지킨다.

급작스런 이상기온으로 야채 값이 급등하고 고기값이 천정부지로 뛰어도 음식 값을 올리지 않았다. 손해를 보면서까지 고객과의 약속을 지킨 것이다. 이것을 안 고객들은 더욱 사와야카를 신뢰하게 되었다. 회사의 역사는 고객의 신뢰가 쌓여서 만들어지는 것이다. 얄팍한 상술로 눈속임을 하거나 결코 손해를 보지 않겠다는 인색한 자세로는 고객의 신뢰를 얻을 수가 없다.

처음 외식업을 창업하는 사람은 누구든지 고객에게 친절하며 직원들에게도 잘 대해주겠다는 각오로 시작한다. 그러나 그것을 지속적으로 유지하는 사람은 매우 드물다. 처음 예상보다 훨씬 경기가 좋지 않다든지, 직원들이 말을 듣지 않는다든지, 기껏 애정을 담아 키워놓은 직원이 다른 곳으로 스카우트되어 배신감을 맛보았다든지, 사업을 하다 보면 별의별 일들이 생기게 마련이다. 이유와 변명거리는 얼마든지 있다. 그럼에도 불구하고 성공을 이루어내는 사람들은 한결같은 자세를 유지하고 발전하기 위해 노력한다. 사와야카 레스토랑은 창업 후 27년간 단 한 번도 고객과의 약속을 어기지 않았다. 언제나 변함없는 모습으로 맛과 품질을 유지해왔다. 그런 연유로 창업 초기 고객이었던 분들이 지금까지 변함없이 찾아와주고 있는 것이다.

# 오카사토 おかさとう 의 성공비결

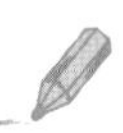

1) 일식 레스토랑 오카사토

오카사토는 이바라기현 코가시에 위치한 회사로서 일식레스토랑, 회전초밥 전문점, 이자카야 등 2008년 현재 총 6개의 점포를 운영하고 있다. 오카사토가 있는 코가시는 인구 14만 6천 명의 지방 소도시이다. 이런 작은 도시에서 오카사토는 2005년 5개의 점포로 연평균 입장객 29만 4천 명을 기록했다. 이는 일본 전국 18,000개 유명점포 중 2위에 랭크된 기록이다. 외식업계 전반에 불어 닥친 불황의 그늘에서도 오카사토의 매출은 매년 성장하고 있다.

2) 확고한 경영철학

'즐거움, 행복 그리고 감동! 우리들은 음식을 통해 고객에게 기쁨과 행복을 드릴 수 있도록 매일 노력한다.' 이것을 경영이념으로 세운 오카사토는 다음과 같은 특징을 보여주고 있다.

· 직원 이직률이 적다

외식업체의 공통적인 고민은 숙련된 직원들의 이직률이 높다는데 있다. 오카사토는 '일은 수단이다. 우리들은 한 사람 한 사람 꿈의 실현을 위해 기쁘게 일할 수 있는 회사를 만든다.'는 것을 기업목적으로 삼아 직원들의 이직률을 낮추고 있다.

· 1년에 한번 이상은 반드시 사장님과 전 직원들이 개인 면담을 통해 애로사항

과 서로의 비전을 공유하고 있다.

· 연초에 전 직원들에게 '올해의 목표'를 적어내도록 하고 회사는 직원들의 꿈을 이루는데 적극 협력한다. 연말에는 개인 목표 달성 성취도를 파악하여 성취한 직원은 포상하고 못 미친 직원은 원인을 파악하여 개선토록 격려를 아끼지 않는다.

· 사장은 주 5회 이상 몸소 직원 화장실 청소를 하고 주방 설거지를 도와주는 등 솔선수범하고 있다.

· 조직력을 극대화하여 적극적 경영참여를 유도한다.

· 매주 간부급 회의를 갖고 조직을 강화하는 한편, 점장급 이상의 역량과 권한을 강화시켜 자율적이며 적극적인 경영참여를 유도한다.

## 3) 감동이 있는 매장 만들기

· 고객에게 맛있는 요리와 최고의 서비스로 기쁨을 드리기 위해 즐겁게 일한다.

· 고객에 대한 감사의 마음을 잊지 않고 '즐겁게 일하기'를 실천함으로 고객과 더불어 행복한 인생을 걸어간다.

· 고객에게 기대 이상의 상품, 접대, 분위기를 느끼게 한다.

· 고객은 물론 직원들까지도 다시 오고 싶은 가게를 만들기 위해 최선을 다한다.

## 4) 이익금 활용법

· 직원들의 자아실현과 성장을 위해 사용한다.

· 고객에게 더 큰 만족을 드리기 위해 사용한다.

· 기업이 안정되고 지속적으로 발전하기 위해서 사용한다.

5) 올바른 직원상

오카사토는 아래와 같은 올바른 직원상을 정립하여 끊임없이 교육시키고 있다.

- 솔직하고, 건강하고, 적극적인 인간이 되자.
- 일을 통해 인생의 승자가 되자. '인생의 승자가 되는 길은 자신을 믿고 끈기 있게 노력하는 인간이 되는 것이다.

6) 사업 목표 확립

- 철저한 수치경영

낭비요소를 찾아 없애고 불필요한 동선과 공간을 줄여 능률을 극대화 한다.

- 사업 목표 제시

먼저 매장 전체의 목표를 제시하고 그것을 토대로 각 점포마다 할당된 사업 목표를 설정한다. 목표는 전 직원들과 공유하여 달성시킨다. 목표 달성 여부에 따라 우수 직원은 포상을 하고 전 직원들과 함께 성취감을 나눈다.

- 운영테마 제시

각 점포마다 특색이 있는 운영 테마를 정하고 그대로 실천하도록 하여 고객으로 하여금 독특한 개성을 느끼게 한다.

# 위기탈출을 위한 자가 진단법

하나의 큰 사건이 벌어지기 위해서는 적어도 300번의 예후와 29번의 작은 사고가 벌어지고 나서야 생기는 법이다. 이것이 1:29:300, 즉 '하인리히법칙'이다. 외식업에서도 예외는 없다. 모든 몰락에는 반드시 예후가 존재한다. 현명한 사람은 그 예후에 민감하게 반응해서 해결책을 찾아낼 수 있는 사람이다. 고인 물은 반드시 썩게 마련이기 때문에 자신이 세운 경영방침이 매너리즘에 빠지지 않도록 주의해야 한다. 자신의 단점을 알고 있는 사람은 노력만 하면 반드시 고칠 수가 있다. 문제는 자신의 단점이 무엇인지, 내 매장의 문제점이 무엇인지를 모르는 사람에게 있다. 어떤 문제가 있는지를 모르는 사람은 당연히 고치고 싶은 생각도 없고 고칠 수도 없다. 마치 침몰하는 배처럼 서서히 기울어지다가 어느 순간 갑자기 물속으로 가라앉아 버린다.

일반적인 기업의 도산 예후는 다음과 같다. 거래를 하고 있는 기업이 이런 예후를 보이거든 그 기업과는 당장 거래를 끊든 현금 결제 조건으로 전환하는 것이 좋을 것이다.

① 핵심 간부들이 특별한 이유 없이 사직했다.
② 최고 경영자의 건강이 나빠지거나 경영자가 허세를 부리고 있다.
③ 적자가 8개월 이상 계속 되고 있다.
④ 기업의 평균 매출액의 3개월 분 이상의 부채가 발생했다.

⑤ 신상품으로 출시된 제품이 판매 계획대비 30% 이상 적게 팔렸다.

⑥ 사채에 손을 대고 있다.

이것을 외식업에 적용해보자. 작은 가게를 운영함에 있어서 다음과 같은 현상이 발생하고 있다면 비상 상황으로 판단하고 대책을 세워야 한다.

1) 고객 재방문율이 현저히 떨어졌다.

☞ 먼저 원인이 무엇인지 파악하라. 맛, 서비스, 분위기냄새, 화장실, 매장 내외부의 청결도 등에 문제는 없는가? 하나에서부터 열까지 철저하게 파헤쳐서 반드시 문제점을 찾아내어 개선하도록 해야 한다.

2) 직원 이직률이 높아졌다.

☞ 경영자에게 문제점은 없는지 스스로를 돌아보라. 대우를 소홀하게 하진 않았는가? 인격적으로 모멸감을 주지는 않았는가? 마지막으로 직원들의 동선을 체크해서 체력적으로 무리가 가고 있지는 않은지 파악해 보라.

3) 최근 3개월 간 매출이 30% 이상 하락하고 있다.

☞ 정확한 자가 진단이 필요하다. 매장 관계자가 고객들에게 직접 질문하는 것은 신뢰할 수가 없다. 객관적이지 못하기 때문이다. 설문 조사 경험이 있는 대학생 파트타이머를 구인해서 내 매장 내의 상권을 다니며 통계를 뽑아내는 것이 도움이 된다.

설문지에는 동일 상권 내 동종업태 리스트를 만들어서 랭킹을 정하도록 하라. 예를 들어, 내가 A라는 파스타 전문점을 운영하고 있다면 설문지를 다음과 같이 꾸미도록 하라. 동일 상권 내 파스타 전문점 A. B. C. D. E 중에서 가격대비 만족도 랭킹은? 그 이유는 무엇인지 조사하는 것이다. 다음의 표를 활용해서 자신의 업종에 맞게 변형하면 될 것이다.

**Q지구 파스타 전문점 랭킹조사**

| 매장명 | 맛 | 분위기 | 서비스 | 가격대비 만족도 | 기타<br>(A매장에 대한 고객 의견) |
|---|---|---|---|---|---|
| A매장 | | | | | |
| B매장 | | | | | |
| C매장 | | | | | |
| D매장 | | | | | |
| E매장 | | | | | |
| 총평 | | | | | |

4) 전체 고객 중 20% 이상의 고객으로부터 맛과 서비스에 대한 불만컴플레인이 생기고 있다.

☞ 겸손한 자세로 고객의 의견을 경청해서 문제점을 찾아내야 한다. 옛날 중국 송나라에 술 빚는 솜씨가 뛰어난 장씨라는 사람이 살고 있었다. 그의 주막은 장사가 참 잘 됐다. 그런데 어느 순간부터 갑자기 매상이 뚝 떨어졌다. 일시적인 현상이려니 했지만 매출은 좀처럼 오르지

않았다. 고민을 거듭하던 장씨는 마을에서 가장 지혜로운 노인을 찾아가서 그 원인을 여쭸다.

"어르신도 아시다시피 제가 술 하나는 끝내주게 빚는데요. 이상하게 요즘 매상이 뚝 떨어져서 걱정입니다요"

장씨의 걱정 어린 얼굴을 물끄러미 바라보던 노인은 장씨에게 물었다.

"자네 주막에 혹시 사나운 개를 키우고 있진 않은가?"

"개를 키우고 있긴 합니다만 그렇게 사납진 않은데요? 뭐, 겉으로 보면 좀 무섭게 생기긴 했습니다만, 그런데 왜 그러시죠?"

"이 사람아, 요즘엔 어른들이 아이에게 술심부름을 시키지 않는가? 아이들이 자네의 주막으로 술을 사러갔다가 무섭게 생긴 개가 마당에 떡 버티고 있으면 들어가고 싶겠는가? 아이들이 술 맛을 알리도 만무하고……."

여기까지 들은 장씨는 노인에게 넙죽 절을 드리고 득달같이 집으로 돌아와 마당에 있던 개를 팔아버렸다. 그러자 신기하게도 매상이 조금씩 오르기 시작했다. 이 이야기는 한비자韓非子의 『외저설우外儲說右』에 나오는 고사이다. 고객을 직접 접객하는 사람은 인상이 매우 중요하다. 속 마음씨가 아무리 비단결 같아도 인상이 좋지 않은 사람이 서비스를 하면 사람들은 경계를 하게 마련이다. 고객을 직접 접객하는 직원의 말투나 태도를 면밀히 살펴보라. 혹시 그에게서 입 냄새가 나지는 않는가? 눈빛이 음흉하게 보이진 않는가? 무엇이 됐든 조금이라도 거슬리는 부분이 있다면 결정을 내려야 한다.

5) 주변에 강력한 경쟁자가 생겨서 매출이 50% 이상 하락했는데 3
   개월이 지나도록 회복하지 못하고 있다.

☞ 자본주의 사회에서 경쟁자는 언제든 생길 수 있다. 문제는 어떻
게 해야 그 경쟁자를 물리치고 승리할 수 있느냐이다. 마케팅에서는 이
런 경우에 먼저 'S.T.P분석'을 한다. S.T.P는 Segmentation 시장세분
화, Targeting 타겟팅, Positioning 포지셔닝을 의미한다. 먼저 내가
취급하고 있는 메뉴의 시장을 세분화하고 주 고객층을 다시 한 번 면
밀히 분석할 필요가 있다. 또한 경쟁업체의 약점과 나의 강점, 그 위에
고객의 니즈Needs를 조사한 후, 나의 경쟁력을 확보하고 부족함을 보
완해서 그 점을 고객에게 어필할 수 있어야 한다. 여기서 강점이란 친
절한 서비스가 될 수도 있고 멋진 분위기가 될 수도 있으며 맛있는 메
뉴가 될 수도 있다.

내 매장의 문제점이 파악됐으면 이제 개선을 하고 그것을 고객들에
게 알려야 한다. 그런데 개선을 하고 싶지만 만일 자본금이 없으면 어
떻게 해야 할까? 그야말로 그림의 떡이라 할 수 있을 것이다.

이런 분들을 위해 소상공인진흥원http://www.seda.or.kr/에서는 일정시
간 경영개선교육을 이수한 업주에게 장기 저리로 융자를 해주고 있다.

경험은 가장 강력한 성공의 재료

지금까지 외식경영의 전반적인 포인트들을 짚어봤습니다. 이 책이 만들어지기까지 많은 자료와 함께 아낌없는 조언을 주신 저의 멘토 前일본 OGM컨설팅사 아라이미찌나리新井道成. 現. C.J 日本 事業本部長선배님께 다시 한 번 감사드립니다.

여기에 실린 것이 외식경영의 전부라고는 할 수 없습니다. 트랜드는 계속해서 변하고 있습니다. 고객의 니즈도 끊임없이 진화합니다. 점점 똑똑해지고 있는 고객들을 바라보며 외식 경영자들은 부단한 노력을 기울여야 할 것입니다. 27:1이라는 극심한 경쟁 속에서 살아남기 위해서는 첫째도 겸손, 둘째도 겸손해야 합니다. 영원한 1인자는 존재하지 않습니다. 보다 따뜻한 미래를 위해서 끊임없이 노력하는 사람들이 남아있을 뿐입니다. 미래 외식사업전망은 어떻게 될까요?

그것은 인구의 변화와 사회정책을 보면 어느 정도 짐작할 수 있습니다. 주요 선진국들은 이미 초 고령화 사회에 진입했습니다. 한국은 지난 2000년 고령화 사회에 진입했고 2026년이면 초 고령화 사회에 진

입합니다. 따라서 노인복지 정책 실현에 국가예산의 상당 부분이 소요
될 것입니다. 그런데 이제 시작된 시니어세대들은 기존의 노인들과는
확연히 다릅니다. 베이비부머들은 명실공이 사회의 주역이며 주체들입
니다. 그들은 투쟁을 통해서 혁명과 자유를 쟁취한 경험이 있으며 가난
의 굴레를 깨뜨린 선배들의 뒤를 이어 대한민국을 선진 강국으로 이끌
었던 세대들입니다. 그냥 호락호락한 노인들이 아니라는 얘기입니다.
개성이 뚜렷하며 호불호가 분명한 그들은 IT에도 강하며 모든 부문에
서 상당한 구매력을 갖춘 시니어들입니다. 식품시장에서 H.M.R<sup>Home</sup>
<sup>Meal Replacement</sup>은 더욱 성장할 것입니다.

바닷물고기 중에 창꼬치라는 것이 있습니다. 주둥이가 창처럼 뾰족
하다고 해서 붙여진 이름입니다. 창꼬치는 먹이를 발견하면 전속력으
로 달려들어 뾰족한 주둥이로 먹이를 낚아채는 습성이 있습니다. 창꼬
치 세 마리를 수족관에 넣고 투명한 아크릴판으로 칸막이를 막은 다음
먹이를 넣어보았습니다. 창꼬치는 먹이를 향해 전속력으로 달려들다가
투명한 칸막이에 주둥이를 부딪쳤습니다. 그래도 창코치는 포기하지
않고 계속해서 먹이를 향해 돌진했습니다. 그러나 아무리 노력을 해도
소용이 없다는 것을 깨닫고는 결국 포기하고 말았습니다. 이번에는 투
명한 칸막이를 치우고 먹이를 새로 넣어보았습니다. 그러나 창꼬치 세
마리는 미동도 하지 않았습니다. 시도해도 안 된다는 것을 이미 학습했
기 때문입니다. 창꼬치 세 마리가 처음처럼 다시 먹이를 향해 달려들게
하려면 어떻게 해야 할까요?

우리의 마음도 마찬가지입니다. 처음엔 모든 것을 완벽하게 하려고 최선을 다합니다. 불타는 투지와 열정으로 똘똘 뭉쳐있습니다. 그러다가 몇 번 쓰라린 경험을 하거나 생각했던 것보다 실적이 오르지 않으면 포기하고 싶어집니다. 다시, 그렇다면 창코치 세 마리가 처음과 같은 열정으로 먹이를 향해 달려들게 하려면 어떻게 해야 할까요?

네 번째 창꼬치를 넣어주면 됩니다. 네 번째 창꼬치는 전후사정을 모르기 때문에 습관적으로 먹이를 향해 달려듭니다. 세 마리의 창꼬치는 새로 들어온 녀석이 성공하는 모습을 보고 다시 예전처럼 달려들게 됩니다. 조직의 혁신도 이와 같습니다. 문제는 기존의 조직원들이 네 번째 물고기를 받아들일 수 있는가에 달려있습니다. 고인 물은 반드시 썩는 법입니다. 혁신이라는 새 바람을 불어넣지 않으면 어떤 조직이든 매너리즘에 빠지고 맙니다. 아무리 잘 만들어진 시스템이라 하더라도 익숙해지고 나면 나태해지는 것이 인간의 본성입니다. 그러므로 우리는 끊임없이 도전할 수 있는 시스템을 만들어야 합니다. 지금 우리에게 필요한 네 번째 물고기는 무엇입니까? 우리는 과연 그것을 받아들일 준비가 되어있나요? 우리는 다양한 매체를 통해서 많은 것을 배우고 깨닫기도 합니다. 그런데 그 깨달음을 실행하는 사람은 많지 않습니다. 머릿속으로 생각만하고 실천하지 않으면 아무것도 변하지 않습니다. 지금 곧 실행하세요. 철저하게 준비하고 끊임없이 도전하십시오. 경험은 가장 강력한 성공의 재료입니다. 여러분 모두 자신의 분야에서 최고의 성공을 거둘 수 있기를 간절히 소망하는 바입니다.

도서출판 이비컴의 실용서 브랜드 '이비락'은 더불어 사는 삶의 긍정적인 변화를
가져다 줄 유익한 책을 만들기 위해 끊임 없이 노력합니다.
원고 및 기획안 문의 : bookbee@naver.com